21世纪高职高专规划教材

经济管理系列

新税法教程

（第2版）

■ 钟亚华 王金荣 编著 ■

電子工業出版社
Publishing House of Electronics Industry
北京 · BEIJING

内容简介

本书根据高职高专院校税法课程教学基本要求编写。全书共五篇，分别为税法基本理论篇，流转税法律制度篇，资源类税、财产税和行为税法律制度篇，所得税法律制度篇，税收征收管理法律制度篇。本书的编写以税法的基础理论够用为原则，着重突出对高职高专学生税法的基本知识和基本技能的培养。

本书较为详细地介绍了增值税、营业税、消费税、关税、企业所得税、个人所得税、契税、车船税等具体税种和征收管理法律制度，并配合相关计算和案例分析，注重在实际经济工作中有关税收法律法规的应用，同时兼顾各种职业资格考试的需要。第2版吸收了最新的法律法规内容，更具实用性，也更具时代特色。

图书在版编目（CIP）数据

新税法教程 / 钟亚华，王金荣编著. —2版. —北京：电子工业出版社，2013.9

21世纪高职高专规划教材. 经济管理系列

ISBN 978-7-121-21092-1

Ⅰ. ①新… Ⅱ. ①钟… ②王… Ⅲ. ①税法－中国－高等职业教育－教材 Ⅳ. ①D922.22

中国版本图书馆CIP数据核字(2013)第172529号

责任编辑：刘露明

印　　刷：北京京师印务有限公司

装　　订：北京京师印务有限公司

出版发行：电子工业出版社

北京市海淀区万寿路173信箱　邮编100036

开　　本：787×980　1/16　印张：18.75　字数：408千字

印　　次：2013年9月第1次印刷

定　　价：36.00元

凡所购买电子工业出版社图书有缺损问题，请向购买书店调换。若书店售缺，请与本社发行部联系，联系及邮购电话：（010）88254888。

质量投诉请发邮件至zlts@phei.com.cn，盗版侵权举报请发邮件至dbqq@phei.com.cn。

服务热线：（010）88258888。

出版说明

高职高专教育是我国高等教育的重要组成部分。近年来，高职高专教育有了很大的发展，为我国的现代化建设事业培养了大批急需的各类专门人才，为经济发展和社会进步起到了重要作用。

高职高专教育不同于其他传统形式的高等教育，它的根本任务是培养生产、建设、管理和服务第一线需要的，德、智、体、美全面发展的高等技术应用型专门人才，学生应在掌握必要的基础理论和专门知识的基础上，重点掌握从事本专业领域实际工作的基本知识和职业技能，因而对应这种形式的高等教育教材也应有它自己的体系和特色。

为了适应我国高职高专教育对教学改革和教材建设的需要，在国家教育部的指导下，电子工业出版社在全国范围内组织并成立了“全国高职高专教学研究与教材出版编委会”(以下简称“教学研究与教材出版编委会”)，旨在研究高职高专的教学改革与教材建设，规划教材出版计划，以推动教育部策划的“21世纪高职高专规划教材”的出版工作。“教学研究与教材出版编委会”的成员单位皆为教学改革成效较大、办学特色鲜明、办学实力强的普通高校、高等专科学校、高等职业学校、成人高等学校及本科院校主办的二级职业技术学院，而教材的编者和审定者则均来自从事高职、高专和成人高等教育教学与研究工作第一线的优秀教师和专家。

为推动教育部策划的“21世纪高职高专规划教材”的出版工作尽快实施，“教学研究与教材出版编委会”对高职高专教材的出版进行了规划。规划教材覆盖了计算机、通信、电子电气、财会和管理等专业的主要课程，主要课程包括基础课和专业主干课。这些教材全部按教育部制定的“高职高专教育基础课程教学基本要求”编写，适合各类高等专科学校、高等职业学校、成人高等学校及本科院校主办的二级职业技术学院使用。

“教学研究与教材出版编委会”根据《教育部关于加强高职高专教育人才培养工作的意见》的文件精神，力求规划教材能够反映高职高专课程和教学内容体系改革方向，按照突出应用性、实践性的原则重组系列课程教材结构；力求教材能够反映当前教学的新内容，突出基础理论知识的应用和实践技能的培养。教材中的基础理论以应用为目的，以必要、够用为度，在专业课程教材的内容设计上加强了针对性和使用性；教材内容尽量体现新知识、新技术、新工艺、新方法，以利于学生综合素质的形成和科学思维方式和创新能力的培养。

编写高职高专教材是一个新课题，希望全国高职、高专和成人高等教育院校的师生在教学实践中积极提出意见与建议，并及时反馈给我们，以便我们对已出版的教材不断修订、完善，与大家共同探索我国高职高专教育的特点和发展道路，不断提高教材质量，完善教材体系，为社会奉献更多更新与高职高专教育配套的高质量的教材。

全国高职高专教学研究与教材出版编委会
E-mail: lmliu@phei.com.cn

第2版前言

本书自2008年由电子工业出版社出版以来，受到了读者的欢迎和好评。本书出版以来的4年间，我国的税收制度改革、税收立法和税法研究又有了新的进展。为了及时反映我国税法理论研究的发展及税制改革成果，吸收新颁布的税收法律、法规的基本内容，作者对本书进行了修订。

第2版在保留第1版合理的整体结构和基本观点的基础上，进行了较大的修订，使本书的第2版具有以下特色：

首先，吸收了税法学研究的最新成果，使税法原理更加完善。将原第一章和第二章重新整合为一章，即第一章税法总论，并增加了“我国税收管理体制”内容，使税法基本理论部分更加完善和充实。

其次，反映了我国税制改革的成就，融入了最新的税收法律、法规内容，将最新的立法精神和内容体现在新的教材之中，更彰显时代特征。在具体流转税、所得税、资源税、财产税和行为税法律制度中，根据最新税收法律、法规，重点修改了增值税、消费税、营业税、资源税、房产税、车船税、企业所得税和个人所得税内容，较第1版更翔实，更具实用性，更具时代特色。同时，第2版对其他税种的部分内容也进行了修改。

再次，汲取使用本书的同行们所提出的宝贵意见与建议，使第2版更加符合教学需要，更加适应使用者的需要。我们利用本书再版的机会，更新并充实内容，修正了第1版中存在的问题和不足，完善了结构，使教材的整体水平进一步提高。

参加本书再版修订工作的是北华大学钟亚华、辽宁师范大学王金荣。具体分工为：钟亚华负责修订第一至六章，王金荣负责修订第七至十二章。在本次修订工作中，电子工业出版社编辑同志提出了很多宝贵意见，在此表示感谢。

书中的疏漏和不妥之处，敬请读者批评指正。

编著者

目　录

第一篇　税法基本理论

第二篇　流转税法律制度

第一篇

税法基本理论

税收是税法产生、存在和发展的基础，是决定税法性质和内容的主要因素。税收产生以来的历史表明，有税收必有税法，二者之间的关系是一种经济内容与法律形式内在结合的关系。税收作为社会经济关系，是税法的实质内容，税法作为特殊的行为规范，是税收的法律形式。

什么是税收和税法？我国税收的特征、税收与税法的分类、税法的地位与作用、建立税法的基本原则、税法的构成要素和体系、税收法律关系的运行和税务机构的职权、税收立法及税收管理体制等问题，是税收法律制度的理论问题，也是我们学习和研究税收法律制度必须首先弄清的基本问题。本篇将就这些问题，分别进行简要阐述。

第一章　税法总论

📖本章学习目的和任务

通过本章的学习，学生应掌握税收的概念和特征、税收的分类、税法的概念、税法的分类、税法构成要素、税收法律关系、税收立法的概念和原则、我国现行税法体系的构成；理解税法的基本原则和作用、税收管理体制的内容；了解税收与税法的关系、我国税收立法权的划分现状和税收的立法程序、我国税法建立和发展的过程、每次税法改革的主要内容，为以后各章的学习打下良好的理论基础。

第一节　税收概述

一、税收的概念与特征

（一）税收的概念

在探讨税法概念之前，首先要明确什么是税收。税收是一个古老的经济范畴，在历史上又称为赋税、捐税。奴隶制社会、封建制社会和资本主义社会都存在税收，社会主义社会也仍然存在税收。马克思指出："赋税是政府机器的经济基础，而不是其他任何东西。国家存在的经济体现就是捐税。"列宁也说过："所谓赋税，就是国家不付任何报酬而向居民取得东西。"

税收是国家为满足社会共同需要，凭借政治权力，强制地、无偿地取得财政收入的一种形式。它体现了国家与纳税人利益分配上的一种特殊关系。税收是政府收入最重要的来源，是一个具有特定含义的独立的经济概念，它作为一种经济活动，属于经济学范畴。它是人类社会经济发展到一定历史阶段的产物，社会剩余产品和国家的存在是税收产生的基本前提。税收的定义可以从这几个方面来理解：第一，税收的主体是国家，除了国家之外，任何机构和团体都无权征税；第二，国家征税依据的是其政治权力，这种政治权力凌驾于财产权之上，没有国家的政治权力为依托，征税就无法实现；第三，征税的基本目的是满足国家的财政需要，以实现其进行阶级统治和满足社会公共需要的职能。

（二）税收的特征

从形式特征来看，税收具有无偿性、强制性、固定性的特征，这就是所谓的税收“三性”。其中无偿性是其核心，强制性是其基本保障。

1．税收的无偿性

税收的无偿性是指国家征税以后，其收入就为国家所有，不再直接归还纳税人，也不支付任何报酬。税收的无偿性特征是从直观的角度对具体的纳税人来说的。税收这个特征，是国家财政支出的无偿性决定的。税收的无偿性，使得国家可以把分散的资财集中起来统一安排使用，它体现了财政分配的本质，是税收“三性”的核心。

2．税收的强制性

税收的强制性是指国家依据法律征税，而并非一种自愿缴纳，纳税人必须依法纳税，否则就要受到法律的制裁。国家征税的方式之所以是强制的，就是由税收的无偿性这种特殊分配形式决定的。国家征税就必然要发生社会产品所有权或支配权的单方面转移，国家得到这部分社会产品的所有权，纳税人失去了对这部分社会产品的所有权。这就决定了国家征税只能凭借政治权力，把分散在不同所有者手里的一部分社会产品无偿集中起来，满足国家行使职能的需要。

提示

只有同时具备这“三性”的才是税收。

3．税收的固定性

税收的固定性是指国家征税以法律形式预先规定征税范围和征收比例，便于征纳双方共同遵守。这种固定性主要表现在国家通过法律，把对什么征、对谁征和征多少，在征税之前就固定下来。

无偿性是税收这种特殊分配手段的本质体现，国家财政支出采取无偿拨付的特点，要求税收必须采取无偿征收的原则。征税的无偿性，必然要求征税方式的强制性。强制性是无偿性和固定性得以实现的保证。国家财政的固定需要，决定了税收必须具有固定性特征，税收的固定性也是强制性的必然结果。税收的三个特征相互依存，缺一不可。

二、税收的职能

税收职能是税收本身所固有的职责与功能。税收的职能体现为以下几点。

（一）财政职能

税收的财政职能，是指税收具有组织财政收入的功能，即税收作为参与社会产品分配的手段，能将一部分社会产品由社会成员手中转移到国家手中，形成国家财政收入的能力。

税收之所以具有财政职能，是因为税收是以国家的政治权力为依据的强制的、无偿的分配形式，可以将一部分社会产品由分散的社会成员手中转移到国家手中，形成可供国家支配的财政收入，以满足国家行使职能的需要。

税收的财政职能是随着税收的产生而产生的，在税收漫长的发展过程中，它经历了由实物到货币的演变形式，但始终作为国家取得财政收入的重要手段而存在，并将随着国家的存在而存在下去。

（二）调节经济职能

税收的调节经济职能是指税收在组织财政收入的过程中，改变国民收入原有的分配格局，从而对经济产生影响的能力。税收调节经济的职能主要表现在以下几个方面。

1．税收对总需求与总供给平衡的调节

国家可以运用税收和财政支出手段，直接调节社会消费总量和投资总量，使总需求和总供给达到均衡。当社会总需求大于总供给，出现总需求膨胀时，国家可以采取紧缩性财政政策，通过增加税收，减少企业和个人手中的可支配收入，使消费需求和投资需求下降，从而降低社会总需求，抑制通货膨胀；当社会总需求严重低于总供给，出现总供给过剩时，国家可采取扩张性财政政策，通过减税（包括免税、退税），增加企业和消费者手中的可支配收入，使消费需求和投资需求上升，以助于克服经济衰退。

2．税收对资源配置的调节

国家通过税收政策，调节价格水平、产品结构、生产力布局、资本要素组合方式、市场结构，以促进资源的有效利用，进而达到优化资源配置的目的。

3．税收对社会财富分配的调节

税收是调节收入分配的重要工具。从总体来说，税收作为国家参与国民收入分配最主要、最规范的形式，规范政府、企业和个人之间的分配关系。从不同税种的功能来看，在分配领域发挥着不同的作用。如个人所得税实行超额累进税率，具有高收入者适用高税率、低收入者适用低税率或不征税的特点，有助于调节个人收入分配，促进社会公平；消费税对特定的消费品征税，能达到调节收入分配和引导消费的目的。

（三）反映监督职能

税收政策体现着国家的意志，税收制度是纳税人必须遵守的法律准绳。它约束纳税人的经济行为，使之符合国家的政治要求。税收涉及社会生产、流通、分配、消费各个领域，能够综

合反映国家经济运行的质量和效率。因此，税收成为国家监督社会经济活动的强有力工具。税收监督社会经济活动的广泛性与深入性，是随商品经济发展和国家干预社会经济生活的程度而发展的。一般地说，商品经济越发达，经济生活越复杂，国家干预或调节社会经济生活的必要性就越强烈，税收监督也就越广泛而深入。

三、税收的分类

税收的分类，是指对税收体系中各税种按照一定的标准进行归类。对税收进行分类的目的在于研究、对比各不同税种的特点和优劣，以利于建立适合我国国情的、优良的税收体系。依据不同的标准，可以将税收划分为以下不同的类别。

（一）根据征税对象的性质和特点不同分类

（1）**流转税，**是指以商品交换和提供劳务为前提，以商品流转额和非商品流转额为征税对象的税种统称，目前包括增值税、消费税、营业税和关税等税种。

（2）**所得税，**是指以纳税人的所得或收益额为征税对象的税种统称，目前包括企业所得税和个人所得税等税种。

（3）**财产税，**是指以国家规定的纳税人的某些特定财产数量或价值额为征税对象的税种统称，我国现行税制中的房产税、契税和车船税等属于财产税。

（4）**行为税，**是指以某种特定行为的发生为条件，对行为人加以征税的税种统称，我国现行税制中的城市维护建设税、印花税和耕地占用税等属于行为税。

（5）**资源税，**是指以占用和开发国有自然资源为征税对象的税种统称，我国现行税制中的资源税、城镇土地使用税等属于资源税。

（二）根据税收负担能否转嫁分类

（1）**直接税，**是指税收负担不能转嫁而由纳税人负担的税种。通常把将收益、所得和财产作为课税对象的各种税，如所得税、财产税和遗产税等列为直接税。对于直接税而言，纳税人与负税人基本一致。

（2）**间接税，**是指税收负担可以通过一定方式转嫁出去，纳税人自己不直接承担税负的税种。通常把将商品、营业收入或劳务收入作为课税对象的各种税，如增值税、消费税、营业税等列为间接税。

（三）根据税收管理权和税收收入支配权的不同分类

（1）**中央税，**是指由中央政府管理和支配的税种，如我国现行的关税和消费税等。

（2）**地方税，**是指由地方政府管理和支配的税种，如我国现行的房产税、契税、车船税、屠宰税和筵席税等。

（3）**中央和地方共享税，**是指由中央和地方政府共同管理和支配的税种，如我国现行的增值税、城市维护建设税、资源税等。

（四）根据计税标准的不同分类

（1）**从价税，**是指以征税对象的价格为计税依据征收的税种，一般采用比例税率和累进税率形式。

（2）**从量税，**是指以征税对象特定的计量单位（如数量、重量、体积、容积等）为计税依据征收的税种，一般采用定额税率。

（3）**复合税，**是指对某一征税对象采用从价税和从量税同时征收的一种方法。

（五）根据税收与价格的关系分类

（1）**价外税，**是指税款不在商品价格之内，不作为商品价格的一个组成部分的一类税。如我国现行的增值税，其计税价格中不包含税款在内，属于价外税。

（2）**价内税，**是指税款在应税商品价格内，作为商品价格一个组成部分的一类税，如我国现行的消费税、营业税和关税等从价税种均属于价内税。

第二节　税法概述

税收与税法存在着密切的联系。税收活动必须严格依照税法的规定进行，税法是税收的法律依据和保障。税收以税法为其依据和保障，而税法又必须以保障税收的有序进行为其存在的理由和依据。此外，税收作为一种经济活动，属于经济基础范畴，而税法则是一种法律制度，属于上层建筑范畴。国家和社会对税收收入与税收获得的客观需要，决定了与税收相对应的税法的存在；而税法则对税收的有序进行和税收目的的有效实现起着重要的法律保障作用。

一、税法的概念

税法是国家制定的用以调整国家与纳税人之间在征纳税方面的权利及义务关系的法律规范的总称。它是国家依法征税、纳税人依法纳税的行为准则，其目的是保障国家利益和纳税人的合法权益，维护正常的税收秩序，保证国家的财政收入。

税法有广义与狭义之分。广义的税法包括一切调整税收征纳关系的法律、法规、规章和规范性文件；狭义的税法专指由立法机关按照立法程序制定和颁布的税收法律。

二、税法的基本原则

税法的基本原则是指在税收的立法、执法、司法、守法和法律监督等各个环节都必须遵循的基本准则。税法的原则反映税收活动的根本属性，是税收法律制度建立的基础。税法的基本原则包括以下几点。

（一）税收法定原则

税收法定原则又称为税收法定主义，是指税法主体的权利义务必须由法律加以规定，税法的各类构成要素皆必须且只能由法律予以明确。税收法定主义贯穿于税收立法和执法的全部领域，其内容包括税收要件法定原则和税务合法性原则。税收要件法定原则是指有关纳税人、课税对象、课税标准等税收要件必须以法律形式做出规定，且有关税收要件的规定必须尽量明确。税务合法性原则是指税务机关按法定程序依法征税，不得随意减征、停征或免征，无法律依据不征税。

（二）税收公平原则

一般认为税收公平原则包括税收横向公平和纵向公平，即税收负担必须根据纳税人的负担能力分配，负担能力相等，税负相同；负担能力不等，税负不同。税收公平原则源于法律上的平等性原则，所以许多国家的税法在贯彻税收公平原则时，都特别强调“禁止不平等对待”的法理，禁止对特定纳税人给予歧视性对待，也禁止在没有正当理由的情况下对特定纳税人给予特别优惠。

（三）税收效率原则

税收效率原则包含两方面内容：一是指经济效率；二是指行政效率。前者要求税法的制定要有利于资源的有效配置和经济体制的有效运行，后者要求提高税收行政效率。

三、税收法律关系

（一）税收法律关系的概念

税收法律关系是税法所确认和调整的，国家与纳税人之间在税收分配过程中形成的权利义务关系。税收法律关系是法律关系的一种具体形式，因此具有法律关系的一般特征。

（二）税收法律关系的构成要素

任何法律关系都是由主体、客体、内容三要素构成的，税收法律关系也不例外，其三要素之间互相联系，不可分割，形成统一的整体。但在三要素的内涵上，税收法律关系则具有特殊性。

1. 税收法律关系的主体

税收法律关系的主体是指税收法律关系中享有权利和承担义务的当事人，即税收法律关系的参加者。在我国税收法律关系中，主体一方是代表国家行使征税职责的国家税务机关（征税主体），包括国家各级税务机关、海关和财政机关；另一方是履行纳税义务的人（纳税主体），包括法人、自然人

提示

在税收法律关系中权利主体双方法律地位平等，只是因为主体双方是行政管理者与被管理者的关系，双方的权利与义务不对等。

和其他组织。对这种权利主体的确定，我国采取属地兼属人原则，即在华的外国企业、组织、外籍人、无国籍人，以及在华虽然没有机构、场所但有来源于中国境内所得的外国企业或组织，都是我国税收法律关系的主体。

2. 税收法律关系的客体

税收法律关系的客体是指税收法律关系主体双方的权利、义务所共同指向的对象，也就是征税对象。例如，所得税法律关系客体就是生产经营所得和其他所得，财产税法律关系客体就是财产，流转税法律关系客体就是货物销售收入或劳务收入。

3. 税收法律关系的内容

税收法律关系的内容就是主体所享有的权利和所应承担的义务，这是税收法律关系中最实质的东西，也是税法的灵魂。它规定权利主体可以有什么行为，不可以有什么行为，若违反了这些规定，须承担什么样的法律责任。征纳双方权利义务具体情况如表 1-1 所示。赋予征税主体较多的权利和要求纳税主体承担较多的义务恰恰是确保税收的强制性，以实现税收职能的法律保证。这一点，与一般民事法律关系中主体双方权利与义务对等是不一样的。

表 1-1　征纳双方的权利与义务

税收法律关系 / 主体	权　利	义　务
征税主体	依法征税，税务检查，对违章者进行税务处罚	税务宣传，税务咨询，税款入库，处理税收争议
纳税主体	多缴税款退还，延期纳税，减免税，税务复议与诉讼	税务登记，纳税申报，接受税务检查，缴纳税款

（三）税收法律关系的产生、变更与消灭

税法是引起税收法律关系的前提条件，但税法本身并不能产生具体的税收法律关系。税收法律关系的产生、变更和消灭必须有能够引起这些变化的客观情况，也就是由税收法律事实来决定。这种税收法律事实，一般指税务机关依法征税的行为和纳税人的经济活动行为，发生这种行为才能产生、变更或消灭税收法律关系。例如，纳税人开业经营即产生税收法律关系，纳税人转业或停业就造成税收法律关系的变更或消灭。

（四）税收法律关系的保护

税收法律关系是同国家利益及企业和个人的权益相联系的。保护税收法律关系，实质上就是保护国家正常的经济秩序，保障国家财政收入，维护纳税人的合法权益。税收法律关系的保护形式和方法很多，如税法中关于限期纳税、征收滞纳金和罚款的规定，《中华人民共和国刑法》对构成偷税罪、抗税罪给予刑罚的规定，以及税法中对纳税人不服税务机关征税处理决定，可以申请复议或提出诉讼的规定等都是对税收法律关系的直接保护。税收法律关系的保护对权利

主体双方是对等的，不能只对一方保护，而对另一方不予保护。对权利享有者的保护，就是对义务承担者的制约。

四、税法的构成要素

税法的构成要素是税收的实体部分，是基本的税收术语和税法必须规定的内容。虽然税法涉及的内容很多、范围很广，但税法都是由一些共同要素构成的。这些要素一般包括纳税人、征税对象、税目、税率、计税依据、纳税环节、纳税期限、纳税地点、减免税、违章处理等项目，其中纳税人、征税对象和税率是三个最重要的基本要素。

（一）纳税人

纳税人是税法规定的直接负有纳税义务的法人、自然人及其他组织，也称纳税主体。

与纳税人既有联系又相区别的一个概念是负税人。负税人是实际负担税款的单位和个人。纳税人如果能够通过一定途径把税款转嫁或转移出去，纳税人就不再是负税人；否则，纳税人同时也是负税人。

与纳税人相联系的另两个概念是代扣代缴义务人和代收代缴义务人。前者是指虽不承担纳税义务，但依照有关规定，在向纳税人支付收入、结算货款、收取费用时有义务代扣代缴其应纳税款的单位和个人。如出版社代扣作者稿酬所得的个人所得税等。代收代缴义务人是指虽不承担纳税义务，但依照有关规定，在向纳税人收取商品或劳务收入时，有义务代收代缴其应纳税款的单位和个人。如《中华人民共和国消费税暂行条例》（以下简称《消费税暂行条例》）及其实施细则规定，委托加工的应税消费品，由受托方在向委托方交货时代收代缴委托方应该缴纳的消费税。

（二）征税对象

征税对象又称课税对象、征税客体，指的是税法规定对什么征税，是征纳税双方权利义务共同指向的客体或标的物，是区别一种税与另一种税的重要标志。如消费税的征税对象是《消费税暂行条例》所列举的应税消费品，房产税的征税对象是房屋等。征税对象是税法最基本的要素，因为它体现着征税的最基本界限，决定着某一种税的基本征税范围，同时，征税对象也决定了各个不同税种的名称。如消费税、土地增值税、个人所得税等，这些税种因征税对象不同，性质不同，税种名称也就不同。征税对象按其性质的不同，通常可划分为流转额、所得额、财产、资源、特定行为五大类，通常也因此将税收分为相应的五大类，即流转税或称商品和劳务税、所得税、财产税、资源税和特定行为税。

（三）税目

税目是在税法中对征税对象分类规定的具体征税项目，反映具体的征税范围，是对征税对象质的界定。设置税目的目的，首先是明确具体的征税范围，凡列入税目的即为应税项目，未列入税目的则不属于应税项目。其次，划分税目也是贯彻国家税收调节政策的需要，国家可根据不同项目的利润水平及国家经济政策等为依据制定高低不同的税率，以体现不同的税收政策。并非所有税种都需规定税目，有些税种不分征税对象的具体项目，一律按照征税对象的应税数额采用同一税率计征税款，因此一般无须设置税目，如企业所得税。有些税种具体征税对象比较复杂，如消费税、营业税等，一般都规定了不同的税目。

(四) 税率

税率是应纳税额与征税对象之间的关系或比例，是计算税额的尺度。税率的高低直接体现国家的政策要求，直接关系到纳税人的负担程度和国家财政收入的多少，是税收法律制度中的核心要素。我国现行的税率主要有以下几种。

1. 比例税率

比例税率是指对同一征税对象，不论其数额大小，均按同一比例征税的税率。在比例税率中根据不同的情况又可划分为不同的征税比例，有行业比例税率、产品比例税率、地区差别比例税率、分档比例税率和幅度比例税率等，我国的增值税、营业税、城市维护建设税、企业所得税等采用的是比例税率。

2. 累进税率

累进税率是对同一征税对象，按照征税对象数额的大小，规定不同等级的税率，征税对象数额越大，适用税率相应越高。在具体运用中又可分为以下几种形式。

（1）全额累进税率。全额累进税率是指将征税对象数额划分为若干等级，从低到高每个等级规定一个适用税率，当征税对象数额增加到需要提高一级税率时，全部征税对象数额均按高一级税率计算应纳税额的累进税率。其主要缺点是累进程度比较急剧，特别是在两个等级的临界处，会出现应纳税额的增加超过计税依据增加的不合理现象。因此，目前我国的税收法律制度中已不采用这种税率。

> **提示**
>
> 全额累进税率是一定数量的征税对象只适用于一个等级的税率。超额累进税率是一定数量的征税对象可以同时按几个等级的税率计征税款。

（2）超额累进税率。超额累进税率是指将征税对象数额划分为若干等级，从低到高每个等级规定一个适用税率，各个等级的征税对象数额分别按照本级的适用税率计算，然后加总计算应纳税额的累进税率。当征税对象超过某一等级时，仅就超过部分按高一级税率计算税额。我国个人所得税部分使用了超额累进税率。超额累进税率具有税收负担合理的优点，也具有计算方法复杂、税收负担的透明度差的缺点。在实际工作中，为解决其计算方法复杂的缺点，采用“速算扣除数”的办法，直接计算应纳税额，不必再分级分段计算。

> **知识库**
>
> 速算扣除数在制定税法时附在税率表中，并与税率表一同颁布。

其计算公式为：

应纳税额=应税计税收入× 适用税率–速算扣除数

小思考 1-1

全额累进税率与超额累进税率有何区别？

答：全额累进税率与超额累进税率相比，不同之处主要体现在以下几个方面：

（1）实际税率不同。在名义利率相同的情况下，实际税率往往是不同的，全额累进税率只适用一个征税比例，纳税人的税负较重；超额累进税率往往会适用几个征税比例，纳税人的税负较轻。

（2）累进程度不同。在累进级次的临界点附近，全额累进税率的累进程度急剧加大，税额负担呈跳跃式的上升，税额的增加会超过征税对象数额的增加；超额累进税率的累进程度较为缓和，不存在这种不合理现象。

（3）税额计算不同。全额累进税率计算较为简便，相当于采用比例税率的税额计算；超额累进税率计算税额相对复杂，要进行分级分次的税额计算，即便采用速算扣除数法计算税额也比全额累进税率麻烦。

(3) 超率累进税率。超率累进税率是指以征税对象数额的某种相对比率为依据，将税率划分若干级距，分别规定相应的差别税率，相对率每超过一个级距的，对超过的部分就按高一级的税率计算征税。目前，土地增值税采用这种税率。

3. 定额税率

定额税率又称固定税额，是指按征税对象的计算单位直接规定一个固定的税额，而不采用百分比的形式。按照定额税率征税，税额的多少只同征税对象的数量有关，而同价格无关。在表现形式上，定额税率可分为单一定额税率和差别定额税率。目前采用定额税率的有资源税、城镇土地使用税、车船税等。

(五) 计税依据

计税依据是指计算应纳税额的依据或标准，即根据什么来计算纳税人应缴纳的税额。一般有两种：一是从价计征，二是从量计征。从价计征，是以计税金额为计税依据，计税金额是指征税对象的数量乘以计税价格的数额。从量计征，是以征税对象的重量、体积、数量为计税依据。

(六) 纳税环节

纳税环节主要指税法规定的征税对象在从生产到消费的流转过程中应当缴纳税款的环节。任何一种税都要有确定的纳税环节。如资源税的纳税环节分布在生产环节，流转税分布在流通环节，所得税分布在分配环节。有的税种纳税环节比较明确、固定，有的税种则需要在许多流转环节选择和确定适当的纳税环节。按照确定的纳税环节的多少，纳税环节可以分为一次课征制和多次课征制。

（七）纳税期限

纳税期限是指纳税人的纳税义务发生后应依法缴纳税款的法定期限。我国现行税制的纳税期限有三种形式：第一为按期纳税，间隔时间为 1 日、3 日、5 日、10 日、15 日、1 个月或者 1 个季度。如增值税、消费税等。纳税人的具体纳税期限，由主管税务机关根据纳税人应纳税额的大小分别核定。第二为按次纳税，即根据纳税行为的发生次数确定纳税期限。如屠宰税、耕地占用税等。第三为按年计征，分期预缴，即按规定的期限预缴税款，年度结束后汇算清缴。如企业所得税等。

（八）纳税地点

纳税地点是纳税人（包括代征、代扣、代缴义务人）缴纳税款的具体地点。它是国家根据各个税种与纳税对象及纳税环节的不同，本着对税款源泉控制的原则而规定的纳税人缴纳税款的具体地点。

（九）减免税

减免税是对某些纳税人和征税对象给予鼓励或照顾的一种特殊规定。减免税是税法的原则性和必要的灵活性相结合的具体体现。根据国家经济政策和国民经济发展要求，为支持某些行业、产品和经营项目的发展，由国家做出统一的税收优惠规定加以照顾。减税，即对应纳税额少征一部分；免税，即对应纳税额全部免予征收。减免税主要包括以下内容。

1．税基式减免

税基式减免是指通过直接缩小计税依据的方式实现的减税免税。具体包括起征点、免征额、项目扣除及跨期结转等。

（1）起征点，也称征税起点，是指对征税对象开始征税的数额界限。征税对象数额未达到起征点的不征税；达到或超过起征点的，就其全部数额征税。

（2）免征额，是指对征税对象总额中免予征税的数额，它是按一定标准从征税对象总额中扣除一部分数额，免征额部分不征税，只对超过免征额的部分征税。

（3）项目扣除，即从征税对象中扣除一定项目的数额，以其余额作为计税依据计征税款。

（4）跨期结转，是将以前年度的经营亏损等在本纳税年度经营利润中扣除，直接缩小了税基。

2．税率式减免

税率式减免是指通过直接降低税率的方式实现的减免税。零税率即是其中一种方式。

3．税额式减免

税额式减免是指通过直接减少应纳税额的方式实现的减免税。

（十）违章处理

违章处理是指对纳税人违反国家税法规定的行为所采取的处罚措施，一般包括违法行为和因违法而应承担的法律责任两部分内容。这里讲的违法行为是指违反税法规定的行为，包括作为和不作为。税法中的法律责任包括行政责任和刑事责任。纳税人和征税人违反税法规定，都将依法承担法律责任。

五、税法分类

税法体系中，按各税法的基本内容和效力、职能作用、征收对象、权限划分的不同，可将税法分为不同类型。

（一）按照税法的基本内容和效力的不同，税法可分为税收基本法和税收普通法

税收基本法也称税收通则，是税法体系的主体和核心，在税法体系中起着税收母法的作用。其基本内容包括税收制度的性质、税务管理机构、税收立法与管理权限、纳税人的基本权利与义务、征税机关的权利和义务、税种设置等。我国目前还没有制定统一的税收基本法，随着我国税收法制建设的发展和完善，将研究制定税收基本法。税收普通法是根据税收基本法的原则，对税收基本法规定的事项分别立法实施的法律，如个人所得税法、税收征收管理法等。

（二）按照税法的职能作用的不同，税法可分为税收实体法和税收程序法

税收实体法主要是指确定税种立法，具体规定各税种的征收对象、征收范围、税目、税率、纳税地点等。例如，《中华人民共和国企业所得税法》（以下简称《企业所得税法》）、《中华人民共和国个人所得税法》（以下简称《个人所得税法》）就属于税收实体法。税收程序法是指税务管理方面的法律，主要包括税收管理法、纳税程序法、发票管理法、税务机关组织法、税务争议处理法等。《中华人民共和国税收征收管理法》（以下简称《税收征收管理法》）就属于税收程序法。

（三）按照税法征收对象的不同，税法可分为流转税税法，所得税税法，财产、行为税税法和资源税税法

流转税税法主要包括增值税、营业税、消费税、关税等税法。这类税法的特点是与商品生产、流通、消费有密切联系。对什么商品征税，税率多高，对商品经济活动都有直接的影响，易于发挥对经济的宏观调控作用。

所得税税法主要包括企业所得税、个人所得税等税法。其特点是可以直接调节纳税人收入，发挥其公平税负、调整分配关系的作用。

财产、行为税税法主要是对财产的价值或某种行为征税的税法。包括房产税、印花税等税法。

资源税税法主要是为保护和合理使用国家自然资源而征税的税法。我国现行的资源税、城镇土地使用税等税种均适用于资源税税法。

（四）按照主权国家行使税收管辖权的不同，税法可分为国内税法、国际税法、外国税法等

国内税法一般是按照属人或属地原则规定的一个国家的内部税收法律制度。国际税法是指国家间形成的税收法律制度，主要包括双边或多边国家间的税收协定、条约和国际惯例等，一般而言，其效力高于国内税法。外国税法是指外国各个国家制定的税收法律制度。

六、税法的作用

我国税法的重要作用主要体现在以下几方面。

1．税法是国家组织财政收入的法律保障

为了维护国家机器的正常运转以及促进国民经济健康发展，必须筹集大量的资金，即组织国家财政收入。为了保证税收组织财政收入职能的发挥，必须通过制定税法，以法律的形式确定企业、单位和个人履行纳税义务的具体项目、数额和纳税程序，惩治偷逃税款的行为，防止税款流失，保证国家依法征税，及时足额地取得税收收入。

2．税法是国家宏观调控经济的法律手段

我国建立和发展社会主义市场经济体制，一个重要的改革目标，就是从过去国家习惯于用行政手段直接管理经济，向主要运用法律、经济的手段宏观调控经济转变。税收作为国家宏观调控的重要手段，通过制定税法，以法律的形式确定国家与纳税人之间的利益分配关系，调节社会成员的收入水平，调整产业结构和社会资源的优化配置，使之符合国家的宏观经济政策；同时，根据法律的平等原则，公平经营单位和个人的税收负担，鼓励平等竞争，为市场经济的发展创造良好的条件。

3．税法对维护经济秩序有重要的作用

税法的贯彻执行涉及从事生产经营活动的每个单位和个人，一切经营单位和个人通过办理税务登记、建账建制、纳税申报，其各项经营活动都将纳入税法的规范制约和管理范围，都将较全面地反映出纳税人的生产经营情况。这样税法就确定了一个规范有效的纳税秩序和经济秩序，监督经营单位和个人依法经营，加强经济核算，提高经营管理水平；同时，税务机关按照税法规定对纳税人进行税务检查，严肃查处偷逃税款及其他违反税法规定的行为，也将有效地打击各种违法经营活动，为国民经济的健康发展创造一个良好、稳定的经济秩序。

4．税法能有效地保护纳税人的合法权益

由于国家征税直接涉及纳税人的切身利益，如果税务机关随意征税，就会侵犯纳税人的合法权益，影响纳税人的正常经营，这是法律所不允许的。因此，税法在确定税务机关征税权力和纳税人履行纳税义务的同时，相应规定了税务机关必尽的义务和纳税人享有的权利，如纳税人享有延期纳税权、申请减税免税权、多缴税款要求退还权、不服税务机关的处理决定申请复议或提起诉讼权等；税法还严格规定了对税务机关执法行为的监督制约制度，如进行税收征收管理必须按照法定的权限和程序行事，造成纳税人合法权益损失的要负赔偿责任等。所以，税法不仅是税务机关征税的法律依据，同时也是纳税人保护自身合法权益的重要法律依据。

5．税法是维护国家权益、促进国际经济交往的可靠保证

在国际经济交往中，任何国家对在本国境内从事生产、经营的外国企业或个人都拥有税收管辖权，这是国家权益的具体体现。我国自1979年实行对外开放以来，在平等互利的基础上，不断扩大和发展同各国、各地区的经济交流与合作，利用外资、引进技术的规模、渠道和形式都有了很大发展。我国在建立和完善涉外税法的同时，还同多个国家签订了避免双重征税的协定（截至2013年4月底，我国已对外正式签署99个避免双重征税协定，其中96个已生效）。这些税法规定既维护了国家的权益，又为鼓励外商投资，保护国外企业或个人在华合法经营，发展国家间平等互利的经济技术合作关系，提供了可靠的法律保障。

七、税法的地位及与其他法律的关系

（一）税法是我国法律体系的重要组成部分

了解税法在整个国家法律体系中所处的地位，以及与其他法律之间的关系，能使我们更好地执行税法，有效地打击违反税法的犯罪行为。

税法属于国家法律体系中一个重要的部门法，它是调整国家与各个经济单位及公民个人分配关系的基本法律规范。税法以税收关系为自己的调整对象，这一社会关系的特定性把税法和其他法律部门划分开来了。因此税法主要以维护公共利益而非个人利益为目的，在性质上属于公法。不过与宪法、行政法、刑法等典型公法相比，税法仍具有一些私法的属性，如征税依据私法化，税收法律关系私法化，税法概念范畴私法化等。

（二）税法与其他法律的关系

涉及税收征纳关系的法律规范，除税法本身直接在税收实体法、税收程序法、税收争讼法、税收处罚法中规定外，在某些情况下也援引一些其他法律。

1．税法与《中华人民共和国宪法》的关系

《中华人民共和国宪法》（以下简称《宪法》）是我国的根本大法，它是制定所有法律、法规的依据和章程。税法是国家法律的组成部分，当然也是依据《宪法》的原则制定的。

《宪法》第五十六条规定：“中华人民共和国公民有依照法律纳税的义务。”《宪法》还规定，国家要保护公民的合法收入、财产所有权，保护公民的人身自由不受侵犯等。因此，在制定税法时，就要规定公民应享受的各项权利以及国家税务机关行使征税权的约束条件，同时要求税务机关在行使征税权时，不能侵犯公民的合法权益等。

《宪法》第三十三条规定：“中华人民共和国公民在法律面前一律平等。”即凡是中国公民都应在法律面前处于平等的地位。在制定税法时也应遵循这个原则，对所有的纳税人平等对待，不能因为纳税人的种族、性别、出身、年龄等不同而在税收上给予不平等的待遇。

2．税法与民法的关系

民法是调整平等主体的公民之间、法人之间、公民与法人之间财产关系和人身关系的法律规范，故民法调整方法的主要特点是平等、等价和有偿。而税法的本质是国家依据政治权力向公民进行征税，是调整国家与纳税人关系的法律规范，这种税收征纳关系不是商品的关系，明显带有国家意志和强制的特点，其调整方法要采用命令和服从的方法，这是由税法与民法的本质区别所决定的。

但两者之间又有联系，当税法的某些规范同民法的规范基本相同时，税法一般援引民法条款。在征税过程中，经常涉及大量的民事权利和义务问题。例如，印花税中有关经济合同关系的成立，房产税中有关房屋的产权认定等，这些在民法中已予以规定，所以，税法就不再另行规定。

当涉及税收征纳关系的问题时，一般应以税法的规范为准则。例如，两个关联企业之间，一方以高进低出的价格与对方进行商业交易，然后再以其他方式从对方取得利益补偿，以达到避税的目的。虽然上述交易符合民法中规定的“民事活动应遵循自愿、公平、等价有偿、诚实信用”的原则，但是违反了税法规定，应该按照税法的规定对这种交易做相应的调整。

3．税法与刑法的关系

税法与刑法有本质区别。刑法是关于犯罪、刑事责任与刑罚的法律规范的总和。税法则是调整税收征纳关系的法律规范，其调整的范围不同。

两者也有着密切的联系，因为税法和刑法对于违反税法的情况都规定了处罚条款。但应该指出的是，违反了税法，并不一定就是犯罪。两者之间的区别就在于情节是否严重，轻者给予行政处罚，重者则要承担刑事责任，给予刑事处罚。

4．税法与行政法的关系

税法与行政法有十分密切的联系，主要表现在税法具有行政法的一般特性上。税收实体法和税收程序法中都有大量关于国家机关之间、国家机关与法人或自然人之间的法律关系的调整的内容。而且税收法律关系中居于领导地位的一方总是国家，体现国家单方面意志，不需要征纳双方意思表示一致。另外税收法律关系中争议的解决一般按照行政复议程序和行政诉讼程序进行。

税法与行政法也有一定区别。与一般行政法所不同的是，税法具有经济分配的性质，并且经济利益由纳税人向国家无偿单方面转移，这是一般行政法所不具备的。社会再生产的几乎每个环节都有税法的参与和调节，在广度和深度上是一般行政法所不能比的。另外行政法大多为授权性法规，所含的少数义务性规定也不像税法一样涉及货币收益的转移，而税法则是一种义务性法规。

第三节　我国税收立法与税法的制定和实施

一、税收立法的概念和原则

（一）税收立法的概念

税收立法是指国家有关权力机关制定、修改、补充和废止税法的活动。税收立法有广义和狭义之分。广义税收立法是指国家机关依据法定权限和程序，制定、修改、补充和废止规范性税收文件的活动。它包括国家最高权力机关制定税收法律的活动；国家行政机关基于权力机关或者税法的授权，制定、修改、补充和废止税收行政法规、规章的活动；有权制定税法的地方人民代表大会及其常委会和地方政府在其职权范围内制定、修改、补充和废止地方性税收法规、规章的活动等。狭义税收立法仅指国家最高权力机关制定税收法律的活动。在我国是指全国人民代表大会（以下简称全国人大）及其常委会制定税收法律的活动。本节主要介绍广义的税收立法。

（二）税收立法的原则

税收立法的原则是指在税收立法活动中必须遵循的准则。税收立法主要遵循以下原则。

1．实事求是原则

贯彻实事求是原则，首先，要把我国的税收立法工作建立在科学的基础上，进行科学立法，即税收立法必须根据经济、政治发展的客观需要，反映客观规律，从中国国情出发，充分尊重社会经济发展规律和税收分配理论。其次，要客观反映一定时期国家社会、政治、经济等各方面的实际情况，充分运用科学的知识和技术手段，不断丰富税收立法理论，完善税法体系，以适应社会主义市场经济发展的客观需要。

2．民主立法原则

民主立法的原则主要指税收立法过程中必须充分倾听群众的意见，严格按照法定程序进行，确保税收法律能体现广大群众的根本利益。坚持这个原则，要求税收立法的主体应以人民代表大会及其常务委员会为主，按照法定程序进行；对税收法案的审议，要进行充分的辩论，倾听各方面意见；税收立法过程要公开化，让广大公众及时了解税收立法的全过程，以及立法过程中各个环节的争论情况和如何达成共识等。

3. 公平原则

在税收立法中一定要体现公平原则。公平，就是要体现合理负担原则。在市场经济体制下，参加市场竞争的各个主体需要有一个平等竞争的环境，而税收的公平是实现平等竞争的重要条件。公平主要体现在三个方面：一是从税收负担能力上看，负担能力大的应多纳税，负担能力小的应少纳税，没有负担能力的不纳税。二是从纳税人所处的生产和经营环境看，由于客观环境优越而取得超额收入或级差收益者多纳税，反之少纳税。三是从税负平衡看，不同地区、不同行业间及多种经济成分之间的实际税负必须尽可能公平。

4. 原则性与灵活性相结合的原则

在制定税法时，要求明确、具体、严谨、周密。但是，为了保证税法制定后在全国范围内都能贯彻执行，不至于与现实脱节，又要求在制定税法时，不能规定得过细过死，这就要求必须坚持原则性与灵活性相结合的原则。具体讲，就是必须贯彻法制的统一性与因时、因地制宜相结合。法制的统一性，表现在税收立法上，就是税收立法权只能由国家最高权力机关来行使。但是，我国又是一个幅员辽阔、人口众多、多民族的国家，各地区的经济文化发展水平不平衡，因而对不同地区不能强求一样。因此，为了照顾不同地区、特别是少数民族地区不同的情况和特点，为了充分发挥地方的积极性，在某些情况下，允许地方在遵守国家法律、法规的前提下，制定适合当地的实施办法等。

5. 法律的稳定性、连续性与废、改、立相结合的原则

制定税法是与一定经济基础相适应的，税法一旦制定，在一定阶段内就要保持其稳定性，不能朝令夕改，变化不定。如果税法经常变动，不仅会破坏税法的权威和严肃性，而且会给国家经济生活造成非常不利的影响。但是，这种稳定性不是绝对的，税法也要随着社会政治、经济状况的发展变化而不断变化。这种发展变化具体表现在：有的税法已经过时，需要废除；有的税法部分失去效力，需要修改、补充；根据新的情况，需要制定新税法。此外，还必须注意保持税法的连续性，即税法不能中断，在新税法未制定前，原有的税法不应随便中止失效；在修改、补充或制定新的税法时，应保持与原有税法的承续关系，应在原有税法的基础上，结合新的实践经验，修改、补充原有的税法，制定新的税法。

二、税法的制定

（一）税收立法机关

各权力机关根据国家立法体制规定，所制定的一系列税收法律、法规、规章和规范性文件，构成了我国的税收法律体系。由于制定税收法律、法规和规章的机关不同，其法律级次不同，因此其法律效力也不同。

1．全国人大和全国人大常委会制定的税收法律

《宪法》第五十八条明确规定：“全国人民代表大会和全国人民代表大会常务委员会行使国家立法权。”据此，在国家税收中，凡是基本的、全局性的问题，如国家税收的性质，税种设置，税目、税率确定等，都需要由全国人大及其常委会以税收法律的形式制定实施，且在全国范围内，无论对国内纳税人，还是涉外纳税人都普遍适用。在现行税法中，如《企业所得税法》、《税收征收管理法》等都是税收法律。除《宪法》外，在税收法律体系中，税收法律具有最高法律效力，是其他机关制定税收法规、规章的法律依据，其他各级机关制定的税收法规、规章，都不得与《宪法》和税收法律相抵触。

2．全国人大或人大常委会授权立法

授权立法是指全国人民代表大会及其常务委员会根据需要授权国务院制定某些具有法律效力的暂行规定或者条例。授权立法与制定行政法规不同。国务院经授权立法所制定的规定或条例等，具有国家法律的性质和地位，它的法律效力高于行政法规，在立法程序上还需报全国人大常委会备案。按照全国人大 1984 年及 1985 年两次授权立法，国务院从 1994 年 1 月 1 日起实施工商税制改革，制定实施了增值税、营业税等 6 个暂行条例。

3．国务院制定的税收行政法规

国务院作为最高国家权力机关的执行机关，是最高的国家行政机关，拥有广泛的行政立法权。我国《宪法》规定，国务院可“根据宪法和法律，规定行政措施，制定行政法规，发布决定和命令”。行政法规作为一种法律形式，在中国法律形式中处于低于宪法、法律和高于地方法规、部门规章、地方规章的地位，在全国范围内普遍适用。行政法规的立法目的在于保证宪法和法律的实施，行政法规不得与宪法、法律相抵触，否则无效。国务院发布的《企业所得税法实施条例》、《税收征收管理法实施细则》等，都是税收行政法规。

4．地方人民代表大会及其常委会制定的税收地方性法规

根据《中华人民共和国地方各级人民代表大会和地方各级人民政府组织法》的规定，省、自治区、直辖市人民代表大会以及省、自治区的人民政府所在地的市和经国务院批准的较大城市的人民代表大会有制定地方性法规的权力。由于我国在税收立法上坚持的是“统一税法”的原则，因此地方权力机关制定税收地方法规不是无限制的，而是要严格按照税收法律的授权行事。

5．国务院税务主管部门制定的税收部门规章

《宪法》第九十条规定：“国务院各部门、委员会根据法律和国务院的行政法规、决定、命令，在本部门的权限内，发布命令、指示和规章。”有权制定税收部门规章的税务主管机关是中华人民共和国财政部（以下简称财政部）、国家税务总局和海关总署。其制定规章的范围包括对有关税收法律、法规的具体解释、税收征收管理的具体规定、办法等。税收部门规章在全国

范围内具有普遍适用效力，但不得与税收法律、行政法规相抵触。例如，财政部颁发的《中华人民共和国增值税暂行条例实施细则》、国家税务总局颁发的《税务代理试行办法》等都属于税收部门规章。

提示

目前，除了海南省、民族自治地区按照全国人大授权立法规定，在遵循宪法、法律和行政法规的原则基础上，可以制定有关税收的地方性法规外，其他省、市一般都无权自定税收地方性法规。

6．地方政府制定的税收地方规章

《中华人民共和国地方各级人民代表大会和地方各级人民政府组织法》规定："省、自治区、直辖市以及省、自治区的人民政府所在地的市和国务院批准的较大的城市的人民政府，可以根据法律和国务院的行政法规，制定规章。"按照"统一税法"的原则，上述地方政府制定税收规章，都必须在税收法律、法规明确授权的前提下进行，并且不得与税收法律、行政法规相抵触。没有税收法律、法规的授权，地方政府是无权自定税收规章的，凡越权自定的税收规章均没有法律效力。例如，国务院发布实施的城市维护建设税、房产税等地方性税种暂行条例，都规定省、自治区、直辖市人民政府可根据条例制定实施细则。

税法制定机关与其法律级次如表 1-2 所示。

表 1-2　税法制定机关与其法律级次

分　类	立法机关	形　式	举　例
税收法律	1．全国人大及常委会正式立法	法律	《个人所得税法》、《税收征收管理法》
	2．全国人大及常委会授权立法	暂行条例	《增值税暂行条例》等
税收法规	3．国务院——税收行政法规 4．地方人大（目前只有海南省、民族自治区）——税收地方法规	条例、暂行条例、实施细则	《税收征收管理法实施细则》、《房产税暂行条例》等
税收规章	5．财政部、税务总局、海关总署——税收部门规章 6．省级地方政府——税收地方规章	办法、规则、规定	国家税务总局颁发的《税务代理试行办法》等

（二）税收立法程序

税收立法程序是指权力机关在制定、认可、修改、补充、废止等税收立法活动中，必须遵循的法定步骤和方法。目前我国税收立法程序主要包括以下几个阶段。

1．提议阶段

无论是税法的制定，还是税法的修改、补充和废止，一般均由国务院授权其税务主管部门（财政部或国家税务总局）负责立法的调查研究等准备工作，并提出立法方案或税法草案，上报国务院。

2．审议阶段

税收法规由国务院负责审议。税收法律在经国务院审议通过后，以议案的形式提交全国人大常委会的有关工作部门，在广泛征求意见并做修改后，提交全国人大或其常委会审议通过。

3．通过和公布阶段

税收行政法规由国务院审议通过后，以国务院总理名义发布实施。税收法律，在全国人大或其常委会开会期间，先听取国务院关于制定税法议案的说明，然后经过讨论，以简单多数的方式通过后，以国家主席名义发布实施。

三、税法的实施

税法的实施即税法的执行。它包括税收执法和守法两个方面：一方面要求税务机关和税务人员正确运用税收法律，并对违法者实施制裁；另一方面要求税务机关、税务人员、公民、法人、社会团体及其他组织严格遵守税收法律。

由于税法具有多层次的特点，因此，在税收执法过程中，对其适用性或法律效力的判断上，一般按以下原则掌握：一是层次高的法律优于层次低的法律；二是同一层次的法律中，特别法优于普通法；三是国际法优于国内法；四是实体法从旧，程序法从新。

第四节　我国现行税法体系及税收制度沿革

税法体系是指一国由全部现行税收法律规范组成的有机联系的整体。税法是实体内容和征管程序相统一的法。税法体系包括税收实体法和税收程序法。

一、我国现行税法体系

国家税收法律制度的确立，要以本国的具体政治经济条件为根据。所以，各国的政治经济条件不同，税收法律制度也不尽相同，具体征税办法也各有千秋、千差万别。就一个国家而言，在不同的时期，由于政治经济条件和政治经济目标不同，税收法律制度也有着或大或小的差异。

（一）税收实体法体系

我国的现行税制就其实体法而言，是1949年新中国成立后经过几次较大的改革逐步演变而来的，按其性质和作用大致分为以下五类。

（1）流转税类。包括增值税、消费税、营业税和关税等。

知识库

税收实体法主要是指确定税种立法；税收程序法是指税务管理方面的法律。

主要在生产、流通或者服务业中发挥调节作用。

（2）资源税类。包括资源税、土地增值税和城镇土地使用税等。主要是对因开发和利用自然资源差异而形成的级差收入发挥调节作用。

（3）所得税类。包括企业所得税、个人所得税。主要是在国民收入形成后，对生产经营者的利润和个人的纯收入发挥调节作用。

（4）行为税和特定目的税类。包括固定资产投资方向调节税（暂缓征收）、筵席税、城市维护建设税、印花税、车辆购置税、耕地占用税和烟叶税等，主要是为了达到特定目的，对特定对象和特定行为发挥调节作用。

（5）财产税类。包括房产税、车船税、契税等，主要是对某些财产发挥调节作用。

上述税种，除企业所得税、车船税、个人所得税是以国家法律的形式发布实施外，其他各税种都是经全国人大授权立法，由国务院以暂行条例的形式发布实施的。这些税收法律、法规组成了我国的税收实体法体系。

提示

关税由海关负责征收管理，其他税种由税务机关负责征收管理。耕地占用税和契税，部分省市由财政机关负责征收。

（二）税收程序法体系

除税收实体法外，我国对税收征收管理适用的法律制度，是按照税收管理机关的不同而分别规定的。

（1）由税务机关负责征收的税种的征收管理，按照全国人大常委会发布实施的《税收征收管理法》执行。

（2）由海关机关负责征收的税种的征收管理，按照《中华人民共和国海关法》及《中华人民共和国进出口关税条例》等有关规定执行。

（3）由财政机关负责征收的税种的征收管理，由国务院另行规定。

上述税收实体法和税收程序法的法律制度构成了我国现行税法体系。

二、我国税收制度的沿革

我国的税制改革情况大致可以分为以下几个阶段。

（一）1978 年以前的税制状况

1950 年 1 月 30 日，中央人民政府政务院发布《全国税政实施要则》，规定全国共设 14 种税收，如货物税、工商业税（包括营业税和所得税两个部分）、盐税、薪给报酬所得税、存款利息所得税、房产税等。此外，还有各地自行征收的一些税种，如农业税、牧业税等。

1958 年我国进行了新中国成立以后第一次大规模的税制改革，其主要内容是简化工商税制，试行工商统一税，一度在城市国营企业试行“税利合一”，在农村人民公社试行“财政包干”。至此，我国的工商税制共设 9 个税种，如工商统一税、工商所得税、盐税、屠宰税、利息所得税（1958 年停征）等。并在改革工商税收制度的同时，统一了全国农业税。

1973 年我国进行了新中国成立以后第二次大规模的税制改革，其核心仍然是简化工商税制。至此，我国的工商税制一共设有 7 种税，即工商税（包括盐税）、工商所得税、城市房地产税、车船使用牌照税、屠宰税、工商统一税和集市交易税。

（二）1978—1982 年的税制改革

这一时期可以说是我国税制建设的恢复时期和税制改革的准备、起步时期，从思想上、理论上、组织上、税制上为后来的改革做了大量的准备工作，打下了坚实的基础。

从 1980 年 9 月到 1981 年 12 月，我国第五届全国人民代表大会先后通过并公布了《中外合资经营企业所得税法》、《个人所得税法》和《外国企业所得税法》。同时，对中外合资企业、外国企业和外国人继续征收工商统一税、城市房地产税和车船使用牌照税。初步形成了一套大体适用的涉外税收制度，适应了我国对外开放初期引进外资、开展对外经济技术合作的需要。在此期间，国务院还批准开征了烧油特别税，发布了牲畜交易税暂行条例。

（三）1983—1991 年的税制改革

在此期间，我国的社会主义经济理论的发展有了重大突破，提出了发展有计划的社会主义商品经济，提出了所有权与经营权分离的论点，并客观地肯定了集体经济、个体经济和私营经济存在的必要性。这一时期取得了改革开放以后税制改革的第二次重大突破。

1983 年、1984 年 10 月国务院分两步在全国试行国营企业“利改税”，发布了关于征收国营企业所得税、国营企业调节税、增值税等一系列行政法规，从理论上和实践上突破了国营企业只能向国家缴纳利润，国家不能向国营企业征收所得税的禁区。这是国家与企业分配关系改革的一个历史性转变。

1991 年，第七届全国人民代表大会第四次会议将《中外合资企业所得税法》与《外国企业所得税法》合并为《外商投资企业和外国企业所得税法》。

至此，我国的工商税制共有如产品税、增值税、盐税、国营企业所得税、国营企业调节税、集体企业所得税、私营企业所得税、城乡个体工商业户所得税等 32 种税种。

（四）1992—1994 年的税制改革

中国共产党第十四次全国代表大会提出了建立社会主义市场经济体制的战略目标。从 1992 年起，财税部门就开始加快税制改革的准备工作，于 1993 年年底之前陆续公布，从 1994 年起在全国实施。这是我国改革开放以后第二次、新中国成立以后第五次大规模的税制改革。

1994 年税制改革的主要内容是：① 全面改革了流转税制，实行了以比较规范的增值税为主体，消费税、营业税并行，内外统一的流转税制。② 改革了企业所得税制，将过去对国营企业、集体企业和私营企业分别征收的多种所得税合并为统一的企业所得税。③ 改革了个人所得税制，将过去对外国人征收的个人所得税、对中国人征收的个人收入调节税和个体工商业户所得税合并为统一的个人所得税。④ 对资源税、特别目的税、财产税、行为税作了大幅度的调整。经过 1994 年税制改革和之后几年的逐步完善，我国已经初步建立了适应社会主义市场经济体制需要的税收制度。1994 年以后直至 2003 年，我国基本没有进行大规模的税制改革。

（五）2003 年以来的新一轮税制改革和完善

2003 年以来，相关部门按照中国共产党第十六届中央委员会第三次全体会议提出的“简税制、宽税基、低税率、严征管”原则，积极稳妥地推进税制改革，建立健全税收政策扶持体系，加强和改善税收宏观调控，加快税收法制建设步伐，充分发挥税收职能作用，促进了税收收入持续快速增长和经济社会的协调发展。

1．基于经济结构调整的各税种改革

2005 年 12 月 29 日第十届全国人民代表大会常务委员会第十九次会议通过，自 2006 年 1 月 1 日起，废止 1958 年 6 月 3 日通过的《中华人民共和国农业税条例》。

2006 年 4 月 1 日起，对消费税的税目、税率及相关政策进行调整，进一步增强了消费税的消费引导作用。

2009 年 1 月 1 日起，修订后的《中华人民共和国增值税暂行条例》、《中华人民共和国消费税暂行条例》和《中华人民共和国营业税暂行条例》开始实施。由此我国增值税实现了由生产型向消费型转变的重大改革。

2012 年 1 月 1 日起，上海在交通运输业和部分现代服务业中正式启动营业税转增值税改革试点，进而进一步扩大了增值税的征税范围。

2．加强和改善民生的税制改革

2011 年 6 月 30 日，第十一届全国人民代表大会第二十一次会议对《个人所得税法》进行了第六次修正，将工资薪酬的费用扣除标准从 2 000 元提高到 3 500 元，将九级超额累进税率调整为七级，第一级税率由 5%调整为 3%。

3．统一税法适用的税制改革

2007 年 1 月，第十届全国人民代表大会第五次会议审议通过了企业所得税法，中华人民共和国主席胡锦涛签署第 63 号主席令，公布了《中华人民共和国企业所得税法》。新企业所得税法自 2008 年 1 月 1 日起施行，结束了我国长期以来执行《中华人民共和国企业所得税暂行条例》和《外商投资企业和外国企业所得税法》两套内外有别的企业所得税税法的历史，内外资企业所得税实现了合并。

第五节 我国税收管理体制

一、税收管理体制的概念

税收管理体制是指在各级国家机构之间划分税收管理权限的制度。税收管理权限的划分有纵向划分和横向划分的区别。纵向划分是指税收管理权限在中央与地方国家机构之间的划分；横向划分是指税收管理权限在同级立法、司法、行政等国家机构之间的划分。

我国的税收管理体制是税收制度的重要组成部分，也是财政管理体制的重要内容。税收管理权限，包括税收立法权、税收法律法规的解释权、税种的开征或停征权、税目和税率的调整权、税收的加征和减免权等。如果按大类划分，可以简单地将税收管理权限划分为税收立法权和税收执法权两类。

二、税收立法权的划分

（一）税收立法权划分的种类

税收立法权是指制定、修改、解释或废止税收法律、法规、规章和规范性文件的权力。它包括两方面的内容：一是什么机关有税收立法权；二是各级机关的税收立法权是如何划分的。税收立法权的明确有利于保证国家税法的统一制定和贯彻执行，充分、准确地发挥各级有权机关管理税收的职能作用，防止各种越权自定章法、随意减免税收现象的发生。

税收立法权的划分可按以下不同的方式进行。

（1）可以按照税种类型的不同来划分。如按流转税类、所得税类、地方税类来划分。有关特定税收领域的税收立法权通常全部给予特定一级的政府。

（2）可以根据任何税种的基本要素来划分。任何税种的结构都由几个要素构成：纳税人、征税对象、税率、税目、纳税环节等。理论上，可以将税种的某一要素如税率的立法权，授予某级政府。但在实践中，这种做法并不多见。

（3）可以根据税收执法的级次来划分。立法权可以给予某级政府，行政上的执行权给予另一级，这是一种传统的划分方法，适用于任何类型的立法权。根据这种模式，有关纳税主体、税基和税率的基本法规的立法权放在中央政府，更具体的税收实施规定的立法权给予较低级政府。因此，需要指定不同级政府制定不同级次的法律。我国的税收立法权的划分就属于此种类型。

（二）我国税收立法权划分的现状

第一，中央税、中央地方共享税以及全国统一实行的地方税的立法权集中在中央，以保证中央政令统一，维护全国统一市场和企业平等竞争。其中，中央税是指维护国家权益、实施宏观调控所必需的税种，具体包括消费税、关税、车辆购置税、海关代征增值税和消费税等。中央地方共享税是指同经济发展直接相关的主要税种，具体包括增值税、企业所得税、个人所得税、资源税、证券交易印花税等。地方税具体包括营业税、资源税、土地增值税、印花税、城市维护建设税、土地使用税、房产税、车船税等。

第二，依法赋予地方适当的地方税收立法权。我国地域辽阔，地区间经济发展水平很不平衡，经济资源包括税源都存在着较大差异，这种状况给全国统一制定税收法律带来一定的难度。因此，随着分税制改革的进行，有前提地、适当地给地方下放一些税收立法权，可以使地方实事求是地根据自己特有的税源开征新的税种，促进地方经济的发展。这样，既有利于地方因地制宜地发挥当地的经济优势，也便于同国际税收惯例对接。

具体来说，我国税收立法权划分的层次是这样的。

（1）全国性税种的立法权，即包括全部中央税、中央地方共享税和在全国统一实行的地方税税法的制定、公布和税种的开征、停征权，属于全国人大及其常委会。

（2）经全国人大及其常委会授权，全国性税种可先由国务院以“条例”或“暂行条例”的形式发布实行。经一段时期后，再行修订并通过立法程序，由全国人大及其常委会正式立法。

（3）经全国人大及其常委会授权，国务院有制定税法实施细则、增减税目和调整税率的权力。

（4）经全国人大及其常委会授权，国务院有税法的解释权；经国务院授权，国家税务主管部门（财政部和国家税务总局）有税收条例的解释权和制定税收条例实施细则的权力。

（5）省级人民代表大会及其常务委员会有根据本地区经济发展的具体情况和实际需要，在不违背国家统一税法，不影响中央的财政收入，不妨碍我国统一市场的前提下，开征全国性税种以外的地方税种的税收立法权。税法的公布，税种的开征、停征，由省级人民代表大会及其常务委员会统一规定，所立税法在公布实施前须报全国人大常委会备案。

（6）经省级人民代表大会及其常务委员会授权，省级人民政府有本地区地方税法的解释权和制定税法实施细则，调整税目、税率的权力，也可在上述规定的前提下，制定一些税收征收办法，还可以在全国性地方税条例规定的幅度内，确定本地区适用的税率或税额。上述权力除税法解释权外，在行使后和发布实施前须报国务院备案。

地区性地方税收的立法权应只限于省级立法机关或经省级立法机关授权的同级政府，不能层层下放。所立税法可在全省（自治区、直辖市）范围内执行，也可只在部分地区执行。

三、税收执法权的划分

税收执法权和行政管理权是国家赋予税务机关的基本权力，是税务机构实施税收征收管理和系统内部行政管理的法律手段。其中税收执法权是指税务机构依法征收税款，依法进行税收管理活动的权力。具体包括税款征收管理权、税务稽查权、税务检查权、税务行政复议裁决权及其他税务管理权等。

（一）税务机构设置

根据我国经济和社会发展及实行分税制财政管理体制的需要，现行税务机构设置是中央政府设立国家税务总局（正部级），省及省以下税务机构分为国家税务局和地方税务局两个系统。

国家税务总局对国家税务局系统实行机构、编制、干部、经费的垂直管理，协同省级人民政府对省级地方税务局实行双重领导。

（1）国家税务局系统包括省、自治区、直辖市国家税务局，地区、地级市、自治州、盟国家税务局，县、县级市、旗国家税务局，征收分局、税务所。征收分局、税务所是县级国家税务局的派出机构，前者一般按照行政区划、经济区划或者行业设置，后者一般按照经济区划或者行政区划设置。

（2）地方税务局系统包括省、自治区、直辖市地方税务局，地区、地级市、自治州、盟地方税务局，县、县级市、旗地方税务局，征收分局、税务所。省以下地方税务局实行上级税务机关和同级政府双重领导，以上级税务机关垂直领导为主的管理体制，即地区（市）、县（市）地方税务局的机构设置、干部管理、人员编制和经费开支均由所在省（自治区、直辖市）地方税务局垂直管理。

（二）税收征收管理权限划分

根据《国务院关于实行财政分税制有关问题的通知》等有关法律、法规的规定，我国现行税制下税收征收管理权限的划分大致如下。

（1）首先根据国务院关于实行分税制财政管理体制的决定，按税种划分中央和地方的收入。将维护国家权益、实施宏观调控所必需的税种划为中央税；将同国民经济发展直接相关的主要税种划为中央地方共享税；将适合地方征管的税种划为地方税，并充实地方税税种，增加地方税收收入。同时根据按收入归属划分税收征收管理权限的原则，对中央税，其税收管理权由国务院及其税务主管部门（财政部和国家税务总局）掌握，由中央税务机构负责征收；对地方税，其管理权由地方人民政府及其税务主管部门掌握，由地方税务机构负责征收；对中央地方共享税，其管理权限按中央和地方政府各自的收入归属划分，由中央税务机构负责征收，共享税中地方分享的部分，由中央税务机构直接划入地方金库。

（2）地方自行立法的地区性税种，其管理权由省级人民政府及其税务主管部门掌握。

（3）根据《国务院关于取消集市交易税、牲畜交易税、烧油特别税、奖金税、工资调节税和将屠宰税、筵席税下放给地方管理的通知》的有关规定，省级人民政府可以根据本地区经济发展的实际情况，自行决定继续征收或者停止征收屠宰税和筵席税。继续征收的地区，省级人民政府可以根据《屠宰税暂行条例》和《筵席税暂行条例》的规定，制定具体征收办法，并报国务院备案。

（4）属于地方税收征收管理权限的，在省级及以下的地区如何划分，由省级人民代表大会或省级人民政府决定。

（5）除少数民族自治区和经济特区外，各地均不得擅自停征全国性的地方税种。

（6）经全国人大及其常委会和国务院的批准，民族自治地方可以拥有某些特殊的税收管理权，如全国性地方税种某些税目税率的调整权及一般地方税收管理权以外的其他一些管理权等。

（7）经全国人大及其常委会和国务院的批准，经济特区也可以在享有一般地方税收征收管理权之外，拥有一些特殊的税收征收管理权。

（8）上述地方（包括少数民族自治地区和经济特区）的税收征收管理权的行使，必须以不影响国家宏观调控和中央财政收入为前提。

（9）涉外税收必须执行国家的统一税法，涉外税收政策的调整权集中在全国人大常委会和国务院，各地一律不得自行制定涉外税收的优惠措施。

（10）根据国务院的有关规定，为了更好地体现公平税负、促进竞争的原则，保护社会主义统一市场的正常发育，在税法规定之外，一律不得减税免税，也不得采取先征后返的形式变相减免税。

（三）税收征收管理范围划分

目前，我国的税收分别由税务机构、海关、财政部门等系统负责征收管理。

（1）国家税务局系统负责征收和管理的项目有：增值税，消费税，车辆购置税，铁道部门、各银行总行、各保险总公司集中缴纳的营业税、所得税、城市维护建设税，中央企业缴纳的所得税，中央与地方所属企业、事业单位组成的联营企业、股份制企业缴纳的所得税，地方银行、非银行金融企业缴纳的所得税，海洋石油企业缴纳的所得税、资源税，部分企业的企业所得税，证券交易税（开征之前为对证券交易征收的印花税），个人所得税中对储蓄存款利息所得征收的部分，中央税的滞纳金、补税、罚款。

（2）地方税务局系统负责征收和管理的项目有：营业税，城市维护建设税（不包括上述由国家税务局系统负责征收管理的部分），地方国有企业、集体企业、私营企业缴纳的所得税，个人所得税（不包括对银行储蓄存款利息所得征收的部分），资源税，城镇土地使用税，耕地占用税，土地增值税，房产税，车船税，印花税，契税，屠宰税，筵席税及其地方附加，地方税的滞纳金、补税、罚款。

（3）在大部分地区，地方附加、契税、耕地占用税，仍由地方财政部门征收和管理。

（4）海关系统负责征收和管理的项目有关税、行李和邮递物品进口税。此外，负责代征进出口环节的增值税和消费税。

（四）中央政府与地方政府税收收入划分

根据国务院关于实行分税制财政管理体制的规定，我国的税收收入分为中央政府固定收入、地方政府固定收入和中央政府与地方政府共享收入。

（1）中央政府固定收入包括消费税（含进口环节海关代征的部分）、车辆购置税、关税、海关代征的进口环节增值税等。

（2）地方政府固定收入包括城镇土地使用税、耕地占用税、土地增值税、房产税、车船税、契税、筵席税。

（3）中央政府与地方政府共享收入包括以下各项。

① 增值税（不含进口环节由海关代征的部分）。中央政府分享 75%，地方政府分享 25%。

② 营业税。铁道部、各银行总行、各保险总公司集中缴纳的部分归中央政府，其余部分归地方政府。

③ 企业所得税。铁道部、各银行总行及海洋石油企业缴纳的部分归中央政府，其余部分中央与地方政府按 60%与 40%的比例分享。

④ 个人所得税。分享比例与企业所得税相同。

⑤ 资源税。海洋石油企业缴纳的部分归中央政府，其余部分归地方政府。

⑥ 城市维护建设税。铁道部、各银行总行、各保险总公司集中缴纳的部分归中央政府，其余部分归地方政府。

⑦ 印花税。证券交易印花税收入的 94%归中央政府，其余 6%和其他印花税收入归地方政府。

思考题

1. 什么是税收？税收有哪些特征？我国税收是如何分类的？
2. 什么是税法？我国税法有哪些分类？
3. 简述我国税法的构成要素及税法体系。
4. 什么是税收管理体制？
5. 我国税收征收管理范围是如何划分的？

第二篇

流转税法律制度

流转税，又称流转额征税，是指以流转额为征税对象征收的一类税。流转额包括以下两种。

（1）商品流转额，指商品交换的金额。对销售方来说，是销售收入额；对购买方来说，是商品的采购金额。

（2）非商品流转额，即各种劳务收入或服务性业务收入的金额。

流转税的主要特点如下。

（1）以商品生产、交换和提供商业性劳务为征税前提，征税范围较为广泛，既包括第一产业和第二产业的产品销售收入，也包括第三产业的营业收入；既对国内商品征税，也对进出口的商品征税，税源比较充足。

（2）以商品、劳务的销售额和营业收入作为计税依据，一般不受生产、经营成本和费用变化的影响，可以保证国家能够及时、稳定、可靠地取得财政收入。

（3）一般具有间接税的性质，特别是在从价征税的情况下，税收与价格密切相关，便于国家通过征税体现产业政策和消费政策。

（4）同有些税类相比，流转税在计算征收上较为简便易行，也容易为纳税人所接受。

现行税制中的增值税、消费税、营业税和关税是我国流转税的主体税种。

第二章　增值税法

本章学习目的和任务

通过本章学习，学生应掌握增值税的概念、纳税人、税率和征税范围，销项税额和进项税额的确定，应纳税额的计算，增值税专用发票的使用和管理；理解增值税的征收管理，出口货物退（免）税的政策、条件和计算；了解增值税的特点和类型。

第一节　增值税概述

一、增值税的概念

增值税是以生产经营过程中产生的增值额为征税对象的一种税。在我国，增值税是对在我国境内销售货物或者提供加工、修理修配劳务，以及从事进口货物的单位和个人，就其取得的货物或应税劳务的销售额，以及进口货物的金额计算税款，并实行税款抵扣制的一种流转税。

增值税法是国家制定的用以调整增值税征收与缴纳之间权利与义务关系的法律规范。

相关链接

现行增值税法的基本规范，是1993年12月13日国务院制定的、2008年11月5日国务院修订并自2009年1月1日起施行的《中华人民共和国增值税暂行条例》(以下简称《增值税暂行条例》)，以及财政部、国家税务总局于1993年12月25日制定、2008年12月15日修订的《中华人民共和国增值税暂行条例实施细则》(以下简称《增值税暂行条例实施细则》)。

增值额从理论上看是企业或个人在生产经营过程中新创造的价值，包括工资、租金、利息、利润等。就某一生产经营企业或个人而言，理论增值额是其在一定时期内销售货物或提供劳务实现的商品销售额或者经营收入，扣除为获得该销售额或收入额而付出的物质成本（如外购原材料、燃料、动力、固定资产折旧等）后的余额。就某一商品而言，理论增值额是该商品生产、流通各环节的增值额之和，相当于该商品流转到某一或最后环节时实现的销售额。如某项货物最终销售价格为720元，这720元是由三个生产经营环节共同创造的。那么，该货物在三个环节中创造的增值额之和就是该货物的全部销售额。该货物每一环节的增值额和销售额的数量及关系如表 2-1 所示（为便于计算，假定第一环节没有物质消耗，但创造了价值）。

表 2-1　货物在各环节的增值与价格关系　　单位：元

环　节	进　价	售　价	增　值
生产环节	0	500	500
批发环节	500	600	100
零售环节	600	720	120
合　计	—	—	720

该项货物在上述三个环节创造的增值额之和为 720 元，该项货物的最终销售价格也是 720 元。这种情况说明实行增值税时，在税率一致的情况下，对每一生产流通环节征收的增值税之和，实际上就是按货物最终销售额征收的增值税。实行增值税的国家，据以征税的增值额都是一种法定增值额，而并非理论上的增值额。法定增值额是指各国政府根据各自的国情、政策要求，在增值税制度中人为地确定的增值额。

法定增值额可以等于理论上的增值额，也可以小于或大于理论上的增值额。造成法定增值额与理论增值额不一致的原因主要是：一个国家在具体的税收制度设计上，都以本国的经济发展水平和国家财政收入需要为客观基础，经济发展水平较高的国家，可能把扣除范围规定拓宽一些，从而也就缩小了应税增值额；经济发展水平较低的国家，从财政收入需要出发，可能把扣除范围规定得窄一些，从而使应税增值额相应扩大。

各国的实践中增值税一般采取从销售总额的应纳税款中扣除外购项目已纳税款的税款抵扣法。可见，增值税这一概念只有从理论角度看才具有现实意义，在实际计税中并不直接发挥作用，因为确定增值额在实际工作中是一件很困难的事，甚至难以做到。

二、增值税的产生及类型

增值税产生于 1954 年的法国。增值税在法国实践成功后为越来越多的国家所采用。国际上已形成相当系统、完善与规范的增值税课征制度。我国从 1979 年开始试点试行增值税，1984 年在全国范围内试行增值税，经过 1994 年的税制改革，增值税已经成为我国税制结构中占据第一位的主体税种。

根据确定增值额时扣除项目中对外购固定资产的进项税额是否扣除及如何扣除的处理方法的不同，可将增值税分为以下几种类型。

1. 生产型增值税

生产型增值税是指征收增值税时，以纳税人的销售收入（或劳务收入）减去用于生产、经营的外购原材料、燃料、动力等物质资料价值后的余额作为法定的增值额，但对购入的固定资产及其折旧均不予扣除。既不允许扣除购入固定资产的价值，也不考虑生产经营过程中固定资产磨损的那部分转移价值（折旧）。由于这个法定增值额等于工资、租金、利息、利润和折旧之和，其内容从整个社会来说相当于国民生产总值，所以称为生产型增值税。显然，这种类型的增值税的法定增值额大于理论增值额，对固定资产耗费形成的价值存在重复征税，不利于鼓励投资，但有利于确保财政收入。

2．收入型增值税

收入型增值税是指征收增值税时，除允许扣除外购物质资料的价值以外，对于购置用于生产、经营用的固定资产，允许将已提折旧的价值额予以扣除。即对于购入的固定资产，可以按照磨损程度相应地给予扣除。在这种类型的增值税中，作为征税对象的法定增值额为工资、利息、利润等与其他增值性费用之和。这个法定增值额，就整个社会来说，相当于国民收入，所以称为收入型增值税。这种类型的增值税的法定增值额与理论增值额一致，是一种标准的增值税，但由于外购固定资产的价值以计提折旧的方式逐步转入产品价值之中，而不同企业的折旧方法又不尽相同，且缺乏统一的结转凭证，故难以操作，影响了它的推广和应用。拉丁美洲一些国家的增值税多选择这种类型。

3．消费型增值税

消费型增值税是指征收增值税时，允许将购置物质资料的价值和用于生产、经营的固定资产价值中所含的税款，在购置当期全部一次扣除。虽然固定资产在原生产经营单位作为商品出售时都已征税，但当购置者将其作为固定资产购进使用时，其已纳税金在购置当期已经全部扣除。因此，就整个社会而言，这部分商品实际上没有征税，所以说这种类型增值税的征税对象不包括生产资料部分，仅限于当期生产销售的所有消费品，故称为消费型增值税。这种类型的增值税由于外购固定资产的成本可凭发票一次性全部扣除，既便于操作，又便于管理，因而是最先进、最能体现增值税优越性的一种类型，但它会在一定程度上减少财政收入。西方发达国家多实行这种增值税，其目的在于彻底消除重复课税的因素，鼓励投资，加速设备更新。

目前只有极少数发展中国家实行生产型增值税，90%以上的国家开征的都是消费型增值税。我国原来开征的是生产型增值税，2009 年 1 月 1 日后全面改征消费型增值税，实现了“增值税转型”。

三、增值税的特点

（1）保持税收中性。根据增值税的计税原理，流转额中的非增值因素在计税时被扣除。因此，对同一商品而言，无论流转环节的多与少，只要增值额相同，税负就相等，不会影响商品的生产结构、组织结构和产品结构。

（2）普遍征收。从增值税的征税范围看，其纳税人包括从事商品生产经营和劳务提供的所有单位和个人，且在商品增值的各个生产流通环节向纳税人普遍征收。

（3）税收负担由商品最终消费者承担。虽然增值税是向企业主征收的，但企业主在销售商品时又通过价格将税收负担转嫁给下一生产流通环节，最后由最终消费者承担。

（4）实行税款抵扣制度。在计算企业主应纳税款时，要扣除商品在以前生产环节已负担的税款，以避免重复征税。从世界各国来看，一般都实行凭购货发票进行抵扣的制定。

（5）实行比例税率。实行增值税制度的国家，普遍实行比例税率，以贯彻征收简便易行的原则。由于增值额对不同行业和不同企业、不同产品来说性质是一样的，原则上对增值额应采用单一比例税率，但为了贯彻一些经济社会政策，国家也会对某些行业或产品实行不同的政策，因而引入增值税的国家一般都规定基本税率和优惠税率或称低税率。

（6）实行价外税制度。在计税时，作为计税依据的销售额中不包含增值税额，这样有利于形成均衡的生产价格，并有利于税负转嫁的实现。这是增值税与传统的以全部流转额为计税依据的流转税或商品课税的一个重要区别。

四、增值税的计税方法

增值税的计税方法可以分为直接计税法和间接计税法，前者又可分为加法和减法。具体内容、计算公式和适用性如表 2-2 所示。

表 2-2 增值税的计税方法

计税方法		计算内容	计算公式	适用性分析
直接计税法	加法	将纳税人在纳税期内的各个增值项目相加，再据以计算增值税	应纳税额=（工资+利息+租金+利润+其他增值项目）×增值税税率	由于增值因素与非增值因素难以准确划分，使得增值额有时无法计算，如企业支付的各种罚款、没收的财物或接受的捐赠是否属于增值额难以确定，因此这种方法实际上未被采用
	减法	将纳税人在纳税期内的商品与劳务的销售额减去法定扣除的非增值项目金额（如外购原材料、燃料、零配件、动力等金额）后的余额作为增值额，据以计算增值税	应纳税额=（销售金额−法定非增值项目金额）×增值税税率	这种方法也存在增值项目和非增值项目难以划分、兼营不同税率货物（劳务）时免税货物扣除项目金额划分与计算困难的问题，因此在实际上也没有得到采用

续表

计税方法	计算内容	计算公式	适用性分析
间接计税法	又称税款抵扣法或购进扣税法，不直接根据增值额计算增值税，而先计算出应税货物的整体税负，再从中扣除法定的外购项目已纳税额	应纳税额=应税销售额×增值税税率−非增值项目已纳税额，即应纳税额 = 销项税额−进项税额	这种方法简便易行，计算准确，目前为大多数国家所采用。实际征收中，采用凭增值税专用发票或其他合法扣税凭证注明税款进行抵扣的办法计算应纳税款

第二节　增值税的征税范围、纳税人和税率

一、增值税的征税范围

（一）征税范围的一般规定

根据我国《增值税暂行条例》的规定，增值税的征税范围为销售货物、进口货物和提供加工、修理修配劳务。具体包括以下规定。

1．销售货物

销售货物是指有偿转让货物的所有权。这里的“货物”是指除土地、房屋和其他建筑物等不动产和无形资产之外的有形动产，包括电力、热力和气体在内。

2．进口货物

进口货物是指报关进入我国境内的货物。

3．提供加工、修理修配劳务

提供加工、修理修配劳务是指有偿提供加工、修理修配劳务，但单位或个体经营者聘用的员工为本单位或雇主提供加工、修理修配劳务不包括在内。这里，加工是指委托方提供原料及主要材料，受托方按照委托方的要求制造货物并收取加工费，加工后的货物所有权属于委托方的业务，即通常所说的委托加工业务；修理修配是指受托方对损伤和丧失功能的货物进行修复，使其恢复原状和功能的业务；有偿，不仅指从购买方取得货币，还包括取得货物或其他经济利益。

另外，为进一步解决货物和劳务税制中的重复征税问题，完善税收制度，支持现代服务业发展，国务院决定，从 2012 年 1 月 1 日起，在部分地区和行业开展深化增值税制度改革试点，逐步将目前征收营业税的行业改为征收增值税。

上海市交通运输业和部分现代服务业等率先开展试点，条件成熟时可选择部分行业在全国

范围内进行试点。

（二）属于增值税征税范围的特殊行为

1．视同销售货物行为

根据我国税法的规定，单位或个体经营者的下列行为视同销售货物，征收增值税：① 将货物交付其他单位或者个人代销。② 销售代销货物。③ 设有两个以上机构并实行统一核算的纳税人，将货物从一个机构移送至其他机构用于销售，但相关机构设在同一县（市）的除外。④将自产、委托加工的货物用于非增值税应税项目。⑤将自产、委托加工的货物用于集体福利或者个人消费。⑥将自产、委托加工或者购进的货物作为投资，提供给其他单位或者个体工商户。⑦ 将自产、委托加工或者购进的货物分配给股东或者投资者。⑧ 将自产、委托加工或者购进的货物无偿赠送其他单位或者个人。

提示

内部使用只有经过加工才视同销售；转移到企业外部不管是否经过加工都视同销售。

2．混合销售行为

混合销售行为，是指既涉及货物，又涉及非增值税应税劳务的销售。非增值税应税劳务是指属于应缴纳营业税的劳务，如交通运输业、建筑业、金融保险业、邮电通信业、文化体育业、娱乐业、服务业的业务，而非加工、修理修配业务。

提示

混合销售行为的特点是：销售货物与提供非应税劳务紧密相连，且价款同时从一个购买方取得。一个销售行为是否属于混合销售，由国家税务总局所属征收机关确定。

按我国税法的规定，对混合销售行为的税务处理方法如下。

（1）从事货物生产、批发或零售的企业、企业性单位及个体工商户的混合销售行为，视为销售货物，应当缴纳增值税。

（2）其他单位和个人的混合销售行为，视为销售非增值税应税劳务，不缴纳增值税（缴纳营业税）。

（3）从事运输业务的单位与个人，发生销售货物并负责运输所销售货物的混合销售行为的，征收增值税。

（4）纳税人的下列混合销售行为，应当分别核算货物的销售额和非增值税应税劳务的营业额，并根据其销售货物的销售额计算缴纳增值税，非增值税应税劳务的营业额不缴纳增值税；未分别核算的，由主管税务机关核定其货物的销售额。① 销售自产货物并同时提供建筑业劳务的行为。② 财政部、国家税务总局规定的其他情形。

提示

混合销售行为与兼营非应税劳务行为的区别，就是看销售货物、提供应税劳务与提供的非应税劳务是否存在直接联系或从属关系。

例如，某洗衣机厂（一般纳税人）向外地某商场批发50台洗衣机，为了保证及时供货，两方议定由该厂动用自己的卡车向商场运送这50台洗衣机，洗衣机厂除收取洗衣机货款外还收取运输费。洗衣机厂在这笔洗衣机销售活动中，就发生了销售货物和不属于增值税规定的非应税劳务（属于营业税规定的运输业务）的混合销售行为。洗衣机厂属于货物生产企业，其做出的混合销售行为，都视为销售货物，取得的货款和运输费一并作为货物销售额，按洗衣机适用的17%税率征收增值税，对取得的运输收入不再单独征收营业税。

3. 兼营非应税劳务行为

兼营非应税劳务，是指增值税纳税人在从事应税货物销售或提供应税劳务的同时，还从事非增值税应税劳务（营业税规定的各项劳务），且从事的非增值税应税劳务与某一项销售货物或提供应税劳务并无直接联系和从属关系。如某建筑装饰材料商店，既销售建材，又对外承接属于应纳营业税的安装、装饰业务。

根据《增值税暂行条例实施细则》的规定，纳税人兼营非增值税应税劳务的，应分别核算货物或者应税劳务的销售额和非增值税应税劳务的营业额；未分别核算的，由主管税务机关核定货物或者应税劳务的销售额。

（三）属于增值税征税范围的特殊项目

属于增值税征税范围的特殊项目包括以下几种。

（1）货物期货，包括商品期货和贵金属期货。

（2）银行销售金银的业务。

（3）典当业销售死当货物，寄售商店代销寄售物品。

（4）集邮商品（包括邮票、首日封、明信片、集邮簿等）的生产、调拨，以及邮政部门以外的其他单位与个人销售集邮商品。

（5）邮政部门以外的其他单位和个人发行报刊。

（6）单纯销售无线寻呼机、移动电话，不提供有关的电信劳务服务的。

（7）缝纫业务。

（8）除经中国人民银行和中华人民共和国商务部批准经营融资租赁业务的单位所从事的融资租赁业务外，其他单位从事融资租赁业务，租赁的货物的所有权转让给承租方的，征收增值税，租赁的货物的所有权未转让给承租方的，不征收增值税。

（9）基本建设单位和从事建筑安装业务的企业附设的工厂、车间生产的水泥预制构件、其他构件或建筑材料用于本单位或本企业的建筑工程的，应在移送使用时征收增值税。

（10）从事热力、电力、燃气、自来水等公用事业的增值税纳税人收取的一次性费用，与货物的销售数量有直接关系的。

（11）印刷企业接受出版单位委托，自行购买纸张，印刷有统一刊号（CN）以及采用国际标准书号编序的图书、报纸和杂志，按货物销售征收增值税。

（12）纳税人受托开发软件产品，著作权属于受托方的征收增值税，著作权属于委托方或属于双方共同拥有的不征收增值税。

（13）电力公司向发电企业收取的过网费。

二、增值税的纳税人

（一）增值税纳税人的一般规定

增值税的纳税人为在中华人民共和国境内销售货物或者提供加工修理、修配劳务以及进口货物的单位和个人。

境内是指销售货物的起运地或所在地在境内，以及销售的应税劳务发生在境内。

单位是指企业、行政单位、事业单位、军事单位、社会团体及其他单位；个人是指个体工商户及其他个人。

单位租赁或承包给他人经营的，以承租人或承包人为纳税人。

中国境外的单位或个人在中国境内销售应税劳务而境内未设有经营机构的，其应纳税款以代理人为扣缴义务人；没有代理人的，以购买者为扣缴义务人。

（二）增值税的小规模纳税人和一般纳税人

为了便于增值税的征收管理并简化计税，根据纳税人的经营规模及会计核算的健全程度不同，我国将增值税的纳税人划分为小规模纳税人和一般纳税人。

1．小规模纳税人的认定

小规模纳税人是指年应纳增值税销售额（以下简称年应税销售额）在规定标准以下，并且会计核算不健全，不能按照规定报送有关税务资料的增值税纳税人。会计核算不健全，是指不能正确核算增值税的销项税额、进项税额和应纳税额。根据现行税法规定，小规模纳税人的认定有以下标准。

（1）从事货物生产或提供应税劳务的纳税人，以及以从事货物生产或者提供应税劳务为主，并兼营货物批发或零售的纳税人，年应税销售额在 50 万元以下的。“以从事货物生产或者提供应税劳务为主”是指纳税人的年货物生产或者提供应税劳务的销售额占年应税销售额的比重在 50%以上。

（2）从事货物批发或零售的纳税人，年应税销售额在 80 万元以下的。

（3）年应税销售额超过小规模纳税人标准的其他个人按小规模纳税人纳税。

（4）非企业性单位、不经常发生应税行为的企业可选择按小规模纳税人纳税。

对小规模纳税人的管理，应注意以下几种情况。

（1）基层税务机关要加强对小规模生产企业财会人员的培训，帮助建立会计账簿，只要小规模企业有会计、有账册，能够正确计算进项税额、销项税额和应纳税额，并能按规定报送有关税务资料，年应税销售额不低于30万元的，可以认定为增值税一般纳税人。

（2）财政部和国家税务总局规定：从1998年7月1日起，凡年应税销售额在80万元以下的小规模商业企业、企业性单位，以及以从事货物批发或零售为主，并兼营货物生产或提供应税劳务的企业、企业性单位，无论财务核算是否健全，一律不得认定为增值税一般纳税人。

（3）小规模纳税人实行简易办法征收增值税，一般不使用增值税专用发票，也不能进行税款抵扣。

提示

小规模纳税人的确认，由主管税务机关依税法规定的标准认定。

2．一般纳税人的认定

一般纳税人是指年应税销售额超过财政部规定的小规模纳税人标准的企业和企业性单位（以下简称企业）。需要说明的是，凡增值税一般纳税人均应先依照《增值税一般纳税人资格认定管理办法》的规定向企业所在地主管机关申请办理一般纳税人认定手续，认定的审批权限在县级以上税务机关。

下列纳税人不得办理一般纳税人认定手续：① 年应税销售额未超过小规模纳税人标准的企业（以下简称小规模企业）。② 个体工商户以外的其他个人。③ 非企业性单位。④ 不经常发生增值税应税行为的企业。

提示

新开业的符合一般纳税人条件的企业，应在办理税务登记的同时申请办理一般纳税人认定手续。

一般纳税人和小规模纳税人的管理办法比较如表2-3所示。

表2-3 纳税人管理办法

纳 税 人	管理办法
一般纳税人	• 销售或提供应税劳务可以开具增值税专用发票 • 购进货物或应税劳务实行税款抵扣制度 • 计税方法是购进扣税法，即当期销项税额扣减当期进项税额
小规模纳税人	• 销售或提供应税劳务，纳税人自己只能开具普通发票 • 购进货物或应税劳务，即使取得增值税专用发票也不得抵扣进项税额 • 计税方法实行简易办法，即以销售额乘以征收率计算税额

三、增值税的税率与征收率

增值税采用比例税率，在生产批发环节实行以不含税价计税方式，即税款不是商品价格的组成部分，而是在价格之外另行收取，亦称价外税。我国现行增值税税率基本上是按照国际通行做法，遵循中性和简便原则，结合本国实际加以设计的，包括如下内容。

(一) 基本税率

纳税人销售或者进口货物，提供加工、修理修配劳务的，税率为 17%，这就是通常所说的基本税率。

(二) 低税率

纳税人销售或者进口下列货物，按低税率 13%计征增值税。

（1）粮食、食用植物油。

（2）暖气、冷气、热水、煤气、石油液化气、天然气、沼气、居民用煤炭制品。

（3）图书、报纸、杂志。

（4）饲料、化肥、农药、农机、农膜。

（5）农业产品。

（6）音像制品和电子出版物。

（7）二甲醚。

（8）国务院规定的其他货物。

(三) 零税率

纳税人出口货物（国务院另有规定的除外）税率为零。

(四) 征收率

1．小规模纳税人征收率的规定

小规模纳税人适用的征收率为 3%。

2．征收率的特殊规定

《增值税暂行条例》规定，纳税人发生特定货物的销售行为，无论是一般纳税人，还是小规模纳税人，均按简易方法计算纳税。

提示

一般纳税人简易计税时也使用征收率。

（1）2%的征收率。小规模纳税人（除其他个人外，下同）销售自己使用过的固定资产和旧货，减按 2%的征收率征收增值税。小规模纳税人销售自己使用过的除固定资产以外的物品，应按 3%的征收率征收增值税。

（2）4%的征收率。

① 一般纳税人销售自己使用过的属于《增值税暂行条例》规定不得抵扣且未抵扣进项税额的固定资产，按简易办法依 4%征收率减半征收增值税。一般纳税人销售自己使用过的除固定资产以外的物品，应当按照适用税率征收增值税。

② 一般纳税人销售旧货，按照简易办法依照 4%征收率减半征收增值税。旧货，是指进入二次流通的具有部分使用价值的货物（含旧汽车、旧摩托车和旧游艇），但不包括自己使用过的物品。

③ 一般纳税人销售货物属于下列情形之一的，暂按简易办法依照 4%征收率计算缴纳增值

税：寄售商店代销寄售物品（包括居民个人寄售的物品在内）；典当业销售死当物品；经国务院或国务院授权机关批准的免税商店零售的免税品。

（3）6%的征收率。一般纳税人销售自产的下列货物，可选择按照简易办法依照 6%征收率计算缴纳增值税。

① 县级及县级以下小型水力发电单位生产的电力。小型水力发电单位，是指各类投资主体建设的装机容量为5万千瓦以下（含5万千瓦）的小型水力发电单位。

② 建筑用和生产建筑材料所用的砂、土、石料。

③ 以自己采掘的砂、土、石料或其他矿物连续生产的砖、瓦、石灰（不含黏土实心砖、瓦）。

④ 用微生物、微生物代谢产物、动物毒素、人或动物的血液或组织制成的生物制品。

⑤ 自来水。

⑥ 商品混凝土（仅限于以水泥为原料生产的水泥混凝土）。

一般纳税人选择简易办法计算缴纳增值税后，36个月内不得变更。

另外，从2012年1月1日起，上海市交通运输业和部分现代服务业将目前征收营业税的行业改为征收增值税。相应的税率确定为：有形动产租赁服务增值税税率为17%，交通运输业增值税税率为11%，其他现代服务业（包括物流辅助服务、研发和技术服务、信息技术服务、文化创意服务、鉴证咨询服务）增值税税率为6%。

第三节　增值税应纳税额的计算

一、一般纳税人应纳税额的计算

增值税一般纳税人销售货物或者提供应税劳务的应纳税额，应该等于当期销项税额抵扣当期进项税额后的余额。其计算公式为：

当期应纳税额=当期销项税额−当期进项税额

增值税一般纳税人当期应纳税额的多少，取决于当期销项税额和当期进项税额这两个因素。在分别确定销项税额和进项税额的情况下，就不难计算出应纳税额。

（一）销项税额的确定

销项税额是指纳税人销售货物或者提供应税劳务，按照销售额或应税劳务收入和规定的税率计算并向购买方收取的增值税额。销项税额的计算公式为：

销项税额=销售额×适用税率

可见，销项税额的计算取决于销售额和适用税率两个因素。在适用税率既定的前提下，销项税额的大小主要取决于销售额的大小。增值税适用税率是比较简单的，因而销项税额计算的关键是如何准确确定作为增值税计税依据的销售额。

1．一般销售方式下销售额的确定

销售额是指纳税人销售货物或者提供应税劳务向购买方（承受应税劳务也视为购买方）收取的全部价款和价外费用，但不包括收取的销项税额。

价外费用是指价格以外向购买方收取的手续费、补贴、基金、集资费、返还利润、奖励费、违约金、滞纳金延期付款利息、赔偿金、包装费、包装物租金、储备费、优质费、运输装卸费、代收款项、代垫款项及其他各种性质的价外收费。凡随同销售货物或提供应税劳务向购买方收取的价外费用，无论其会计制度如何核算，均应并入销售额计算应纳税额。税法规定各种性质的价外收费都要并入销售额计算征税，目的是防止以各种名目的收费减少销售额逃避纳税的现象。但下列项目不包括在内。

（1）向购买方收取的销项税额。

（2）受托加工应征消费税的消费品所代收代缴的消费税。

（3）同时符合以下条件的代垫运费，即承运者的运费发票开具给购货方、纳税人将该发票转交给购货方的。

（4）同时符合以下条件代为收取的政府性基金或者行政事业性收费：① 由国务院或者财政部批准设立的政府性基金，由国务院或者省级人民政府及其财政、价格主管部门批准设立的行政事业性收费。② 收取时开具省级以上财政部门印制的财政票据。③ 所收款项全额上缴财政。

（5）销售货物的同时代办保险等而向购买方收取的保险费，以及向购买方收取的代购买方缴纳的车辆购置税、车辆牌照费。

提示

纳税人兼营不同税率的货物或者应税劳务，未分别核算销售额的，从高适用税率。

2．特殊销售方式下销售额的确定

在市场竞争过程中，纳税人会采取某些特殊、灵活的销售方式销售货物，以求扩大销售、占领市场。这些特殊销售方式及销售额的确定方法如下。

（1）**采取折扣方式销售货物**。折扣销售是指销货方在销售货物和应税劳务时，因购货方购货数量较大等原因，而给予购货方的价格优惠（如购买 5 件，销售价格折扣 5%，购买 10 件折扣 10%等），由于折扣是在实现销售的同时发生的，因此，按照现行税法规定，如果销售额和折扣额在同一张发票上分别注明的，可以按折扣后的销售额计算增值税；如果将折扣额另开发票，不论其在财务上如何处理，均不得在销售额中减除折扣额。需要注意，折扣销售仅限于货物价格的折扣，如果销货者将自产、委托加工和购买的货物用于实物折扣，则该实物款额不能从货物销售额中减除，应按“视同销售货物”中的“赠送他人”计算征收增值税。

另外，要区分折扣销售与销售折扣和销售折让，三者的税务处理是不同的。表 2-4 对此做出了比较。

表2-4　折扣销售、销售折扣与销售折让的比较

不同销售方式	内　容	税务处理
折扣销售	销货方在销售货物和应税劳务时，因购货方购货数量较大等原因而给予购货方的价格优惠，折扣与销售同时发生	销售额和折扣额在同一张发票上注明的可以扣除，否则不可扣除；实物折扣不得扣除
销售折扣	销货方在销售货物或应税劳务后，为了鼓励购货方及早偿还货款而协议许诺给予购货方的一种折扣优待（如10天内付款，货款折扣2%；20天内付款，折扣1%；30天内全价付款）。销售折扣发生在销货之后，是一种融资性质的理财费用	不得从销售额中减除折扣额
销售折让	货物销售后，由于其品种、质量等存在问题，购货方未予退货，但销货方需给予购货方的一种价格折让	可以扣除折让额，以折让后的货款为销售额

（2）**采取以旧换新方式销售货物**。以旧换新是指纳税人在销售货物的同时，有偿收购同类旧货物的行为。按税法规定，采取以旧换新方式销售货物的，应按新货物的同期销售价格确定销售额，不得扣减收购旧货物的收购价格。这是因为销售货物与收购货物是两个不同的业务活动，销售额与收购额不能相互抵减。但是，对金银首饰以旧换新业务，可以按销售方实际收取的不含增值税的全部价款征收增值税。

（3）**采取还本销售方式销售货物**。还本销售是指纳税人在销售货物后，到一定期限由销售方一次或分次退还购货方全部或部分货款。这种方式实际上是一种筹集资金的方式，是以货物换取资金的使用价值，到期还本不付息的方法。按税法规定，采取还本销售方式销售货物，其销售额就是货物的销售价格，不得从销售额中减除还本支出。

（4）**采取以物易物的方式销售货物**。以物易物是指购销双方不以货币结算，而以同等价格的货物相互结算，实现货物购销的一种方式。按税法规定，采取以物易物方式销售货物的双方都应作购销处理，以各自发出货物核算销售额并计算销项税额，以各自收到货物核算购货额并计算进项税额。

提示

在以物易物活动中，应分别开具合法的票据，如收到的货物不能取得相应的增值税专用发票或其他合法票据，则不能抵扣进项税额。

（5）**包装物押金**。纳税人为销售货物而出租出借包装物收取的押金，单独记账核算的，不并入销售额征税，但对逾期（以一年为期限）包装物押金，无论是否退还均并入销售额征税。个别包装物周转使用期限较长的，报经税务征收机关确定后，可适当放宽逾期期限。

另外，包装物押金不应混同于包装物租金，包装物租金在销货时作为价外费用并入销售额计算销项税额。从1995年6月1日起，对销售除啤酒、黄酒外的其他酒类产品而收取的包装物

押金，无论是否返还以及会计上如何核算，均应并入当期销售额征税。对销售啤酒、黄酒所收取的押金，按上述一般押金的规定处理。

（6）**对视同销售货物行为的销售额的确定**。在视同销售行为中，某些行为由于不是以资金的形式反映出来的，会出现无销售额的现象。另外，有时纳税人销售货物或应税劳务的价格明显偏低且无正当理由。因此，税法规定，对以上情况主管税务机关有权按下列顺序确定其计税销售额：① 按纳税人最近时期同类货物的平均销售价格确定。② 按其他纳税人最近时期同类货物的平均销售价格确定。③ 按组成计税价格确定。组成计税价格的公式为：

组成计税价格=成本×（1+成本利润率）

征收增值税的货物，同时又征收消费税的，其组成计税价格中应加计消费税额。其组成计税价格的公式为：

组成计税价格=成本×（1+成本利润率）+消费税额

或

组成计税价格=成本×（1+成本利润率）÷（1–消费税税率）

（7）混合销售行为销售额的确定。根据《增值税暂行条例实施细则》的规定，混合销售行为如果属于应当征收增值税的，其计税销售额应是货物销售额与非应税劳务的销售额的合计，该非应税劳务的销售额应视同含税销售额处理。

（8）含税销售额的换算。为了符合增值税作为价外税的要求，纳税人在填写进销货及纳税凭证、进行账务处理时，应分项记录不含税销售额、销项税额和进项税额，以正确计算应纳增值税额。然而，在实际工作中，常常会出现一般纳税人将销售货物或者应税劳务采用销售额和销项税额合并定价收取的方法，这样就会形成含税销售额。在计算应纳税额时，如果不将含税销售额换算为不含税销售额，就会导致对增值税销项税额本身的重复征税现象，甚至出现物价非正常上涨的局面。因此，一般纳税人销售货物或者应税劳务取得的含税销售额在计算销项税额时，必须将其换算为不含税的销售额。不含税销售额的换算公式为：

不含税销售额=含税销售额÷（1+税率或征收率）

提示

销售额应当以人民币计算，纳税人以外汇结算销售额的，应当按外汇市场价格折合成人民币计算。折合率可以选择销售额发生当天或当月 1 日的外汇市场价格（原则上为中间价）。纳税人应在事先确定采用何种折合率，确定后一年内不得变更。

提示

属于含税销售收入的有：普通发票的价款、零售价格、价外费用、没收的逾期包装物押金、非应税劳务征收增值税等。

（二）进项税额的确定

进项税额是指纳税人购进货物或接受应税劳务所支付或者负担的增值税额。它与销项税额相对应。销售方收取的销项税额，就是购货方支付的进项税额。需要注意的是，并不是纳税人支付的所有进项税额都可以从销项税额中抵扣。税法对哪些进项税额可以抵扣，哪些不能抵扣做了严格的规定，如果违反税法规定，随意抵扣进项税额就将以偷税论处。

1. 准予从销项税额中抵扣的进项税额

根据《增值税暂行条例》的规定，准予从销项税额中抵扣的进项税额，限于下列增值税扣税凭证上注明的增值税额和按规定的扣除率计算的进项税额。

（1）从销售方取得的增值税专用发票上注明的增值税额。

（2）从海关取得的海关进口增值税专用缴款书上注明的增值税额。

（3）购进农产品，除取得增值税专用发票或者海关进口增值税专用缴款书外，按照农产品收购发票或者销售发票上注明的农产品买价和 13%的扣除率计算的进项税额。买价包括纳税人购进农产品在农产品收购发票或者销售发票上注明的价款和按规定缴纳的烟叶税。进项税额计算公式为：

$$进项税额=买价\times扣除率$$

（4）购进或者销售货物以及在生产经营过程中支付运输费用，按照运输费用结算单据上注明的运输费用金额（指运输费用结算单据上注明的运输费用、建设基金，不包括装卸费、保险费等其他杂费），依 7%的扣除率计算的进项税额。进项税额计算公式为：

$$进项税额=运输费用金额\times扣除率$$

（5）混合销售行为，按规定应当征收增值税的，该混合销售行为所涉及的非应税劳务所用购进货物的进项税额，凡符合规定允许扣除的，准予从销项税额中抵扣。

（6）一般纳税人取得由税务所为小规模纳税人代开的专用发票，可以以专用发票上填写的税额为进项税额予以抵扣。

（7）以物易物、以货抵债、以物投资方式交易的，收货单位可以凭以物易物、以货抵债、以物投资书面合同及与之相符的增值税专用发票和运输费用普通发票确定进项税额，报经主管税务机关批准予以抵扣。

2. 不得从销项税额中抵扣的进项税额

纳税人购进货物或者应税劳务，取得的增值税扣税凭证（增值税专用发票、海关进口增值税专用缴款书、农产品收购发票和农产品销售发票及运输费用结算单据）不符合法律、行政法规或者国务院税务主管部门有关规定的，其进项税额不得从销项税额中抵扣。

按《增值税暂行条例》规定，下列项目，不论是否取得法定扣税凭证，一律不得抵扣进项税额。

（1）用于非增值税应税项目、免征增值税项目、集体福利或者个人消费的购进货物或者应税劳务。

（2）非正常损失的购进货物及相关的应税劳务。非正常损失，是指因管理不善造成被盗、丢失、霉烂变质的损失。

（3）非正常损失的在产品、产成品所耗用的购进货物或者应税劳务。

（4）国务院财政、税务主管部门规定的纳税人自用消费品。

纳税人自用的应征消费税的摩托车、汽车、游艇，其进项税额不得从销项税额中抵扣。

（5）上述第（1）项至第（4）项规定的货物的运输费用和销售免税货物的运输费用。

（6）小规模纳税人不得抵扣进项税额。

（7）纳税人进口货物，不得抵扣任何进项税额。

3．特殊情况下进项税额的处理

（1）纳税人进货退出或折让而收回的增值税额，应从发生进货退出或折让当期的进项税额中扣减。否则，按偷税论处。

（2）纳税人发生条例规定不允许抵扣而已经抵扣进项税额的行为，应将该项购进货物或应税劳务的进项税额从当期发生的进项税额中扣减。无法准确确定该项进项税额的，按当期实际成本计算应扣减的进项税额。

（3）纳税人兼营免税项目或非增值税应税项目而无法准确划分不得抵扣的进项税额时，应按下列公式计算不得抵扣的进项税额：

不得抵扣的进项税额=当月全部进项税额×（当月免税项目销售额和非应税项目营业额合计÷当月全部销售额、营业额合计）

4．增值税进项税额抵扣时限

自2003年起，国家税务总局对增值税专用发票等扣税凭证实行了90日申报抵扣期限的管理措施。但是，由于实践中出现90日申报抵扣期限较短、部分纳税人因扣税凭证逾期申报导致进项税额无法抵扣等实际问题，国家税务总局决定自2010年1月1日起调整增值税扣税凭证的抵扣期限。具体规定如下。

（1）增值税一般纳税人取得2010年1月1日以后开具的增值税专用发票、公路内河货物运输业统一发票和机动车销售统一发票，应在开具之日起180日内到税务机关办理认证，并在认证通过的次月申报期内，向主管税务机关申报抵扣进项税额。

（2）实行海关进口增值税专用缴款书（以下简称海关缴款书）“先比对后抵扣”管理办法的增值税一般纳税人取得2010年1月1日以后开具的海关缴款书，应在开具之日起180日内向主管税务机关报送“海关完税凭证抵扣清单”（包括纸质资料和电子数据）申请稽核比对。

未实行海关缴款书“先比对后抵扣”管理办法的增值税一般纳税人取得2010年1月1日以后开具的海关缴款书，应在开具之日起180日后的第一个纳税申报期结束以前，向主管税务机关申报抵扣进项税额。

（3）增值税一般纳税人取得 2010 年 1 月 1 日以后开具的增值税专用发票、公路内河货物运输业统一发票、机动车销售统一发票及海关缴款书，未在规定期限内到税务机关办理认证、申报抵扣或者申请稽核比对的，不得作为合法的增值税扣税凭证，不得计算进项税额抵扣。

纳税人取得 2009 年 12 月 31 日以前开具的增值税扣税凭证，仍按原规定执行。

案例 2-1

某公司为增值税一般纳税人，适用增值税税率为 17%，本月有关业务如下（相关票据已通过主管税务机关认证）。

（1）购进原材料，为生产使用，专用发票注明买价 200 万元，增值税 34 万元，材料已入库。同时发生运费 20 万元，并取得运输单位开具的普通发票。

（2）向农业生产者购进免税农产品，收购价 80 万元，已验收入库。

（3）购入零星材料，取得普通发票注明金额 41.6 万元。

（4）为专项工程购入物资，专用发票注明买价 100 万元，增值税 17 万元。

（5）以旧换新方式向消费者个人销售商品 400 件，每件零售价 1 170 元，每件旧商品收回折价 100 元，实收货款共 42.8 万元。

（6）向某商店销售产品，开出专用发票，销售额共 1 500 万元。

（7）本月随同产品出售领用包装物，单独作其他收入入账，金额 163.8 万元。

请计算该公司本月应纳增值税额。

分　析

购入零星材料，取得普通发票及为专项工程购入物资的进项税额不得抵扣；以旧换新方式向消费者个人销售商品不得扣除收购旧货物的价格，不得开具增值税专用发票，随同产品出售领用的包装物都是含税的，应换算成不含税的收入。

（1）当期允许抵扣的进项税额 $=34+20\times7\%+80\times13\%=45.8$（万元）

（2）当期销项税额 $=[(400\times0.117+163.8)\div(1+17\%)+1\ 500]\times17\%=285.6$（万元）

（3）月末应交增值税 =当期销项税额−当期进项税额 $=285.6-45.8=239.8$（万元）

二、小规模纳税人应纳税额的计算

小规模纳税人销售货物或者应税劳务，依简易方法按照销售额和规定的征收率计算应纳税额，不得抵扣进项税额。应纳税额计算公式为：

$$应纳税额=销售额\times征收率$$

销售额是销售货物或提供应税劳务向购买方收取的全部价款和价外费用，但是不包括按 3%

的征收率收取的增值税额；当小规模纳税人销售货物或者应税劳务采用销售额和应纳税额合并定价方法时，按下列公式计算销售额：

销售额=含税销售额÷（1+征收率）

案例 2-2

某商店为增值税小规模纳税人，2012 年 9 月取得零售收入总额 15.6 万元。请计算该商店 2012 年 9 月应缴纳的增值税。

分 析

（1）9 月取得不含税销售额=15.6÷（1+3%）=15.15（万元）

（2）9 月应缴纳的增值税额=15.15×3%=0.45（万元）

三、进口货物应纳税额的计算

根据《增值税暂行条例》的规定，申报进入中华人民共和国境内的货物，除另有规定外，均应缴纳增值税。

纳税人进口货物，按照组成计税价格和《增值税暂行条例》规定的税率计算应纳税额，不得抵扣任何税额。组成计税价格和应纳税额计算公式为：

组成计税价格=关税完税价格+关税+消费税

应纳税额=组成计税价格×税率

提示

如果进口货物属于消费税应税消费品，则其组成计税价格中包括已纳消费税额，否则无消费税这一项。

案例 2-3

某公司 2012 年 6 月进口 20 辆小轿车，每辆关税完税价格为 8 万元（人民币，下同），该公司当月售出其中的 16 辆，每辆价税合并售价为 25 万元。已知小轿车每辆关税额为 6.4 万元，消费税税率为 5%，增值税税率为 17%。请计算该公司当月进口和销售小轿车应纳增值税额。

分 析

（1）组成计税价格 =8×20+6.4×20+（8×20+6.4×20）÷（1−5%）×5% =303.16（万元）

（2）当月进口小轿车应纳增值税额 =303.16×17% =51.54（万元）

（3）当月销售小轿车销项税额 =（25×16）÷（1+17%）×17% =58.12（万元）

（4）当月销售小轿车应纳增值税额=58.12−51.54 =6.58（万元）

第四节　出口货物退（免）税

一、出口货物退（免）税的含义

我国的出口货物退（免）税是指在国际贸易业务中，对我国报关出口的货物退还或免征其在国内各生产和流转环节按税法规定缴纳的增值税和消费税，即对增值税出口货物实行零税率，对消费税出口货物免税。

具体地说，出口退税是指对货物在出口前实际承担的税收负担，按规定的退税率计算后予以退税。出口免税是指对货物在出口环节所应负担的增值税、消费税予以免征。它是国际贸易中通常采用并为各国所接受的、目的在于鼓励出口货物公平竞争的一种税收措施。

知识库

出口货物退（免）税是一种税收国际惯例，而不是一种税收优惠政策。

二、出口货物退（免）税的基本政策

目前我国的出口货物税收政策分为以下三种形式。

1．出口免税并退税

出口免税是指对货物在出口销售环节不征增值税、消费税，这是把货物出口环节与出口前的销售环节都同样视为一个征税环节。出口退税是指对货物在出口前实际承担的税收负担，按规定的退税率计算后予以退还。

2．出口免税不退税

出口免税与上述第一项含义相同。出口不退税是指适用这个政策的出口货物因在前一道生产、销售环节或进口环节是免税的，因此，出口时该货物的价格中本身就不含税，也无须退税。

3．出口不免税也不退税

出口不免税是指对国家限制或禁止出口的某些货物的出口环节视同内销环节，照常征税。出口不退税是指对这些货物出口不退还出口前其所负担的税款。

三、出口货物退（免）税的范围

（一）出口货物退（免）税的条件

在我国境内出口的货物，凡属于已征或应征增值税、消费税的货物，除国家另有规定者外，均予以退（免）税。这里所说的“出口货物”，必须同时具备下列条件。

（1）必须是属于增值税、消费税征税范围的货物。

（2）必须是报关离境的货物。

（3）必须是在财务上作销售处理的货物。

（4）必须是出口收汇并已核销的货物。

（二）出口货物退（免）税的具体范围

（1）企业出口满足上如下三个条件的货物，除另有规定外，给予免税并退税：① 生产企业自营出口或委托外贸企业代理出口的自产货物。② 有出口经营权的外贸企业收购后直接出口或委托其他外贸企业代理出口的货物。③ 下列特定出口的货物，即对外承包工程公司运出境外用于对外承包项目的货物；对外承接修理修配业务的企业用于对外修理修配的货物；外轮供应公司、远洋运输供应公司销售给外轮、远洋国轮而收取外汇的货物；企业在国内采购并运往境外作为在国外投资的货物。

（2）下列情况，除另有规定外，给予免税，但不予退税：① 属于生产企业的小规模纳税人自营出口或委托外贸企业代理出口的自产货物。② 外贸企业从小规模纳税人购进并持普通发票的货物出口的，免税但不予退税，但对出口的抽纱、工艺品、香料油、山货、草柳竹藤制品、渔网渔具、松香、五倍子、生漆、鬃尾、山羊板皮、纸制品，由于考虑到这些产品出口比重较大及其生产、采购的特殊因素，特准予以退税。③ 外贸企业直接购进国家规定的免税货物（包括免税农产品）出口。

（3）下列出口货物免税，但不予退税：① 来料加工复出口的货物。② 避孕药品和用具。③ 古旧图书。④ 出口卷烟。⑤ 军品及军队系统企业出口军需工厂生产或军需部门调拨的货物。⑥ 国家规定的其他免税货物。

（4）除经国家批准属于进料加工复出口贸易外，下列出口货物不免税也不退税：① 原油。② 援外出口货物。③ 国家禁止出口的货物，包括天然牛黄、麝香、铜及铜基合金、白银等。

四、出口货物退税率

出口货物的退税率，是出口货物的实际退税额与退税依据的比例，也是出口退税的中心环节。与整个国家的宏观经济形势相适应，我国的出口退税率变化比较频繁，现行出口货物的增值税退税率有 17%、16%、15%、14%、13%、9%、5%等。

五、出口货物退税额的计算

我国目前出口货物退（免）税计算办法有两种：一种是“免、抵、退”办法，主要适用于自营和委托外贸企业代理出口自产货物的生产企业；另一种是“先征后退”办法，主要适用于收购货物出口的外（工）贸企业。

（一）“免、抵、退”计算方法

实行免、抵、退税管理办法的“免”税，是指对生产企业出口的自产货物，免征本企业生产销售环节增值税；“抵”税，是指生产企业出口自产货物所耗用的原材料、零部件、燃料、动力等所含应予退还的进项税额，抵顶内销货物的应纳税款；“退”税，是指生产企业出口的自产货物当月内应抵顶的进项税额大于应纳税额时，对未抵顶完的部分予以退税。具体计算方法与计算公式如下所述。

1．免征出口环节增值税

此处从略。

2．当期应纳税额的计算

当期应纳税额=当期内销货物的销项税额–（当期进项税额–当期免抵退税不得免征和抵扣税额）–上期留抵税额

其中：

当期免抵退税不得免征和抵扣税额=出口货物离岸价×外汇人民币牌价×（出口货物征税率–出口货物退税率）–免抵退税不得免征和抵扣税额抵减额

免抵退税不得免征和抵扣税额抵减额=免税购进原材料价格×（出口货物征税率–出口货物退税率）

免税购进原材料包括从国内购进免税原材料和进料加工免税进口料件，其中进料加工免税进口料件的价格为组成计税价格。

进料加工免税进口料件的组成计税价格=货物到岸价+海关实征关税和消费税

如果当期没有免税购进原材料价格，上述公式中的免抵退税不得免征和抵扣税额抵减额，以及下面公式中的免抵退税额抵减额，就不用计算。

3．免抵退税额的计算

免抵退税额=出口货物离岸价×外汇人民币牌价×出口货物退税率–免抵退税额抵减额

其中：

免抵退税额抵减额=免税购进原材料价格×出口货物退税率

4．当期应退税额和免抵退税额的计算

（1）如果当期期末留抵税额≤当期免抵退税额，则：

当期应退税额=当期期末留抵税额

当期免抵税额=当期免抵退税额–当期应退税额

（2）如果当期期末留抵税额＞当期免抵退税额，则：

当期应退税额=当期免抵退税额

当期免抵税额=0

结转下期继续抵扣税额=当期期末留抵税额−当期应退税额

案例 2-4

某自营出口生产企业是增值税一般纳税人，出口货物的征税税率为17%，退税率为13%。2012年8月有关经营业务为：购进原材料一批，取得的增值税专用发票注明的价款为200万元，外购货物准予抵扣进项税额34万元（相关票据已通过主管税务机关认证）。当月进料加工免税进口料件的组成计税价格100万元。上期末留抵税款9万元。本月内销货物不含税销售额100万元，收款117万元存入银行。本月出口货物销售额折合人民币250万元。请计算该企业当期"免、抵、退"税额。

分　析

（1）免征生产销售环节增值税。

（2）免抵退税不得免征和抵扣税额抵减额=100×（17%−13%）=4（万元）

免抵退税不得免征和抵扣税额=250×（17%−13%）−4=6（万元）

当期应纳税额=100×17%−（34−6）−9=−20（万元）

（3）免抵退税额抵减额=100×13%=13（万元）

出口货物免抵退税额=250×13%−13=19.5（万元）

（4）按规定，如果当期期末留抵税额大于当期免抵退税额时，

当期应退税额=当期免抵退税额=19.5（万元）

当期免抵税额=0

结转下期继续抵扣税额=20−19.5=0.5（万元）

（二）"先征后退"计算方法

1. 对外贸企业及实行外贸企业财务制度的工贸企业的规定

外贸企业及实行外贸企业财务制度的工贸企业收购货物出口，免征其出口销售环节的增值税；其收购货物的成本部分，因外贸企业在支付收购货款的同时也支付了生产经营该类商品的企业已纳的增值税，因此，在货物出口后按收购成本与退税率计算退税，征、退税之差计入企业成本。

外贸企业出口货物增值税的计算应依据购进出口货物增值税专用发票上注明的进项金额和退税率计算。其计算公式为：

应退税额=外贸收购不含增值税购进金额×退税率

2．外贸企业收购小规模纳税人出口货物增值税的退税规定

（1）凡从小规模纳税人购进持普通发票特准退税的出口货物，实行出口免税并退税办法。其计算公式为：

应退税额=［普通发票所列（含增值税）销售金额］÷（1+征收率）×退税率

（2）凡从小规模纳税人购进由税务机关代开的增值税专用发票的出口货物，按下列公式计算退税：

应退税额=增值税专用发票注明的金额×3%

第五节　增值税的税收优惠

一、增值税的起征点

增值税起征点的适用范围限于个人。增值税起征点的幅度规定如下。

（1）销售货物的，为月销售额 2 000～5 000 元。

（2）销售应税劳务的，为月销售额 1 500～3 000 元。

（3）按次纳税的，为每次（日）销售额 150～200 元。

销售额，是指小规模纳税人的销售额。

省、自治区、直辖市财政厅（局）和国家税务局应在规定的幅度内，根据实际情况确定本地区适用的起征点，并报财政部、国家税务总局备案。

纳税人销售额未达到国务院财政、税务主管部门规定的增值税起征点的，免征增值税；达到起征点的，依照《增值税暂行条例》规定全额计算缴纳增值税。

二、增值税的免税项目

为了实现不同的政策目标，我国在增值税领域规定了较多的免税项目，主要涉及扶持农业发展、促进资源综合利用、鼓励产业发展、照顾社会公共事业、促进社会福利事业发展等目标。

根据《增值税暂行条例》的规定，下列项目免征增值税。

（1）农业生产者销售的自产农产品。农业是指种植业、养殖业、林业、牧业、水产业。农业生产者包括从事农业生产的单位和个人。农产品是指初级农产品，具体范围由财政部、国家税务总局确定。

（2）避孕药品和用具。

（3）古旧图书，即向社会收购的古书和旧书。

（4）直接用于科学研究、科学试验和教学的进口仪器、设备。

（5）外国政府、国际组织无偿援助的进口物资和设备。

（6）由残疾人组织直接进口供残疾人专用的物品。

（7）销售的自己使用过的物品，即其他个人自己使用过的物品。

（8）除前述规定外，增值税的免税、减税项目由国务院规定。任何地区、部门均不得规定免税、减税项目。据此，除前述规定外，国务院财政、税务主管部门颁布了一系列有关增值税的免税项目的规范性文件，主要内容如下。

① 对销售下列自产货物实行免征增值税政策：再生水、以废旧轮胎为全部生产原料的胶粉、翻新轮胎、生产原料中掺兑废渣比例不低于30%的特定建材产品。

② 对污水处理劳务免征增值税。

③ 对残疾人个人提供的加工、修理修配劳务免征增值税。

④ 自2009年1月1日起至2013年12月31日止，广播电影电视行政主管部门按照各自职能权限批准从事电影制片、发行、放映的电影集团公司（含成员企业）、电影制片厂及其他电影企业取得的销售电影拷贝收入、转让电影版权收入、电影发行收入及在农村取得的电影放映收入，免征增值税。

⑤ 自2007年7月1日起，纳税人生产销售和批发、零售滴灌带和滴灌管产品免征增值税。

⑥ 自2009年1月1日起，单位和个人销售再生资源，应当依法缴纳增值税。但个人（不含个体工商户）销售自己使用过的废旧物品免征增值税。

纳税人兼营免税、减税项目的，应当分别核算免税、减税项目的销售额；未分别核算销售额的，不得免税、减税。

三、纳税人放弃免税权

纳税人销售货物或应税劳务适用免税规定的，可以放弃免税，依照《增值税暂行条例》的规定缴纳增值税。放弃免税后，36个月内不得再申请免税。

生产和销售免征增值税货物或劳务的纳税人要求放弃免税权，应当以书面形式提交放弃免税权声明，报主管税务机关备案。纳税人自提交备案资料的次月起，依照现行规定缴纳增值税。纳税人一经放弃免税权，其生产销售的全部增值税应税货物或劳务均应按照适用税率征税，不得选择某一免税项目放弃免税权，也不得根据不同的销售对象选择部分货物或劳务放弃免税权。

第六节 增值税的征收管理

一、增值税纳税义务发生的时间

增值税纳税义务发生的时间，指纳税人发生应税行为应向国家履行纳税义务的开始时间。有关增值税纳税义务的发生时间，具体规定如下。

（1）销售货物或提供应税劳务的，其纳税义务发生的时间为收讫销售款项或者取得索取销售款项凭据的当天。先开具发票的，为开具发票的当天。

收讫销售款项或者取得索取销售款项凭据的当天，按销售结算方式的不同，具体分为以下几种情况。

① 采取直接收款方式销售货物的，不论货物是否发出，均为收到销售款或者取得索取销售款凭据的当天。

② 采取托收承付和委托银行收款方式销售货物的，为发出货物并办妥托收手续的当天。

③ 采取赊销和分期收款方式销售货物的，为书面合同约定的收款日期的当天，无书面合同的或者书面合同没有约定收款日期的，为货物发出的当天。

④ 采取预收货款方式销售货物的，为货物发出的当天，但生产销售生产工期超过 12 个月的大型机械设备、船舶、飞机等货物的，为收到预收款或者书面合同约定的收款日期的当天。

⑤ 委托其他纳税人代销货物的，为收到代销单位的代销清单或者收到全部或者部分货款的当天。未收到代销清单及货款的，为发出代销货物满 180 天的当天。

⑥ 销售应税劳务的，为提供劳务同时收讫销售款项或者取得索取销售款项凭据的当天。

⑦ 纳税人发生视同销售货物行为的（委托他人代销、销售代销货物除外），为货物移送的当天。

（2）进口货物的，其纳税义务的发生时间为报关进口的当天。

（3）增值税扣缴义务发生时间为纳税人增值税纳税义务发生的当天。

二、增值税的纳税期限

增值税的纳税期限分别为 1 日、3 日、5 日、10 日、15 日、1 个月或者 1 个季度。纳税人的具体纳税期限，由主管税务机关根据纳税人应纳税额的大小分别核定；不能按固定期限纳税的，可以按次纳税。

以 1 个季度为纳税期限的规定仅适用于小规模纳税人。小规模纳税人的具体纳税期限，由主管税务机关根据其应纳税额的大小分别核定。

纳税人以 1 个月或者 1 个季度为一个纳税期的，自期满之日起 15 日内申报纳税；以 1 日、3 日、5 日、10 日或者 15 日为一个纳税期的，自期满之日起 5 日内预缴税款，于次月 1 日起 15 日内申报纳税并结清上月应纳税款。

纳税人进口货物，应当自海关填发海关缴款书之日起 15 日内缴纳税款。纳税人出口货物，应当按月向税务机关申报办理该项出口货物退税。

三、增值税的纳税地点

1. 固定业户的纳税地点

固定业户应当向其机构所在地的主管税务机关申报纳税。总机构和分支机构不在同一县（市）的，应当分别向各自所在地的主管税务机关申报纳税；经国务院财政、税务主管部门或者其授权的财政、税务机关批准，可以由总机构汇总向总机构所在地的主管税务机关申报纳税。

固定业户到外县（市）销售货物或者应税劳务，应当向其机构所在地的主管税务机关申请开具外出经营活动税收管理证明，并向其机构所在地的主管税务机关申报纳税；未开具证明的，应当向销售地或者劳务发生地的主管税务机关申报纳税；未向销售地或者劳务发生地的主管税务机关申报纳税的，由其机构所在地的主管税务机关补征税款。

2．非固定业户的纳税地点

非固定业户销售货物或者应税劳务，应当向销售地或者劳务发生地的主管税务机关申报纳税；未向销售地或者劳务发生地的主管税务机关申报纳税的，由其机构所在地或者居住地的主管税务机关补征税款。

3．进口货物的纳税地点

进口货物应当向报关地海关申报缴纳增值税。

扣缴义务人应当向其机构所在地或者居住地的主管税务机关申报缴纳其扣缴的税款。

第七节　增值税专用发票的使用及管理

增值税实行凭国家印发的增值税专用发票注明的税款进行抵扣的制度。增值税专用发票（以下简称专用发票）不仅是纳税人经济活动中的重要商业凭证，而且是兼记销货方销项税额和购货方进项税额进行税款抵扣的凭证，对增值税的计算和管理起着决定性的作用，因此，正确使用专用发票是十分重要的。根据《增值税暂行条例》，1993 年 12 月 30 日，国家税务总局制定了《增值税专用发票使用规定》，自 1994 年 1 月 1 日起执行。2006 年国家税务总局对《增值税专用发票使用规定》进行了修订，并自 2007 年 1 月 1 日起施行。

增值税专用发票，是增值税一般纳税人销售货物或者提供应税劳务开具的发票，是购买方支付增值税额并可按照增值税有关规定据以抵扣增值税进项税额的凭证。

一、增值税专用发票的使用

一般纳税人应通过增值税防伪税控系统（以下简称防伪税控系统）使用专用发票。使用，包括领购、开具、缴销、认证纸质专用发票及其相应的数据电文。所谓防伪税控系统，是指经国务院同意推行的，使用专用设备（金税卡、IC 卡、读卡器和其他设备）和通用设备（计算机、打印机、扫描器具和其他设备），运用数字密码和电子存储技术管理专用发票的计算机管理系统。

专用发票由基本联次或者基本联次附加其他联次构成，基本联次为三联：发票联、抵扣联和记账联。发票联作为购买方核算采购成本和增值税进项税额的记账凭证；抵扣联作为购买方报送主管税务机关认证和留存备查的凭证；记账联作为销售方核算销售收入和增值税销项税额的记账凭证。其他联次用途，由一般纳税人自行确定。

专用发票实行最高开票限额管理。最高开票限额，是指单份专用发票开具的销售额合计数不得达到的上限额度。最高开票限额由一般纳税人申请，税务机关依法审批。最高开票限额为 10 万元及以下的，由区县级税务机关审批；最高开票限额为 100 万元的，由地市级税务机关审批；最高开票限额为 1 000 万元及以上的，由省级税务机关审批。防伪税控系统的具体发行工作由区县级税务机关负责。

二、增值税专用发票的领购和开具范围

（一）专用发票的领购

一般纳税人凭“发票领购簿”、IC 卡和经办人身份证明领购专用发票。一般纳税人有下列情形之一的，不得领购开具专用发票。

（1）会计核算不健全，不能向税务机关准确提供增值税销项税额、进项税额、应纳税额数据及其他有关增值税税务资料的。

（2）有《税收征收管理法》规定的税收违法行为，拒不接受税务机关处理的。

（3）有下列行为之一，经税务机关责令限期改正而仍未改正的：虚开增值税专用发票；私自印制专用发票；向税务机关以外的单位和个人买取专用发票；借用他人专用发票；未按《增值税专用发票使用规定》第十一条开具专用发票；未按规定保管专用发票和专用设备；未按规定申请办理防伪税控系统变更发行。有上列情形的，如已领购专用发票，主管税务机关应暂扣其结存的专用发票和 IC 卡。

（二）专用发票的开具范围

一般纳税人销售货物或者提供应税劳务，应向购买方开具专用发票。

商业企业一般纳税人零售的烟、酒、食品、服装、鞋帽（不包括劳保专用部分）、化妆品等消费品不得开具专用发票。

增值税小规模纳税人需要开具专用发票的，可向主管税务机关申请代开。

销售免税货物不得开具专用发票，法律、法规及国家税务总局另有规定的除外。

三、增值税专用发票开具的要求

专用发票必须按要求开具，否则不得作为扣税凭证，购买方有权拒收。具体要求如下。

（1）项目齐全，与实际交易相符。

（2）字迹清楚，不得压线、错格。

（3）发票联和抵扣联加盖财务专用章或者发票专用章。

（4）按照增值税纳税义务的发生时间开具。

提示

一般纳税人必须按规定时限开具专用发票，不得提前或滞后。对已开具专用发票的货物，要及时足额记入当期销项税额。凡开具了专用发票，但其销售额未按规定计入销售账户核算的，按偷税论处。

四、开具增值税专用发票后发生退货等情况的处理

增值税一般纳税人开具专用发票后，发生销售退回、销售折让及开票有误等情况需要开具红字专用发票的，视不同情况分别按以下办法处理。

（1）专用发票抵扣联、发票联均无法认证的，由购买方填报开具红字专用发票申请单，并在申请单上填写具体原因及相对应蓝字专用发票的信息，主管税务机关审核后出具开具红字专用发票通知单。购买方不作进项税额转出处理。

（2）购买方所购货物不属于增值税扣税项目范围，取得的专用发票未经认证的，由购买方填报开具红字专用发票申请单，并在申请单上填写具体原因及相对应蓝字专用发票的信息，主管税务机关审核后出具红字专用发票通知单。购买方不作进项税额转出处理。

（3）因开票有误购买方拒收专用发票的，销售方须在专用发票认证期限内向主管税务机关填报开具红字专用发票申请单，并在申请单上填写具体原因及相对应蓝字专用发票的信息，同时提供由购买方出具的写明拒收理由、错误具体项目及正确内容的书面材料，主管税务机关审核确认后出具红字专用发票通知单。销售方凭通知单开具红字专用发票。

（4）因开票有误等原因尚未将专用发票交付购买方的，销售方须在开具有误专用发票的次月内向主管税务机关填报开具红字专用发票申请单，并在申请单上填写具体原因及相对应蓝字专用发票的信息，同时提供由销售方出具的写明具体理由、错误具体项目及正确内容的书面材料，主管税务机关审核确认后出具红字专用发票通知单。销售方凭通知单开具红字专用发票。

（5）发生销售退回或销售折让的，除按照《国家税务总局关于修订〈增值税专用发票使用规定〉的通知》的规定进行处理外，销售方还应在开具红字专用发票后将该笔业务的相应记账凭证复印件报送主管税务机关备案。

税务机关为小规模纳税人代开专用发票需要开具红字专用发票的，比照一般纳税人开具红字专用发票的处理办法，将红字专用发票通知单第二联交给代开税务机关。

五、不得作为增值税进项税额的抵扣凭证的情况

（一）有下列情形之一的，不得作为增值税进项税额的抵扣凭证

经认证，有下列情形之一的，不得作为增值税进项税额的抵扣凭证，税务机关退还原件，购买方可要求销售方重新开具专用发票。

（1）无法认证。专用发票所列密文或者明文不能辨认，无法产生认证结果。

（2）纳税人识别号认证不符。专用发票所列购买方纳税人识别号有误。

（3）专用发票代码、号码认证不符。专用发票所列密文解译后与明文的代码或者号码不一致。

(二) 有下列情形之一的，暂不得作为增值税进项税额的抵扣凭证

经认证，有下列情形之一的，暂不得作为增值税进项税额的抵扣凭证，税务机关扣留原件，查明原因，分情况进行处理。

（1）重复认证。已经认证相符的同一张专用发票再次认证。

（2）密文有误。专用发票所列密文无法解译。

（3）认证不符。纳税人识别号有误，或者专用发票所列密文解译后与明文不一致。

（4）列为失控专用发票。认证时的专用发票已被登记为失控专用发票。

专用发票抵扣联无法认证的，可使用专用发票的发票联到主管税务机关认证。专用发票的发票联复印件留存备查。

六、对丢失已开具专用发票的发票联和抵扣联的处理

（1）一般纳税人丢失已开具专用发票的发票联和抵扣联，如果丢失前已认证相符，购买方凭销售方提供的相应专用发票记账联复印件及销售方所在地主管税务机关出具的“丢失增值税专用发票已报税证明单”经购买方主管税务机关审核同意后，可作为增值税进项税额的抵扣凭证。如果丢失前未认证，购买方凭销售方提供的相应专用发票记账联复印件到主管税务机关进行认证，认证相符的，凭该专用发票记账联复印件及销售方所在地主管税务机关出具的“丢失增值税专用发票已报税证明单”，经购买方主管税务机关审核同意后，可作为增值税进项税额的抵扣凭证。

（2）一般纳税人丢失已开具专用发票的抵扣联，如果丢失前已认证相符，可使用专用发票发票联复印件留存备查。如果丢失前未认证，可使用专用发票的发票联到主管税务机关认证，专用发票的发票联复印件留存备查。

（3）一般纳税人丢失已开具专用发票的发票联，可将专用发票抵扣联作为记账凭证，专用发票抵扣联复印件留存备查。

思考题

1. 什么是增值税？增值税有哪几种类型？
2. 增值税的征税范围有哪些？
3. 简述混合销售行为、兼营非应税劳务行为的概念和税务处理原则。
4. 小规模纳税人的认定标准有哪些？
5. 视同销售行为的具体范围有哪些？
6. 准予从销项税额中抵扣的进项税额有哪些？
7. 不得从销项税额中抵扣的进项税额有哪些？

8. 增值税纳税义务发生的时间是如何规定的？

9. 专用发票的开具和使用有哪些规定？

案例分析与计算题

1. 某生产企业为增值税一般纳税人，适用增值税税率17%，2012年8月有关业务如下（相关票据已通过主管税务机关认证）。

（1）销售甲产品给某大商场，开具增值税专用发票，取得不含税销售额80万元；另外，开具普通发票，取得销售甲产品的送货运输费收入5.85万元。

（2）销售乙产品，开具普通发票，取得含税销售额29.25万元。

（3）以旧换新方式向消费者销售丙产品，收入20万元（已扣除收购旧货值3.4万元）。

（4）将试制的一批应税新产品用于本企业基建工程，成本价为20万元，成本利润率为10%，该新产品无同类产品市场销售价格。

（5）销售使用过的进口摩托车5辆，开具普通发票，每辆取得含税销售额1.04万元；该摩托车原值每辆0.9万元。

（6）购进货物取得增值税专用发票，注明支付的货款60万元，进项税额10.2万元，货物验收入库；另外，支付购货的运输费用6万元，取得运输公司开具的普通发票。

（7）为在建工程购进钢材，取得增值税专用发票注明价款100万元，进项税额17万元。

（8）仓库发生火灾，损失库存材料，成本价值10万元。

（9）向农业生产者购进免税农产品一批，支付收购价30万元，支付给运输单位的运费5万元，取得相关的合法票据，农产品验收入库。本月下旬将购进的农产品的20%用于本企业职工福利。

（10）期初留抵进项税额3万元。

要求：请计算该企业2012年8月应缴纳的增值税额。

2. 某增值税一般纳税人生产销售自行车，出厂不含税单价为280元/辆。某月该厂购销情况如下（相关票据已通过主管税务机关认证）。

（1）向当地百货大楼销售800辆，百货大楼当月付清货款后，厂家给予了8%的销售折扣，开具红字发票入账。

（2）向外地特约经销点销售500辆，并支付运输单位8 000元，收到的运费发票上注明运费7 000元，装卸费1 000元。

（3）销售本厂自用两年的小轿车一辆，售价100 000元，原价85 000元。

（4）逾期仍未收回的包装物押金60 000元，记入销售收入。

（5）购进自行车零部件、原材料，取得的专用发票上注明销售金额140 000元，注明税款23 800元。

（6）从小规模纳税人处购进自行车零件 90 000 元，未取得专用发票。

（7）本厂直接组织收购废旧自行车，支出收购金额 80 000 元。

当月底该企业计算本月应纳增值税是：

当月销项税额 =［800×280×（1–8%）+500×280+100 000+60 000］×17% = 86 033.6（元）

当月进项税额 = 8 000×7%+23 800+90 000×6%+80 000×10% = 37 760（元）

当月应纳增值税额 = 86 033.6–37 760 = 48 273.6（元）

要求：请按《增值税暂行条例》及有关规定，分析该企业计算的当月应纳增值税税款是否正确；如有错误，请指出错在何处，并正确计算当月应纳增值税额。

3. 某自营出口生产企业是增值税一般纳税人，出口货物的征税税率为 17%，退税率为 13%。2012 年 8 月有关经营业务为：购进原材料一批，取得的增值税专用发票注明的价款为 400 万元，外购货物准予抵扣进项税额 68 万元（相关票据已通过主管税务机关认证）。上期末留抵税款 6 万元。本月内销货物不含税销售额 100 万元，收款 117 万元存入银行。本月出口货物销售额折合人民币 200 万元。

要求：请计算该企业当期“免、抵、退”税额。

4. 某企业是增值税一般纳税人，2013 年 4 月有关生产经营业务如下（相关票据已通过主管税务机关认证）。

（1）销售机器一批，开出的增值税专用发票中注明销售额为 10 000 元，税额为 1 700 元，另开出一张普通发票，收取包装费 234 元。

（2）销售三批同一规格、质量的货物，每批各 2 000 件，不含增值税销售价格分别为每件 200 元、180 元和 60 元。经税务机关认定，第三批销售价格每件 60 元明显偏低且无正当理由。

（3）将自产的一批新产品 3A 牌外套 300 件作为福利发给本企业的职工。已知 3A 牌外套尚未投放市场，没有同类外套销售价格；每件外套成本 600 元（成本利润率 10%）。

要求：请计算该企业当月的增值税销项税额。

第三章　消费税法

本章学习目的和任务

通过本章的学习，学生应掌握消费税的概念，消费税的征税范围和纳税环节、消费税的计税依据及应纳税额的计算；理解消费税的特点、征税对象和纳税人及税目税率的设置；了解消费税的征收管理。

第一节　消费税概述

一、消费税的概念

消费税是以特定消费品为征税对象所征收的一种税，属于流转税的范畴。在我国，消费税是对在我国境内生产、委托加工和进口应税消费品的单位和个人，就其销售额或销售数量，在特定环节征收的一种税。它是建立在增值税普遍征收基础上，发挥特殊调节作用的税种。

消费税法是指国家制定的用以调整消费税征收与缴纳之间权利义务关系的法律规范。

相关链接

现行消费税法的基本规范，是1993年12月13日国务院制定、2008年11月5日经国务院修订并自2009年1月1日起施行的《中华人民共和国消费税暂行条例》(以下简称《消费税暂行条例》)，以及财政部、国家税务总局于1993年12月25日制定、2008年12月15日修订的《中华人民共和国消费税暂行条例实施细则》(以下简称《消费税暂行条例实施细则》)。

二、消费税的特点

消费税作为对消费品和消费结构进行特殊调节的一个税种，具有以下特点。

1. 征税范围具有选择性

消费税一般选择特定的消费品或消费行为征收，并设计了不同的税率，表现出明显的调控目的和政策导向。各国选择征税的消费品或消费行为时，一般出于限制消费、节约资源、增加财政收入等方面的考虑，体现"寓禁于征"的精神。消费税的税目会根据经济发展和消费结构的变化而有增有减，但主要是奢侈品、高能耗或高档消费品、限制消费品、不可再生和替代资源及一些具有特定财政意义的普通消费品。

2．征收环节具有单一性

消费税只是选择在生产或零售等某一环节征收，这主要是基于节省税收征管成本、提高税收征管效率、防止税源流失的考虑。

3．征收方法具有多样性

消费税的税目既有从价定率征收的设计，又有从量定额征收的安排，还有复合征收的方式，计税准确、管理简便、易于操作。

4．税率设计具有灵活性、差别性

消费税的平均税率较高，而且针对不同税目设置高低不同的税率，以体现消费税的调节作用：对价格差异较大，且便于按价格核算的应税消费品实行从价定率征收；对价格差异较小，品种、规格比较单一的大宗应税消费品实行从量定额征收。

5．税收负担具有转嫁性

消费税是一种典型的间接税，尽管立法往往选择在生产环节征税，但其立法预期是纳税人可以通过销售价格的调整将所纳的消费税转嫁给消费者，从而达到调节消费者的消费意向的目的。

三、消费税的类型

从消费税的征收范围来看，各国并不是对所有消费品都征税。根据征税范围的大小，消费税可以分为以下三种类型。

（1）狭窄型消费税。这种消费税征收范围主要限于一些传统的应税消费品，如烟草制品、酒精饮料、石油制品、机动车辆、游艇、钟表、首饰、化妆品、香水等。

（2）中间型消费税。这种消费税征收范围要比狭窄型消费税的征收范围更广一些，还包括一些消费广泛的日用品、奢侈品等，如纺织品、皮革、皮毛制品、药品、咖啡、家用电器、电子产品、摄影器材等。

（3）宽泛型消费税。这种消费税征收范围最广，不仅仅包括更多的日用品、奢侈品，而且还包括一些生产性消费资料，如水泥、建筑材料、铝制品、橡胶制品、木材制品、颜料、油漆等。

这三种类型的划分仅仅具有相对的意义。从各国开征的消费税来看，实行狭窄型消费税的国家最多，实行中间型消费税的国家次之，实行宽泛型消费税的国家最少。

通过选择不同的征收范围，进而设计高低不一的税率，确定各有侧重的征收环节，可以起到调整产业结构、调整消费结构、调节收入分配的作用。通过选择税源集中、收入比较稳定的高档消费品作为征税对象，以及设计较高的税率，可以为国家筹措稳定的财政收入。

目前，我国实行的是狭窄型消费税。

第二节 消费税的纳税人、征税范围、征税环节和税目税率

一、消费税的纳税人

消费税的纳税人是在中华人民共和国境内生产、委托加工和进口应税消费品的单位和个人，以及国务院确定的销售《消费税暂行条例》规定的消费品的其他单位和个人。消费税的纳税人应当依照《消费税暂行条例》缴纳消费税。

单位，是指企业、行政单位、事业单位、军事单位、社会团体及其他单位。

个人，是指个体工商户及其他个人。

在中华人民共和国境内，是指生产、委托加工和进口属于应当缴纳消费税的消费品的所在地或者起运地在中华人民共和国境内。

消费税的具体纳税人为生产应税消费品的单位和个人、进口应税消费品的单位和个人、委托加工应税消费品的单位和个人。其中委托加工的应税消费品，除受托方为个人外，由受托方于委托方提货时代收代缴消费税；自产自用的应税消费品，由自产自用单位和个人在移送使用时缴纳消费税。

二、消费税的征税范围

消费税的征税范围是指在我国境内生产、委托加工和进口的应税消费品。应税消费品的范围包括 5 大类 14 种。

第一类，过度消费会对人类健康、社会秩序和生态环境造成危害的特殊消费品，包括烟、酒及酒精、鞭炮与焰火、木制一次性筷子、实木地板等。

第二类，奢侈品、非生活必需品，包括贵重首饰及珠宝玉石、化妆品、高尔夫球及球具、高档手表、游艇等。

第三类，高能耗及高档消费品，包括游艇、小汽车、摩托车等。

第四类，使用和消耗不可再生和替代的稀缺资源的消费品，如成品油等。

第五类，具有特定财政意义的消费品，如汽车轮胎等，这类消费品的税基宽广、消费普遍、征税后不影响广大居民基本生活，还可以起到增加财政收入的目的。

三、消费税的征税环节

上述 5 大类 14 种消费品的征税环节分述如下。

（一）生产应税消费品

生产应税消费品，对外销售时征收消费税。因消费税具有单一环节征税的特点，在销售环节征税以后，货物在流通环节无论再转销多少次，都不用再缴纳消费税。生产应税消费品除了直接对外销售应征收消费税外，纳税人将生产的应税消费品换取生产资料、消费资料、投资入股、偿还债务，以及用于继续生产应税消费品以外的其他方面，都应缴纳消费税。

（二）自产自用应税消费品

纳税人自产自用应税消费品，用于连续生产应税消费品的，不纳税；用于其他方面的，于移送使用时纳税。

用于连续生产应税消费品，是指纳税人将自产自用的应税消费品作为直接材料生产最终应税消费品，自产自用应税消费品构成最终应税消费品的实体。用于其他方面，是指纳税人将自产自用应税消费品用于生产非应税消费品和在建工程，管理部门，非生产机构，提供劳务，以及用于馈赠、赞助、集资、广告、样品、职工福利、奖励等方面。

（三）委托加工应税消费品

委托加工应税消费品是指委托方提供原料和主要材料，受托方只收取加工费和代垫部分辅助材料加工的应税消费品。由受托方提供原材料或其他情形的一律不能视同委托加工应税消费品。委托加工的应税消费品收回后，再继续用于生产应税消费品销售的，其加工环节缴纳的消费税款可以扣除。

（四）进口应税消费品

单位和个人进口的货物属于消费税征税范围的，在进口环节也要缴纳消费税。为了减少征税成本，进口环节缴纳的消费税由海关代征。

（五）零售应税消费品

经国务院批准，自 1995 年 1 月 1 日起，金银首饰消费税由生产销售环节征收改为零售环节征收。改在零售环节征收消费税的金银首饰仅限于金基、银基合金首饰及金、银和金基、银基合金的镶嵌首饰。零售环节适用税率为 5%，在纳税人销售金银首饰、钻石及钻石饰品时征收。其计税依据是不含增值税的销售额。

四、消费税的税目税率

(一) 消费税税目

目前消费税税目包括烟、酒及酒精、成品油、小汽车、摩托车、汽车轮胎、化妆品、贵重首饰及珠宝玉石、高尔夫球及球具、高档手表、游艇、鞭炮和焰火、木制一次性筷子、实木地板共 14 个税目，有的税目还进一步划分为若干个子目。

(二) 消费税税率

消费税税率包括比例税率和定额税率（也称单位税额、固定税额）两类。由于针对不同税目或子目适用不同的税率，消费税的税率档次较为复杂。多数税目或子目适用比例税率，成品油税目和甲类、乙类啤酒、黄酒等子目适用定额税率，甲类、乙类卷烟和白酒等同时适用比例税率和定额税率，即复合税率。消费税税目税率（税额）如表 3-1 所示。

表 3-1 消费税税目税率

税　目	税　率
一、烟	
1．卷烟	
（1）甲类卷烟	56%加 0.003 元/支（生产环节）
（2）乙类卷烟	36%加 0.003 元/支（生产环节）
（3）批发环节	5%
2．雪茄烟	36%
3．烟丝	30%
二、酒及酒精	
1．白酒	20%加 0.5 元/500 克（或者 500 毫升）
2．黄酒	240 元/吨
3．啤酒	
（1）甲类啤酒	250 元/吨
（2）乙类啤酒	220 元/吨
4．其他酒	10%
5．酒精	5%
三、化妆品	30%
四、贵重首饰及珠宝玉石	
1．金银首饰、铂金首饰和钻石及钻石饰品	5%
2．其他贵重首饰和珠宝玉石	10%
五、鞭炮和焰火	15%

续表

税　目	税　率
六、成品油	
1．汽油	
（1）含铅汽油	1.40 元/升
（2）无铅汽油	1.00 元/升
2．柴油	0.80 元/升
3．航空煤油	0.80 元/升
4．石脑油	1.00 元/升
5．溶剂油	1.00 元/升
6．润滑油	1.00 元/升
7．燃料油	0.80 元/升
七、汽车轮胎	3%
八、摩托车	
1．汽缸容量（排气量，下同）在 250 毫升（含 250 毫升）以下的	3%
2．汽缸容量在 250 毫升以上的	10%
九、小汽车	
1．乘用车	
（1）汽缸容量（排气量，下同）在 1.0 升（含 1.0 升）以下的	1%
（2）汽缸容量在 1.0 升以上至 1.5 升（含 1.5 升）的	3%
（3）汽缸容量在 1.5 升以上至 2.0 升（含 2.0 升）的	5%
（4）汽缸容量在 2.0 升以上至 2.5 升（含 2.5 升）的	9%
（5）汽缸容量在 2.5 升以上至 3.0 升（含 3.0 升）的	12%
（6）汽缸容量在 3.0 升以上至 4.0 升（含 4.0 升）的	25%
（7）汽缸容量在 4.0 升以上的	40%
2．中轻型商用客车	5%
十、高尔夫球及球具	10%
十一、高档手表	20%
十二、游艇	10%
十三、木制一次性筷子	5%
十四、实木地板	5%

第三节　消费税的计税依据

消费税应纳税额的计算有三种方法：从价定率计征法、从量定额计征法以及从价定率和从量定额复合计征法。

一、从价定率计征计税依据的确定

适用比例税率的应税消费品，其应纳税额应从价定率计征，应纳税额等于应税消费品的销售额乘以适用税率，应纳税额的多少取决于应税消费品的销售额和适用税率两个因素。此时的计税依据是销售额。

销售额为纳税人销售应税消费品向购买方收取的全部价款和价外费用。销售额不包括应向购买方收取的增值税税款。如果纳税人应税消费品的销售额中未扣除增值税税款或者因不得开具增值税专用发票而发生价款和增值税税款合并收取的，在计算消费税时，应当换算为不含增值税税款的销售额。其换算公式为：

应税销售额 ＝ 含增值税的销售额÷（1+增值税税率或征收率）

价外费用，是指价外向购买方收取的手续费、补贴、基金、集资费、返还利润、奖励费、违约金、滞纳金、延期付款利息、赔偿金、代收款项、代垫款项、包装费、包装物租金、储备费、优质费、运输装卸费及其他各种性质的价外收费。但下列项目不包括在内。

提示

消费税与增值税计税依据相同。

1．同时符合以下条件的代垫运输费用

（1）承运部门的运输费用发票开具给购买方的。

（2）纳税人将该项发票转交给购买方的。

2．同时符合以下条件代为收取的政府性基金或行政事业性收费

（1）由国务院或者财政部批准设立的政府性基金，由国务院或者省级人民政府及其财政、价格主管部门批准设立的行政事业性收费。

（2）收取时开具省级以上财政部门印制的财政票据。

（3）所收款项全额上缴财政。

其他价外费用，无论是否属于纳税人的收入，均应并入销售额计算征税。

提示

纳税人销售的应税消费品，以外汇结算销售额的，其销售额的人民币折合率可以选择结算当天或者当月1日的国家外汇牌价（原则上为中间价）。纳税人应在事先确定采取何种折合率，确定后一年内不得变更。

应税消费品连同包装物销售的，无论包装物是否单独计价及在会计上如何核算，均应并入应税消费品的销售额中缴纳消费税。如果包装物不作价随同产品销售，而是收取押金，此项押金则不应并入应税消费品的销售额中征税。但对因逾期未收回包装物而不再退还的或者已收取的时间超过12个月的押金，则应并入应税消费品的销售额，按照应税消费品的适用税率缴纳消费税。

对既作价随同应税消费品销售，又另外收取押金的包装物的押金，凡纳税人在规定的期限内没有退还的，均应并入应税消费品的销售额，按照应税消费品的适用税率缴纳消费税。

二、从量定额计征计税依据的确定

适用定额税率的消费品，其应纳税额应从量定额计征，应纳税额等于应税消费品的销售数量乘以单位税额，应纳税额的多少取决于应税消费品的销售数量和单位税额两个因素。此时的计税依据是销售数量。

（一）销售数量的确定

销售数量是指纳税人生产、加工和进口应税消费品的数量。具体规定为以下几点。

（1）销售应税消费品的，销售数量为应税消费品的实际销售数量。

（2）自产自用应税消费品的，销售数量为应税消费品的移送使用数量。

（3）委托加工应税消费品的，销售数量为纳税人收回的应税消费品数量。

（4）进口的应税消费品，销售数量为海关核定的应税消费品进口征税数量。

（二）计量单位的换算标准

《消费税暂行条例》规定，黄酒、啤酒以吨为税额单位，汽油、柴油等以升为税额单位。但是，考虑到在实际销售过程中，一些纳税人会把吨和升这两个计量单位混用，为了规范不同产品的计量单位，以准确计算应纳税额，国家规定了吨与升两个计量单位的换算标准，如表 3-2 所示。

表 3-2　吨、升换算表

单位	黄酒	啤酒	汽油	柴油	航空煤油	石脑油	溶剂油	润滑油	燃料油
1 吨=	962 升	988 升	1 388 升	1 176 升	1 246 升	1 385 升	1 282 升	1 126 升	1 015 升

三、从价定率和从量定额复合计征计税依据的确定

既规定了比例税率，又规定了定额税率的卷烟、白酒，其应纳税额实行从价定率和从量定额相结合的复合计征办法，应纳税额等于应税消费品销售数量乘以定额税率再加上应税消费品销售额乘以比例税率。其计税依据分别是销售应税消费品向购买方收取的全部价款及价外费用，和实际销售（或海关核定进口、委托方收回、移送使用）数量。

四、计税依据的特殊规定

（1）纳税人通过自设非独立核算门市部销售的自产应税消费品，应当按照门市部对外销售额或者销售数量征收消费税。

（2）纳税人用于换取生产资料和消费资料、投资入股和抵偿债务等方面的应税消费品，应当以纳税人同类应税消费品的最高销售价格作为计税依据计算消费税。

（3）纳税人兼营不同税率的应税消费品时，应当分别核算不同税率应税消费品的销售额、销售数量。未分别核算销售额、销售数量，或者将不同税率的应税消费品组成成套消费品销售的，从高适用税率。

第四节　消费税应纳税额的计算

一、生产销售环节应纳消费税额的计算

纳税人在生产销售环节应缴纳的消费税，包括直接对外销售应税消费品应缴纳的消费税和自产自用应税消费品应缴纳的消费税。

（一）直接对外销售应税消费品应纳税额的计算

直接对外销售应税消费品应纳税额的计算有以下三种方法。

1．从价定率计算方法

在从价定率计算方法下，应纳税额等于销售额乘以适用税率。基本计算公式为：

应纳税额=应税消费品的销售额×比例税率

案例 3-1

某化妆品生产企业为增值税一般纳税人。2013 年 3 月 15 日该企业向某大型商场销售化妆品一批，开具增值税专用发票，取得不含增值税销售额 30 万元，增值税额 5.1 万元；3 月 20 日向某单位销售化妆品一批，开具普通发票，取得含增值税销售额 4.68 万元。计算该化妆品生产企业上述业务一共应缴纳的消费税额。（化妆品适用消费税税率为 30%）

分　析

（1）化妆品的应税销售额=30+4.68÷（1+17%）=34（万元）

（2）应缴纳的消费税额=34×30% =10.2（万元）

案例 3-2

某鞭炮厂 2012 年 5 月以不含税出厂价 187.2 元/箱对外销售某高档鞭炮 1 155 箱，将 500 箱同类鞭炮移送给该厂非独立核算门市部零售，当月零售同类鞭炮 412 箱，每箱零售价为 280.8 元。计算该厂当月应纳消费税额。（已知鞭炮的增值税税率为 17%，消费税税率为 15%）

分　析

（1）对外销售鞭炮应纳消费税额=187.2×1 155×15% = 216 216×15%= 32 432.4（元）

（2）零售鞭炮应纳消费税额=280.8÷（1+17%）×412×15% = 14 832（元）

（3）应纳消费税额=32 432.4+14 832 = 47 264.4（元）

2．从量定额计算方法

在从量定额计算方法下，应纳税额等于应税消费品的销售数量乘以适用税率。基本计算公式为：

应纳税额=应税消费品的销售数量×定额税率

案例 3-3

某啤酒企业2012年6月销售A类啤酒（每吨出厂价2 500元）120吨，销售B类啤酒（每吨出厂价3 500元）200吨。计算当月该啤酒企业应缴纳的消费税额。

分　析

根据消费税法律制度的规定，该批酒类应税消费品实行两档税率：每吨的出厂价在3 000元以上的，税额为250元；每吨出厂价在3 000元以下的，税额为220元。因此，A类啤酒适用税率为每吨220元，B类为每吨250元。

（1）A类啤酒应缴纳的消费税额 = 120×220 = 26 400（元）

B类啤酒应缴纳的消费税额 = 200×250 = 50 000（元）

（2）该企业当月应缴纳消费税额 = 26 400+50 000 = 76 400（元）

3．从价定率和从量定额复合计算方法

现行消费税的征税范围中，只有卷烟、白酒采用复合计算方法。基本计算公式为：

应纳税额=应税消费品的销售数量×定额税率+应税消费品的销售额×比例税率

案例 3-4

某白酒生产企业为增值税一般纳税人，2012年4月销售粮食白酒100吨，取得不含增值税的销售额300万元。计算白酒企业4月应缴纳的消费税额。（白酒适用比例税率为20%，定额税率为每500克0.5元）

分　析

应纳税额=100×2 000 ×0.000 05 +300×20% =70（万元）

（二）自产自用应税消费品应纳税额的计算

自产自用就是纳税人生产应税消费品后，不是用于直接对外销售，而是用于自己连续生产应税消费品或用于其他方面。

1．用于连续生产应税消费品

纳税人自产自用的应税消费品，用于连续生产应税消费品的，不纳税。纳税人自产自用的应税消费品，用于连续生产应税消费品的，是指作为生产最终应税消费品的直接材料并构成最终产品实体的应税消费品。例如，卷烟厂生产出烟丝，烟丝已是应税消费品，卷烟厂再用生产出的烟丝连续生产卷烟，这样，用于连续生产卷烟的烟丝就不缴纳消费税，只对生产的卷烟征收消费税。当然，生产出的烟丝如果是直接销售的，则烟丝还是要缴纳消费税。

2．用于其他方面的应税消费品

纳税人自产自用的应税消费品，除用于连续生产应税消费品外，凡用于其他方面的，于移送使用时纳税。用于其他方面的，是指纳税人用于生产非应税消费品、在建工程、管理部门、非生产机构、提供劳务，以及用于馈赠、赞助、集资、广告、样品、职工福利、奖励等方面。

3．组成计税价格及税额的计算

纳税人自产自用的应税消费品，凡用于其他方面，应当纳税的，按照纳税人生产的同类消费品的销售价格计算纳税。同类消费品的销售价格，是指纳税人当月销售的同类消费品的销售价格，如果当月同类消费品各期销售价格高低不同，应按销售数量加权平均计算。但销售的应税消费品有下列情况之一的，不得列入加权平均计算：① 销售价格明显偏低又无正当理由的。② 无销售价格的。

如果当月无销售或者当月未完结，应按照同类消费品上月或者最近月份的销售价格计算纳税。

没有同类消费品销售价格的，按照组成计税价格计算纳税。组成计税价格的计算公式如下。

（1）实行从价定率方法计算纳税的组成计税价格计算公式为：

组成计税价格=（成本+利润）÷（1−比例税率）

应纳税额=组成计税价格×比例税率

（2）实行复合计税方法计算纳税的组成计税价格计算公式为：

组成计税价格=（成本+利润+自产自用数量×定额税率）÷（1−比例税率）

应纳税额=组成计税价格×比例税率+自产自用数量×定额税率

上述公式中的“成本”，是指应税消费品的产品生产成本；“利润”，是指根据应税消费品的全国平均成本利润率计算的利润。应税消费品全国平均成本利润率由国家税务总局确定。

案例 3-5

某化妆品公司将一批自产的化妆品用作职工福利，化妆品的成本 4 000 元，该化妆品无同类产品市场销售价格，但已知其成本利润率为 5%，消费税税率为 30%。计算该批化妆品应缴纳的消费税额。

分 析

（1）组成计税价格=成本×（1+成本利润率）÷（1−消费税税率）

=4 000×（1+5%）÷（1−30%）

=4 200÷0.7 =6 000（元）

（2）应纳税额=6 000×30%=1 800（元）

二、委托加工环节应纳消费税额的计算

（一）委托加工应税消费品的确定

委托加工的应税消费品是指由委托方提供原料和主要材料，受托方只收取加工费和代垫部分辅助材料加工的应税消费品。对于由受托方提供原材料生产的应税消费品，或者受托方先将原材料卖给委托方，然后再接受加工的应税消费品，以及由受托方以委托方名义购进原材料生产的应税消费品，不论纳税人在财务上是否作销售处理，都不得作为委托加工应税消费品，而应当按照销售自制应税消费品缴纳消费税。

（二）组成计税价格及应纳税额的计算

委托加工的应税消费品，按照受托方的同类消费品的销售价格计算纳税，同类消费品的销售价格是指受托方（代收代缴义务人）当月销售的同类消费品的销售价格，如果当月同类消费品各期销售价格高低不同，应按销售数量加权平均计算。但销售的应税消费品有下列情况之一的，不得列入加权平均计算：① 销售价格明显偏低又无正当理由的。② 无销售价格的。

如果当月无销售或者当月未完结，应按照同类消费品上月或最近月份的销售价格计算纳税。没有同类消费品销售价格的，按照组成计税价格计算纳税。组成计税价格的计算公式如下。

（1）实行从价定率办法计算纳税的组成计税价格计算公式为：

组成计税价格=（材料成本+加工费）÷（1−比例税率）

应纳税额=组成计税价格×比例税率

（2）实行复合计税办法计算纳税的组成计税价格计算公式为：

组成计税价格=（材料成本+加工费+委托加工数量×定额税率）÷（1−比例税率）

应纳税额=组成计税价格×比例税率+委托加工数量×定额税率

材料成本，是指委托方所提供加工材料的实际成本。委托加工应税消费品的纳税人，必须在委托加工合同上如实注明（或以其他方式提供）材料成本，凡未提供材料成本的，受托方所在地主管税务机关有权核定其材料成本。加工费，是指受托方加工应税消费品向委托方所收取的全部费用（包括代垫辅助材料的实际成本，不包括增值税税款）。

> **提示**
>
> 委托加工应税消费品，受托方是法定的代收代缴义务人，但如果纳税人委托个体经营者或个人加工应税消费品，一律于委托方收回后在委托方所在地缴纳消费税。

案例 3-6

某鞭炮企业 2013 年 4 月受托为某单位加工一批鞭炮，委托单位提供的原材料金额为 60 万元，收取委托单位不含增值税的加工费 8 万元，鞭炮企业当地无加工鞭炮的同类产品市场价格。计算鞭炮企业应代收代缴的消费税。（鞭炮的适用税率为 15%）

分　析

（1）组成计税价格=（60+8）÷（1－15%）=80（万元）

（2）应代收代缴消费税=80×15%=12（万元）

三、进口环节应纳消费税税额的计算

进口的应税消费品，于报关进口时缴纳消费税；进口的应税消费品的消费税由海关代征。纳税人进口应税消费品，按照组成计税价格和规定的税率计算应纳税额。

1. 实行从价定率办法计时应纳税额的计算

实行从价定率办法计算纳税的组成计税价格及应纳税额的计算公式为：

组成计税价格=（关税完税价格+关税）÷（1−比例税率）

应纳税额=组成计税价格×比例税率

案例 3-7

某企业为增值税一般纳税人。2012 年 6 月，该企业进口 220 辆小汽车，每辆小汽车关税完税价格为 12 万元。计算该企业进口该批小汽车应纳消费税额。（已知小汽车关税税率为 110%，消费税税率为 5%）

分　析

（1）关税额 = 12×220×110% = 2 904（万元）

（2）组成计税价格 =（12×220+2 904）÷（1−5%） = 5 835.79（万元）

（3）应纳消费税额 = 5 835.79×5% = 291.79（万元）

2．实行从量定额办法时应纳税额的计算

实行从量定额办法计算应纳税额的计算公式为：

应纳税额=应税消费品进口数量×定额税率

3．实行从价定率和从量定额复合计税办法时应纳税额的计算

实行复合计税办法计算纳税的组成计税价格及应纳税额的计算公式为：

组成计税价格=（关税完税价格+关税+应税消费品进口数量×定额税率）÷（1–比例税率）

应纳税额=组成计税价格×比例税率+应税消费品进口数量×定额税率

进口环节消费税除国务院另有规定者外，一律不得给予减税、免税。

案例 3-8

某公司 2013 年 3 月进口甲类卷烟 200 标准箱，每箱关税完税价格 60 000 元，关税税率为 25%，消费税税率为 56%加 0.003 元/支。计算该公司当月应缴纳的进口增值税额和进口消费税额。（已知每标准箱有卷烟 250 条，每条 200 支）

分　析

（1）每标准箱有 50 000 支（200 支/条×250 条/箱）卷烟。每箱定额税率为 150 元（0.003 元/支×50 000 支/箱=150 元/箱）

（2）组成计税价格 =（60 000+60 000×25%+150）÷（1–56%）×200 = 3 415.91（万元）

（3）应纳进口增值税额 = 3 415.91×17% = 580.704（万元）

（4）应纳进口消费税额=3 415.91×56%+200×150÷10 000=1 912.91+3 = 1 915.91（万元）

四、已纳消费税扣除的计算

1．准予扣除已纳消费税的情况

外购或委托加工收回下列应税消费品，用于连续生产应税消费品的，对外购应税消费品已缴纳的消费税税款，或者委托加工的应税消费品（原料）由受托方代收代缴的消费税税款，准予从应纳消费税额中抵扣。

（1）用外购或委托加工收回的已税烟丝生产的卷烟。

（2）用外购或委托加工收回的已税化妆品生产的化妆品。

（3）用外购或委托加工收回的已税珠宝、玉石生产的贵重首饰及珠宝、玉石。

（4）用外购或委托加工收回的已税鞭炮、焰火生产的鞭炮、焰火。

（5）用外购或委托加工收回的已税汽车轮胎（内胎和外胎）生产的汽车轮胎。

（6）用外购或委托加工收回的已税摩托车零件生产的摩托车（如用外购两轮摩托车改装三轮摩托车）。

（7）以外购或委托加工收回的已税杆头、杆身和握把为原料生产的高尔夫球杆。

（8）以外购或委托加工收回的已税木制一次性筷子为原料生产的木制一次性筷子。

（9）以外购或委托加工收回的已税实木地板为原料生产的实木地板。

（10）以外购或委托加工收回的已税石脑油为原料生产的应税消费品。

（11）以外购或委托加工收回的已税润滑油为原料生产的润滑油。

当期准予扣除外购或委托加工的应税消费品的已纳消费税税款，应按当期生产领用数量计算。

提示

允许扣除已纳税款的应税消费品只限于从工业企业购进的应税消费品和进口环节已缴纳消费税的应税消费品，对从境内商业企业购进应税消费品的已纳税款一律不得扣除。

2．扣除已纳消费税的计算

外购、委托加工和进口的应税消费品，用于连续生产应税消费品的，准予从消费税应纳税额中扣除原料已纳消费税税款，其计算方法按照不同行为分别规定如下。

（1）用外购应税消费品（从价定率）连续生产应税消费品，当前准予扣除外购应税消费品已纳消费税税款的计算公式为：

当期准予扣除的外购应税消费品已纳税款=当期准予扣除的外购应税消费品买价×外购应税消费品适用税率

当期准予扣除的外购应税消费品买价 = 期初库存的外购应税消费品买价+当期购进的外购应税消费品买价–期末库存的外购应税消费品买价

（2）用外购应税消费品（从量定额）连续生产应税消费品，当前准予扣除外购应税消费品已纳消费税税款的计算公式为：

当期准予扣除的外购应税消费品已纳税款 = 当期准予扣除的外购应税消费品数量×外购应税消费品定额税率

当期准予扣除的外购应税消费品数量 = 期初库存的外购应税消费品数量+当期购进的外购应税消费品数量–期末库存的外购应税消费品数量

（3）用委托加工收回的应税消费品连续生产应税消费品，当前准予扣除委托加工收回的应税消费品已纳消费税税款的计算公式为：

当期准予扣除的委托加工应税消费品已纳税款=期初库存的委托加工应税消费品已纳税款+当期收回的委托加工应税消费品已纳税款–期末库存的委托加工应税消费品已纳税款

（4）用进口应税消费品连续生产的应税消费品，当前准予扣除进口应税消费品已纳消费税税款的计算公式为：

当期准予扣除的进口应税消费品已纳税款 = 期初库存的进口应税消费品已纳税款+当期

进口应税消费品已纳税款−期末库存的进口应税消费品已纳税款

第五节　消费税的减免、退税与补税

一、消费税的减免

消费税是对少数特定消费品选择征收的一种商品税，应税消费品的购买者一般都具有较高的税收负担能力。因此，除了极少数特殊情况外，消费税一般不给予减免税优惠。消费税的减免，主要有以下两种情形：① 纳税人出口应税消费品，除法律另有规定外，免征消费税。出口应税消费品的免税办法，由国务院财政、税务主管部门规定。② 纳税人自产自用的应税消费品，用于连续生产应税消费品的，不纳税。

二、消费税的退税

消费税的退税主要包括以下两种情形：① 纳税人销售的应税消费品，如因质量等原因由购买者退回时，经机构所在地或者居住地主管税务机关审核批准后，可退还已缴纳的消费税税款。② 纳税人出口按规定可以免税的应税消费品，在货物出口后，可以按照国家有关规定办理退税手续。

计算出口应税消费品应退消费税的税率，按照《消费税税目税率表》执行。这是消费税退（免）税与增值税退（免）税的重要区别。当出口的货物是应税消费品时，其退还增值税要按规定的退税率计算，而其退还消费税则按应税消费品所适用的消费税税率计算。出口应税消费品退（免）消费税有以下三种情况：出口免税并退税、出口免税但不退税、出口不免税也不退税。外贸企业从生产企业购进货物直接出口或受其他外贸企业委托代理出口应税消费品的消费税税款，分以下情况计算。

（1）属于按从价定率办法计征消费税的应税消费品，应按照外贸企业购进货物时征收消费税的价格计算应退税款。其计算公式为：

$$应退税款 = 出口货物的工厂销售额 \times 比例税率$$

（2）属于按从量定额办法计征消费税的应税消费品，应按照货物购进和报关出口的数量计算应退税款。其计算公式为：

$$应退税款 = 出口数量 \times 定额税率$$

三、消费税的补税

消费税的补税与出口退税制度相关。

出口的应税消费品办理退税后，发生退关或者国外退货，进口时予以免税的，报关出口者必须及时向其机构所在地或者居住地主管税务机关申报补缴已退的消费税税款。

纳税人直接出口的应税消费品办理免税后，发生退关或者国外退货，进口时已予以免税的，经纳税人机构所在地或者居住地主管税务机关批准，可暂不办理补税，待其转为国内销售时，再申报补缴消费税。

第六节　消费税的征收管理

一、消费税纳税义务发生时间

纳税人生产的应税消费品于销售时纳税，进口消费品应当于应税消费品报关进口环节纳税，但金银首饰、钻石及钻石饰品在零售环节纳税。消费税纳税义务发生的时间，以货款结算方式或行为发生时间分别确定。

（1）纳税人销售的应税消费品，其纳税义务的发生时间为：① 纳税人采取赊销和分期收款结算方式的，其纳税义务的发生时间为销售合同规定的收款日期的当天。② 纳税人采取预收货款结算方式的，其纳税义务的发生时间为发出应税消费品的当天。③ 纳税人采取托收承付和委托银行收款方式的，其纳税义务的发生时间为发出应税消费品并办妥托收手续的当天。④ 纳税人采取其他结算方式的，其纳税义务的发生时间为收讫销售款或者取得索取销售款的凭据的当天。

（2）纳税人自产自用的应税消费品，其纳税义务的发生时间为移送使用的当天。

（3）纳税人委托加工的应税消费品，其纳税义务的发生时间为纳税人提货的当天。

（4）纳税人进口的应税消费品，其纳税义务的发生时间为报关进口的当天。

二、消费税纳税期限

消费税的纳税期限分别为 1 日、3 日、5 日、10 日、15 日、1 个月或者 1 个季度。纳税人的具体纳税期限，由主管税务机关根据纳税人应纳税额的大小分别核定；不能按照固定期限纳税的，可以按次纳税。

纳税人以 1 个月或以 1 个季度为一期纳税的，自期满之日起 15 日内申报纳税；以 1 日、3 日、5 日、10 日或者 15 日为一期纳税的，自期满之日起 5 日内预缴税款，于次月 1 日起 10 日内申报纳税，并结清上月应纳税款。

纳税人进口应税消费品，应自海关填发税款缴款书之日起 15 日内向指定银行缴纳税款。

三、消费税纳税地点

（1）纳税人销售的应税消费品，以及自产自用的应税消费品，除国家另有规定的外，应当向纳税人核算地主管税务机关申报纳税。

（2）委托个人加工的应税消费品，由委托方向其机构所在地或者居住地主管税务机关申报纳税。除此之外，由受托方向所在地主管税务机关代收代缴消费税税款。

（3）进口的应税消费品，由进口人或者其代理人向报关地海关申报纳税。

（4）纳税人到外县（市）销售或者委托外县（市）代销自产应税消费品的，于应税消费品销售后，向机构所在地或者居住地主管税务机关申报纳税。

纳税人的总机构与分支机构不在同一县（市）的，应当分别向各自机构所在地的主管税务机关申报纳税；经财政部、国家税务总局或者其授权的财政、税务机关批准，可以由总机构汇总向总机构所在地的主管税务机关申报纳税。

（5）纳税人销售的应税消费品，如因质量等原因由购买者退回时，经所在地主管税务机关审核批准后，可退还已征收的消费税税款，但不能自行直接抵减应纳税款。

思考题

1. 简述消费税的类型及特点。
2. 消费税的纳税人、征税范围、计税依据是如何规定的？
3. 自产自用应税消费品如何计税？
4. 委托加工应税消费品如何进行税务处理？

案例分析与计算题

1. 某化妆品生产企业为增值税一般纳税人，2012年7月上旬从国外进口一批散装化妆品，关税完税价格为150万元。进口机器设备一套，关税完税价格为65万元。散装化妆品和机器设备均验收入库。本月内企业将进口的散装化妆品的80%生产加工为成套化妆品7 800件，对外批发销售6 000件，取得不含税销售额290万元；向消费者零售800件，取得含税销售额51.48万元。（化妆品的进口关税税率为40%、消费税税率为30%；机器设备的进口关税税率为20%）

要求：（1）请计算该企业在进口环节应缴纳的消费税、增值税。

（2）请计算该企业国内生产销售环节应缴纳的消费税、增值税。

2. 某汽车制造企业本期发生如下业务：

（1）从日本进口小轿车200辆，每辆到岸价格25万元，关税税率为110%，全部投放汽车市场销售，零售价格为85万元/辆。

（2）本企业生产小轿车 150 辆，采用分期收款结算方式全部销售，销售额为 3 750 万元，按合同规定本期到期货款 3 000 万元，实际只收回货款 2 800 万元，随同销售取得价外补贴 351 万元。

（3）委托一微型汽车制造厂生产微型汽车 40 辆，供本企业自己使用，提供原材料 400 万元，辅助材料 20.8 万元，支付加工费 80 万元。

要求：请计算该企业应纳的消费税。（小轿车消费税税率为 5%，微型客车消费税税率为 3%）

3. 某卷烟厂为增值税一般纳税人，2012 年 11 月有关生产经营情况如下：

（1）从某烟丝厂购进已税烟丝 200 吨，每吨不含税单价 2 万元，取得烟丝厂开具的增值税专用发票，注明货款 400 万元、增值税 68 万元，烟丝已验收入库。

（2）向农业生产者收购烟叶 30 吨，收购凭证上注明支付收购货款 42 万元，另支付运费 3 万元，取得运输公司开具的普通发票；烟叶验收入库后，又将其运往烟丝厂加工成烟丝，取得烟丝厂开具的增值税专用发票，注明支付加工费 8 万元、增值税 1.36 万元，卷烟厂收回烟丝时烟丝厂未代收代缴消费税。

（3）卷烟厂生产领用外购已税烟丝 150 吨，生产卷烟 20 000 标准箱（每箱 50 000 支，每条 200 支，每条调拨价 70 元以上），当月销售给卷烟专卖商 18 000 箱，取得不含税销售额 36 000 万元。（烟丝消费税税率为 30%；卷烟消费税比例税率为 56%，定额税率为 150 元/箱）

要求：（1）请计算卷烟厂 11 月应缴纳的增值税。

（2）请计算卷烟厂 11 月应缴纳的消费税。

第四章　营业税法

📖本章学习目的和任务

通过本章的学习，学生应掌握营业税的概念，营业税的纳税人、扣缴义务人、征税范围、税率和计税依据及应纳税额的计算；理解营业税的特点和纳税地点；了解营业税征收管理。

第一节　营业税概述

一、营业税的概念

营业税是对在我国境内提供应税劳务、转让无形资产、销售不动产的单位和个人，以其营业额为征税对象而征收的一种税。

营业税法是指国家制定的用以调整营业税征收与缴纳之间权利及义务关系的法律规范。

相关链接

现行营业税的基本规范，是1993年12月13日国务院制定、2008年11月5日修订的《中华人民共和国营业税暂行条例》(以下简称《营业税暂行条例》)和2008年12月15日财政部、国家税务总局发布的《中华人民共和国营业税暂行条例实施细则》(以下简称《营业税暂行条例实施细则》)。

二、营业税的特点

1．按行业设计税目税率，税负合理

营业税实行普遍征收，现行营业税征税范围为增值税征税范围之外的所有经营业务，税率设计的总体水平一般较低。但由于各种经营业务赢利水平高低不同，因此，在税负设计中，一般实行同一行业同一税率，不同行业不同税率，以体现公平税负、鼓励平等竞争的政策。

2．采用比例税率，计算简便，便于管理

由于营业税一般以营业收入全额为计税依据，实行比例税率，税款随营业收入额的实现而

实现，因此，计征简便，有利于节省征收费用。

3．一般以营业全额为计税依据，多环节征税

营业税属于传统商品劳务税，计税依据为营业额全额，税额不受成本、费用高低的影响，而且每经过一个流转环节就要征收一道营业税，对于保证财政收入的稳定增长具有十分重要的作用。

知识库

18 世纪末，资本主义商品经济已有了飞速的发展，成为社会经济的统治形式。资本主义商品流通是一个十分复杂的运动过程，物资内容丰富，流通环节众多，面对这种错综复杂的商品流通状态，法国于 1791 年首创营业税，对工业制造业和商业销售收入进行一定比例的课征。

第二节　营业税的纳税人、征税范围和税目税率

一、营业税的纳税人

（一）纳税人的一般规定

营业税的纳税人是指在中华人民共和国境内提供应税劳务、转让无形资产、销售不动产的单位和个人。其中单位是指企业、行政单位、事业单位、军事单位、社会团体及其他单位；个人是指个体工商户及其他有经营行为的个人。

（二）纳税人的特殊规定

（1）铁路运输的纳税人。中央铁路运营业务的纳税人为中华人民共和国铁道部；合资铁路运营业务的纳税人为合资铁路公司；地方铁路运营业务的纳税人为地方铁路管理机构；铁路专用线运营业务的纳税人为企业或其指定的管理机构；基建临管线铁路运营业务的纳税人为基建临管线管理机构。

（2）从事水路运输、航空运输、管道运输或其他陆路运输业务并负有营业税纳税义务的单位，为从事运输业务并计算盈亏的单位。

（3）单位以承包、承租、挂靠方式经营的，承包人、承租人、挂靠人（以下统称承包人）发生应税行为，承包人以发包人、出租人、被挂靠人（以下统称发包人）名义对外经营并由发包人承担相关法律责任的，以发包人为纳税人；否则以承包人为纳税人。

（4）建筑安装业务实行分包或转包的，分包或转包者为纳税人。

（5）金融保险业纳税人包括：银行，包括人民银行、商业银行、政策性银行；信用合作社；证券公司；金融租赁公司、证券基金管理公司、财务公司、信托投资公司、证券投资基金；保险公司；其他经中国人民银行、中国证券监督管理委员会、中国保险监督管理委员会批准成立且经营金融保险业务的机构等。

（三）扣缴义务人

在现实生活中，有些具体情况难以确定纳税人，因此税法规定了扣缴义务人。营业税的扣缴义务人有以下几种。

（1）委托金融机构发放贷款的，其应纳税款以受托发放贷款的金融机构为扣缴义务人；金融机构接受其他单位或个人的委托，为其办理委托贷款业务时，如果将委托方的资金转给经办机构，由经办机构将资金贷给使用单位或个人，由最终将贷款发放给使用单位或个人并取得贷款利息的经办机构作为扣缴义务人，代扣委托方应纳的营业税。

（2）建筑安装业务实行分包或者转包的，其应纳税款以总承包人为扣缴义务人。

（3）境外单位或者个人在境内发生应税行为而在境内未设有经营机构的，其应纳税款以代理者为扣缴义务人；没有代理者的，以受让者或者购买者为扣缴义务人。

（4）单位或者个人进行演出由他人售票的，其应纳税款以售票者为扣缴义务人，演出经纪人为个人的，其办理演出的应纳税款以售票者为扣缴义务人。

（5）分保险业务，其应纳税款以初保人为扣缴义务人。

（6）个人转让专利权、非专利技术、商标权、著作权、商誉的，其应纳税款以受让者为扣缴义务人。

（7）财政部规定的其他扣缴义务人。

二、营业税的征税范围和税目税率

（一）营业税征税范围的一般规定

按照规定，营业税的征税范围是在中华人民共和国境内有偿提供应税劳务、转让无形资产或者销售不动产的业务。相关术语含义如下。

> **提示**
>
> 按照规定，加工和修理、修配劳务，不属于营业税的应税劳务（以下简称非应税劳务），应征收增值税，不征收营业税。

（1）应税劳务是指属于交通运输业、建筑业、金融保险业、邮电通信业、文化体育业、娱乐业、服务业等税目征收范围内的劳务。加工、修理修配劳务属于增值税的征税范围，因此不属于营业税的应税劳务。单位或个体经营者聘用的员工为本单位或雇主提供的劳务，也不属于营业税的应税劳务。

（2）转让无形资产是指转让无形资产的所有权和使用权的行为。转让无形资产的业务包括转让土地使用权、商标权、专利权、非专利技术、著作权、商誉等行为。

（3）销售不动产是指有偿转让不动产所有权的行为。不动产是指不能移动，移动后会引起性质、形状改变的财产，包括建筑物、构筑物及其他土地附着物。

（4）在中华人民共和国境内提供应税劳务、转让无形资产或者销售不动产，是指所提供的劳务发生在境内，在境内载运旅客或货物出境，所转让的无形资产在境内使用，所销售的不动产在境内等。

（二）营业税的税目与税率

营业税的税目按行业、类别分，共设置 9 个，实行行业比例税率。具体税目税率如表 4-1 所示。

表 4-1 营业税税目税率

税 目	征收范围	税 率
交通运输业	陆路运输、水路运输、航空运输、管道运输、装卸搬运、远洋运输（程租、期租业务）、航空运输企业（湿租业务）、公路经营企业	3%
建筑业	建筑、安装、修缮、装饰及其他工程作业［自建自用建筑物，其自建行为不是建筑业税目的征税范围；出租或投资入股的自建建筑物，也不是建筑业的征税范围；管道煤气集资费（初装费）业务，按建筑业征收营业税］	3%
金融保险业	贷款、融资租赁、金融商品转让、金融经纪业和其他金融业务；以货币资金投资但收取固定利润或保底利润的行为。我国境内外资金融机构从事的离岸银行业务，属于在我国境内提供应税劳务的，也征收营业税	5%
邮电通信业	传递函件或包件（含快递业务）、邮汇、报刊发行、邮务物品销售、邮政储蓄及其他邮政业务；电报、电传、电话、电话机安装、电信物品销售及其他电信业务	3%
文化体育业	表演、播映、经营游览场所和各种展览、培训活动，举办文学、艺术、科技讲座、讲演、报告会，图书馆的图书和资料的借阅业务等；各种体育比赛和为体育比赛或体育活动提供场所的业务	3%
娱乐业	歌厅、舞厅、卡拉 OK 歌舞厅、音乐茶座、高尔夫球、游艺、网吧	20%
	保龄球、台球	5%
服务业	代理业、旅店业、饮食业、旅游业、仓储业、租赁业、广告业及其他服务业	5%
转让无形资产	转让土地使用权、专利权、非专利技术、商标权、著作权、商誉（2003 年 1 月 1 日起，以无形资产投资入股，参与接受投资方的利润分配、共同承担投资风险的行为，不征收营业税；在投资后转让其股权的也不征收营业税）	5%

续表

税　　目	征收范围	税　　率
销售不动产	销售建筑物及其他土地附着物自2003年1月1日起，以不动产投资入股，参与接受投资方利润分配、共同承担投资风险的行为，不征收营业税；在投资后转让其股权的也不征收营业税（单位或者个人将不动产或者土地使用权无偿赠送其他单位或者个人，视同发生应税行为，按规定征收营业税；单位或者个人自己新建建筑物后销售，其所发生的自建行为，视同发生应税行为，按规定征收营业税）	5%

第三节　营业税应纳税额的计算

一、营业税的计税依据

营业税的计税依据为纳税人提供应税劳务的营业额、转让无形资产的转让额或者销售不动产的销售额，以下统称营业额。

提示

凡价外费用，无论会计制度规定如何核算，均应并入营业额计算应纳税额。

（一）计税依据的一般规定

在一般情况下，营业额为纳税人提供应税劳务、转让无形资产或者销售不动产向对方收取的全部价款和价外费用。其中，价外费用包括收取的手续费、补贴、基金、集资费、返还利润、奖励费、违约金、滞纳金、延期付款利息、赔偿金、代收款项、代垫款项、罚息及其他各种性质的价外收费。但不包括同时符合以下条件代为收取的政府性基金或者行政事业性收费：① 由国务院或者财政部批准设立的政府性基金，由国务院或者省级人民政府及其财政、价格主管部门批准设立的行政事业性收费。② 收取时开具省级以上财政部门印制的财政票据。③ 所收款项全额上缴财政。

（二）计税依据的具体规定

1．交通运输业

（1）交通运输业的营业额一般为从事运输业务的纳税人因提供交通劳务而收取的全部价款和价外费用。

（2）纳税人将承揽的运输业务分给其他单位或个人的，以其取得的全部价款和价外费用扣除支付给其他单位或者个人的运输费用后的余额为营业额。

（3）运输企业自中华人民共和国境内载运旅客或货物出境，在境外改由其他运输企业承运的，以全程运费减去付给其他承运企业的运费后的余额为营业额。

（4）运输企业从事联运业务，以实际取得的营业额为计税依据，即以全程联运收入扣除付给对方联运单位的运费后的余额为营业额。

案例 4-1

某运输公司某月运营收入总额为 900 万元，从中支付联运业务的金额为 400 万元。计算该运输公司应缴纳的营业税额。

分　析

应纳营业税额 =（900–400）×3%=15（万元）

2．建筑业

（1）建筑业的营业额一般为纳税人承包建筑工程、修缮工程、安装工程、装饰工程和从事其他工程作业所取得的全部价款和价外费用。

（2）建筑业的总承包人将工程分包或者转包给他人的，以工程的全部承包额减去付给分包人或者转包人的价款后的余额为营业额。

（3）纳税人提供建筑业劳务（不含装饰劳务）的，其营业额应当包括工程所用原材料、设备及其他物资和动力的价款，但不包括建设方提供的设备的价款。从事安装工程作业，安装设备价值作为安装工程产值的，营业额包括设备的价款。

（4）自建行为和单位或个人将不动产无偿赠与他人的，由主管税务机关按照相关规定核定营业额。

自建行为是指纳税人自己建造房屋的行为。纳税人自建自用的房屋不纳税；如纳税人（包括个人自建自用住房销售）将自建的房屋对外销售，其自建行为应按建筑业缴纳营业税，再按销售不动产征收营业税。

（5）纳税人采用清包工形式提供的装饰劳务，按照其向客户实际收取的人工费、管理费和辅助材料费等收入（不含客户自行采购的材料价款和设备价款）确认计税营业额。

3．金融保险业

（1）一般贷款业务，以贷款利息收入全额作为营业额（包括各种加息、罚息）。

（2）外汇转贷业务，指金融机构将借入的外汇资金贷与他人使用的业务。转贷业务的营业额为贷款利息收入减去借款利息支出后的余额。

（3）经中国人民银行、中华人民共和国商务部批准经营融资租赁业务的单位，融资租赁以其向承租者收取的全部价款和价外费用（包括残值）减去出租方承担的出租货物的实际成本后的余额，以直线法折算出本期的营业额。计算公式为：

本期营业额=（应收取的全部价款和价外费用–实际成本）×（本期天数÷总天数）

实际成本=货物购入原价+关税+增值税+消费税+运杂费+安装费+保险费+支付给境外的外汇借款利息支出和人民币借款利息

（4）外汇、有价证券、期货等金融商品买卖业务，以卖出价减去买入价的余额为营业额。即：

营业额=卖出价–买入价

（5）金融经纪业务和其他金融中介业务，营业额为手续费（佣金）类的全部收入。

（6）保险业务。

1）办理初保业务的营业额为纳税人经营保险业务向对方收取的全部价款，即向被保险人收取的全部保险费。

2）储金业务。保险公司如采用收取储金方式取得经济利益（以被保险人所交保险资金的利息收入作为保费收入，保险期满后将保险资金本金返还被保险人），其“储金业务”的营业额为纳税人在纳税期内的储金平均余额乘以人民银行公布的 1 年期存款的月利率。储金平均余额为纳税期期初储金余额与期末余额之和乘以 50%。

3）保险企业开展无赔偿奖励业务的，以向投保人实际收取的保费为营业额。

4）中华人民共和国境内的保险人将其承保的以境内标的物为保险标的的保险业务向境外再保险人办理分保的，以全部保费收入减去分保保费后的余额为营业额。

境外再保险人应就其分保收入承担营业税纳税义务，并由境内保险人扣缴境外再保险人应缴纳的营业税税款。

4．邮电通信业

邮政业务的营业额为纳税人从事传递函件或者包件、邮汇、报刊发行、邮政物品销售、邮政储蓄和其他邮政业务所取得的营业收入。

电信部门以集中受理方式为集团客户提供跨省的出租电路业务，由受理地区的电信部门按取得的全部价款减除分割给参与提供跨省电信业务的电信部门的价款后的差额为营业额计征营业税；对参与提供跨省电信业务的电信部门，按各自取得的全部价款为营业额计征营业税。

邮政电信单位与其他单位合作，共同为用户提供邮政电信业务及其他服务并由邮政电信单位统一收取价款的，以全部收入减去支付给合作方价款后的余额为营业额。

5．文化体育业

文化体育业的营业额为纳税人经营文化业、体育业取得的全部收入，但单位或个人进行演出，以全部票价收入或者包场收入减去付给提供演出场所的单位、演出公司或经纪人的费用后的余额为营业额。

6．娱乐业

娱乐业的营业额为经营娱乐业向顾客收取的各项费用，包括门票收费、台位费、点歌费、烟酒、饮料、茶水、鲜花、小吃等收费及经营娱乐业的其他各项收费。

案例 4-2

某卡拉 OK 歌舞厅某月门票收入为 85 万元，台位费收入 45 万元，相关的烟酒和饮料费收入 25 万元，适用的税率为 20%。计算该歌舞厅应缴纳的营业税额。

分　析

应纳营业税额 =（85+45+25）×20% = 31（万元）

7．服务业

服务业的营业额为纳税人提供服务业业务向对方收取的全部价款和价外费。同时还有以下一些特殊规定。

（1）代理业以纳税人从事代理业务向委托方实际收取的报酬为营业额。

（2）电脑福利彩票投注点代销福利彩票取得的任何形式的手续费收入，应照章征收营业税。

（3）广告代理业的营业额为代理者向委托方收取的全部价款和价外费用减去付给广告发布者的广告发布费后的余额。

（4）对拍卖行向委托方收取的手续费应征收营业税。

（5）旅游企业组织旅游团到中华人民共和国境外旅游，在境外改由其他旅游企业接团的，以全程旅游费减去付给该接团企业的旅游费后的余额为营业额。

（6）纳税人从事旅游业务的，以其取得的全部价款和价外费用扣除替旅游者支付给其他单位或者个人的住宿费、餐费、交通费、旅游景点门票费和支付给其他接团旅游企业的旅游费后的余额为营业额。

（7）对单位和个人在旅游景区经营旅游游船、观光电梯、观光电车、景区环保客运车所取得的收入应按“服务业—旅游业”征收营业税。

单位和个人在旅游景区兼有不同税目应税行为并采取“一票制”收费方式的，应当分别核算不同税目的营业额；未分别核算或核算不清的，从高适用税率。

（8）对经过中华人民共和国国家版权局注册登记，在销售时一并转让著作权、所有权的计算机软件征收营业税。

（9）中华人民共和国境内单位派出本单位的员工赴境外，为境外企业提供劳务服务，不属于在境内提供应税劳务。对境内企业外派本单位员工赴境外从事劳务服务取得的各项收入，不征收营业税。

（10）从事物业管理的单位，以与物业管理有关的全部收入减去代业主支付的水、电、燃气及代承租者支付的水、电、燃气、房屋租金的价款后的余额为营业额。

（11）纳税人从事无船承运业务，以其向委托人收取的全部价款和价外费用扣除其支付的海运费及报关、港杂、装卸费用后的余额为计税营业额，申报缴纳营业税。

纳税人从事无船承运业务，应按照其从事无船承运业务取得的全部价款和价外费用向委托人开具发票，同时应凭其取得的开具给该纳税人的发票或其他合法有效凭证作为差额缴纳营业税的扣除凭证。

案例 4-3

某旅行社本月组团境内旅游收入 17 万元，替旅游者支付给其他单位的住宿、门票、餐费等共计 10 万元；组织境外旅游收入 20 万元，付给境外接团企业 13 万元，另收代办护照费 2.4 万元，其中 2 万元为护照费。请计算该旅行社本月应缴纳的营业税。

分　析

应纳营业税额=（17−10+20−13+2.4−2）×5%=0.72（万元）

8．转让无形资产

转让无形资产的营业额为纳税人转让无形资产所取得的转让额，具体包括从受让方取得的货币、实物收入和其他经济利益收入。

9．销售不动产

纳税人销售不动产的营业额为纳税人销售不动产时从购买方取得的全部价款和价外费用。

（1）单位或个人销售或转让其购置的不动产或受让的土地使用权的，以全部收入减去不动产或土地使用权购置或受让原价后的余额为营业额。

（2）单位或个人销售或转让抵债所得不动产、土地使用权的，以全部收入减去抵债时该项不动产或土地使用权作价后的余额为营业额。

（3）自 2010 年 1 月 1 日起，个人将购买不足 5 年的非普通住房对外销售的，全额征收营业税；个人将购买超过 5 年（含 5 年）的非普通住房或者不足 5 年的普通住房对外销售的，按照其销售收入减去购买房屋的价款后的差额征收营业税；个人将购买超过 5 年（含 5 年）的普通住房对外销售的，免征营业税。

对于纳税人提供应税劳务、转让无形资产或销售不动产价格明显偏低又无正当理由的，或者视同发生应税行为而无营业额的，税务机关按下列顺序核定其营业额：① 按纳税人最近时期同类应税劳务行为的平均价格核定。② 按其他纳税人最近时期提供的同类应税行为的平均价格核定。③ 按下列计算公式核定：

营业额=计税营业成本或工程成本×（1+成本利润率）÷（1−营业税税率）

提示

成本利润率由省、自治区、直辖市人民政府所属地方税务机关确定。

二、应纳营业税额的计算

应纳营业税额的计算比较简单。纳税人提供应税劳务或转让无形资产或销售不动产，按照营业额和规定的税率计算应纳税额。计算公式为：

应纳营业税额=营业额×税率

应纳税额以人民币为计算单位，如果纳税人以外汇结算营业额，须按外汇市场价格折合成人民币计算。人民币的折合率可选择营业额发生的当天或者当月1日的人民币汇率中间价。纳税人应当在事先确定采用何种折合率，确定后1年内不得变更。

金融保险业以外汇结算营业额的，金融业按其收到外汇的当天或当季季末中国人民银行公布的基准汇价折合营业额；保险业按其收到外汇的当天或当月月末中国人民银行公布的基准汇价折合营业额，并计算营业税。无论纳税人选择何种折合率，确定后1年之内均不得变动。

三、特殊经营行为的税务处理

（一）兼营不同税目的应税行为

纳税人兼营营业税不同税目应税行为的，应分别核算不同税目的营业额、转让额和销售额，按各自的税率计算纳税；未分别核算或者不能准确核算的，从高适用税率。

（二）兼营应税劳务与货物或非应税劳务行为

纳税人兼营应税劳务与货物或非应税劳务行为的，应分别核算应税劳务营业额和货物的销售额或非应税劳务的营业额，其应税劳务营业额缴纳营业税，货物或非应税劳务销售额不缴纳营业税；未分别核算的，由主管税务机关核定其应税行为营业额。

（三）混合销售行为

一项销售行为如果既涉及营业税应税劳务又涉及增值税的应税货物，为混合销售行为。

从事货物的生产、批发或零售的企业、企业性单位及个体经营者的混合销售行为，视为销售货物，应当征收增值税，不征收营业税；其他单位和个人的混合销售行为，视为提供应税劳务，应当征收营业税，不征收增值税；从事运输业务的单位和个人，发生销售货物并负责所售货物的运输的混合销售行为，不征收营业税，而征收增值税。

第四节　营业税的税收优惠

一、营业税的起征点

对于经营营业税应税项目的个人，《营业税暂行条例实施细则》规定了起征点。营业额达到或超过起征点即照章全额计算纳税，营业额低于起征点则免予征收营业税。规定的起征点如下：① 按期纳税的（除另有规定外）为月营业额 5 000～20 000 元。② 按次纳税的（除另有规定外）为每次（日）营业额 300～500 元。

提示

营业税只对个人有起征点的规定。

各省、自治区、直辖市人民政府所属地方税务机关可以在规定的幅度内，根据当地实际情况确定本地区适用的起征点，并报财政部、国家税务总局备案。

二、营业税的税收优惠规定

（一）根据《营业税暂行条例》的规定可免征营业税的项目

（1）托儿所、幼儿园、养老院、残疾人福利机构提供的育养服务，婚姻介绍、殡葬服务。

（2）残疾人员个人为社会提供的劳务。

（3）医院、诊所和其他医疗机构提供的医疗服务。

（4）学校和其他教育机构提供的教育劳务，学生勤工俭学提供的劳务。

（5）农业机耕、排灌、病虫害防治、植保、农牧保险及相关技术培训业务，家禽、牲畜、水生动物的配种和疾病防治。

（6）纪念馆、博物馆、文化馆、美术馆、展览馆、书画院、图书馆、文物保护单位举办文化活动的门票收入，宗教场所举办文化、宗教活动的门票收入。

（7）中华人民共和国境内保险机构为出口货物提供的保险产品。这里所说的为出口货物提供的保险产品，包括出口货物保险和出口信用保险。

纳税人兼营免税、减税项目的，应当单独核算免税、减税项目的营业额；未分别核算营业额的，不得免税、减税。

（二）根据国家的其他规定可减征或免征营业税的项目

（1）保险公司开展的 1 年期以上的返还性人身保险业务（人寿、养老、健康保险）的保费收入，免征营业税。

（2）对单位和个人从事技术转让、技术开发业务和与之相关的技术咨询、技术服务业务取得的收入，免征营业税。

（3）个人转让著作权取得的收入，免征营业税。

（4）将土地使用权转让给农业生产者用于农业生产的，免征营业税。

（5）凡是与财政、民政等国家机关相关的各项收费，免征营业税。

（6）对从事国际航空运输业务的外国企业从我国取得的收入，暂按 4.65%征收营业税。

（7）对中国人民保险公司和中国进出口银行办理的出口信用保险，不是境内业务的，免征营业税。

（8）中国人民银行对金融机构的贷款，免征营业税，但直接或间接对企业的贷款，征收营业税。

（9）金融机构往来业务和出纳长款收入，免征营业税。

（10）对电影放映单位放映电影取得的票价收入按收入全额征收营业税后，对电影发行单位向放映单位收取的发行收入不再征收营业税，但对电影发行单位取得的片租收入仍应按全额征收营业税。

第五节 营业税的征收管理

一、营业税的纳税义务发生时间

营业税的纳税义务发生时间，为纳税人收讫营业收入款项或者取得索取营业收入款项凭据的当天。具体如下。

（1）纳税人转让土地使用权或者销售不动产，采用预收款方式的，其纳税义务发生时间为收到预收款的当天。

纳税人提供建筑业或者租赁业劳务，采取预收款方式的，其纳税义务发生时间为收到预收款的当天。

（2）单位或者个人自己新建建筑物后销售，其自建行为的纳税义务发生时间，为其销售自建建筑物并收讫营业额或者取得索取营业额凭据的当天。

（3）纳税人将不动产或者土地使用权无偿赠送其他单位或者个人的，其纳税义务发生时间为不动产所有权、土地使用权转移的当天。

（4）会员费、席位费和资格保证金纳税义务发生时间为会员组织收讫会员费、席位费、资格保证金和其他类似费用款项或者取得索取这些款项凭据的当天。

（5）扣缴税款义务发生的时间为扣缴义务人代纳税人收讫营业收入款项或取得索取营业收入款项凭据的当天。

二、营业税的纳税期限

营业税的纳税期限，分别为 5 日、10 日、15 日、1 个月或者 1 个季度。纳税人的具体纳税期限，由主管税务机关根据纳税人应纳税额的大小分别核定；不能按照固定期限纳税的，可以按次纳税。

纳税人以 1 个月或 1 个季度为一期纳税的，自期满之日起 15 日内申报纳税；以 5 日、10 日或者 15 日为一期纳税的，自期满之日起 5 日内预缴税款，于次月 1 日起 15 日内申报纳税并结清上月应纳税款。

扣缴义务人的解缴税款期限，比照上述规定执行。

银行、财务公司、信托投资公司、信用社、外国企业常驻代表机构的纳税期限为 1 个季度，自纳税期满之日起 15 日内申报纳税。

保险业的纳税期限为 1 个月。

三、营业税的纳税地点

营业税的纳税地点原则上采取属地征收的方法，就是纳税人在经营行为发生地缴纳应纳税款。具体规定如下。

（1）纳税人提供应税劳务，应当向应税劳务发生地的主管税务机关申报纳税。纳税人从事运输业务，应当向其机构所在地主管税务机关申报纳税。

（2）纳税人转让土地使用权，应当向土地所在地主管税务机关申报纳税。纳税人转让其他无形资产，应当向其机构所在地的主管税务机关申报纳税。

（3）单位和个人出租土地使用权、不动产的营业税纳税地点为土地、不动产所在地；单位和个人出租物品、设备等动产的营业税纳税地点为出租单位机构所在地或个人居住地。

（4）纳税人销售不动产，应当向不动产所在地主管税务机关申报纳税。

（5）纳税人提供的应税劳务发生在外县（市），应向应税劳务发生地的主管税务机关申报纳税；如未向应税劳务发生地申报纳税，由其机构所在地或者居住地主管税务机关补征税款。

（6）纳税人承包的工程跨省、自治区、直辖市的，向其机构所在地主管税务机关申报纳税。

（7）各航空公司所属分公司，无论是否单独计算盈亏，均应作为纳税人向分公司所在地主管税务机关缴纳营业税。

（8）纳税人在本省、自治区、直辖市范围内发生应税行为，其纳税地点需要调整的，由省、自治区、直辖市人民政府所属税务机关确定。

案例 4-4

某经国家社团主管部门批准成立的非营利性的协会，2012 年 5 月取得以下收入：

（1）依照社团章程的规定，收取团体会员会费 50 000 元，个人会员会费 10 000 元。

（2）代售大型演唱会门票 21 000 元，其中包括代售手续费 1 000 元。

（3）代销中国福利彩票 50 000 元，取得代销手续费 500 元。

（4）协会开设的照相馆营业收入 28 000 元，其中包括相册等销售收入 3 000 元。

（5）委派两人到国外提供咨询服务，收取咨询费折合人民币 70 000 元。

（6）举办一期培训班，收取培训费 120 000 元，资料费 8 000 元。

要求：（1）计算上述业务应缴纳的营业税。

（2）计算该协会应代扣代缴的营业税。

分 析

（1）收取的团体会员费 50 000 元，个人会员费 10 000 元免征营业税

代售门票手续费应纳营业税 ＝1 000×5%＝50（元）

福利彩票手续费应纳营业税 ＝500×5%＝25（元）

照相馆收入应纳营业税 ＝28 000×5%＝1 400（元）

国外咨询收入 70 000 元免征营业税

培训班收入应纳营业税 ＝（120 000+8 000）×3%＝3 840（元）

上述业务应缴纳的营业税 ＝50+25+1 400+3 840＝5 315（元）

（2）代扣代缴营业税额 ＝（21 000–1000）×3%＝600（元）

思考题

1. 简述营业税的税目。
2. 营业税扣缴义务人是如何确定的？
3. 营业税的计税依据是如何确定的？
4. 如何确定营业税的纳税地点？

案例分析与计算题

1. 某市汽车制造厂（增值税一般纳税人）2012 年 6 月购进原材料等，取得的增值税专用发票上注明税款共 600 万元，销售汽车取得销售收入（含税）8 000 万元；兼营汽车租赁业务取得收入 20 万元；兼营汽车运输业务取得收入 70 万元。该厂分别核算汽车销售额、租赁业务和运输业务营业额。

要求：分别计算该厂当期应纳增值税、消费税、营业税。（该厂汽车适用的消费税税率为 5%）

2. 某建筑装饰材料商店为增值税一般纳税人，并兼营装修业务和工具租赁业务。在某一纳税期内该商店购进商品，取得的增值税专用发票上注明的价款是 180 000 元；销售商品取得销售收入价税合计 333 450 元，装修业务收入 65 200 元，租赁业务收入 4 000 元。该商店分别核算货物销售额和非应税劳务营业额。

要求：计算该商店当期应纳营业税额和增值税额。（装修业务营业税税率为 3%，租赁业务营业税税率为 5%）

3. 北京市某服务企业发生以下业务：

（1）总承包天津市某商务楼工程，价款 24 000 万元，其中内装修工程转给其他工程队承包，价款 9 200 万元，已付款。

（2）销售给石家庄市某客户坐落在秦皇岛市的一座 500 万元的公寓，已预收 300 万元，其余款按协议于移交所有权时结清。

（3）为天津市某工厂安装一套价值 15 万元的自动化设备（计入安装工程产值），收到安装费 3.4 万元，代垫辅助材料费 1 万元。

要求：按所列的不同业务分别计算该企业向各地申报的应纳营业税额和代扣代缴的营业税额。

4. 某集团公司合并计算缴纳营业税，本月发生以下业务：

（1）下属的建筑公司，本月承包一工程，包工不包料，工程承包总金额 7 000 万元，另外发包方供应材料成本 6 000 万元，接到工程后，又将其中的 2 000 万元工程转包给另一工程队（含材料价格）。

（2）下属房地产开发公司，本月对外出售商品房 8 000 平方米，每平方米 0.3 万元，对关系单位出售商品房 2 000 平方米，每平方米 0.25 万元，对内部职工奖励商品房 1 800 平方米，每平方米 0.15 万元。以上商品房的质量、地段和对外出售的价格要求一致。

（3）下属信用社，本月发放一般性贷款，利息收入 30 万元；转贷业务的贷款利息收入 70 万元，借款利息支出 50 万元。

（4）下属旅行社承接一旅游团共 100 人，每人收费 0.6 万元，其中含游客的餐费、住宿费、交通费 0.3 万元、景点门票费 0.1 万元。

要求：计算应代扣代缴的营业税及该集团公司应缴的营业税。

第五章　关税法

本章学习目的和任务

通过本章的学习，学生应掌握关税的税率及其适用，关税完税价格及应纳税额的计算，关税的征收管理；理解关税的纳税人和征税对象；了解关税的概念、特点和分类。

第一节　关税概述

一、关税的概念

关税是对进出国境或关境的货物、物品征收的一种税。国境是一个国家以边界为界限，全面行使主权的境域，包括国家全部的领土、领海和领空。而关境是一个国家海关法全面实施的领域，又称税境或海关境域。在通常情况下，一国关境与国境是一致的。但是两者也有不一致的情况，当某一国家在国境内设立了自由港、自由贸易区等，这些区域就进出口关税而言处在关境之外，这时，该国家的关境小于国境；当几个国家结成关税同盟、组成一个共同的关境、实施统一的关税法令和统一的对外税则时，这些国家彼此之间货物进出国境不征收关税，只对来自或运往其他国家的货物进出共同关境时征收关税，这些国家的关境大于国境，如欧盟。

关税法是指国家制定的调整关税征收与缴纳权利义务关系的法律规范。

相关链接

现行关税法律规范，包括全国人民代表大会于1987年1月22日通过、于2000年7月8日修正的《中华人民共和国海关法》（以下简称《海关法》），国务院于2003年11月发布的《中华人民共和国进出口关税条例》（以下简称《进出口关税条例》），以及由国务院关税税则委员会审定并报国务院批准，作为条例组成部分的《中华人民共和国海关进出口税则》（以下简称《海关进出口税则》）和《中华人民共和国海关关于入境旅客行李物品和个人邮递物品征收进口税办法》等。

二、关税的特点

关税是流转税中的一个独立税种，具有以下几个显著特征。

1．纳税上的统一性和一次性

征收关税按照全国统一的进出口关税条例和税则，在征收一次性关税后，货物就可在整个关境内流通，不再另行征收关税。这与其他税种如增值税、营业税等流转税是不同的。

2．征收上的过"关"性

是否征收关税，是以货物是否通过关境为标准。凡是进出关境的货物才征收关税，未进出关境的货物则不属于关税的征税对象。

3．税率上的复式性

各国关税税率一般都是复式的。自2002年1月1日起，我国进口税则设有最惠国税率、协定税率、特惠税率、普通税率。复式税则充分反映了关税具有维护国家主权、平等互利发展国际贸易和经济技术合作的特点。

4．征管上的权威性

关税是通过海关执行的。海关是设在关境上的国家行政管理机构，负责征收关税、查禁走私货物、临时保管通关货物和统计进出口商品等。关税是由海关代表国家向纳税人征收的，具有权威性。

5．对进出口贸易的调节性

许多国家通过制定和调整关税税率来调节进出口贸易。在出口方面，通过低税、免税和退税来鼓励商品出口；在进口方面，通过税率的高低、减免来调节商品的进口。

三、关税的分类

1．按征税对象划分，有进口关税、出口关税和过境关税

（1）**进口关税**。进口关税是指海关在外国货物进口时所课征的关税。进口关税通常在外国货物进入关境或国境时征收，或在外国货物从保税仓库提出运往国内市场时征收。现今世界各国的关税，主要是征进口关税。征收进口关税的目的在于保护本国市场和增加财政收入。

（2）**出口关税**。出口关税是指海关在本国货物出口时所课征的关税。为了降低出口货物的成本，提高本国货物在国际市场上的竞争能力，世界各国一般少征或不征出口关税。但为了限制本国某些产品或自然资源的输出，或为了保护本国生产、本国市场供应和增加财政收入，以及为了某些特定的需要，有些国家也征收出口关税。

（3）**过境关税**。过境关税是对外国货物通过本国国境或关境时征收的一种关税。

2．按征收目的划分，有财政关税和保护性关税

（1）**财政关税**。财政关税也称收入关税，是以增加财政收入为主要目的而征收的关税。财政关税的税率比保护性关税低。随着世界经济的发展，财政关税的意义逐渐降低，而被保护性关税所代替。

（2）**保护性关税**。保护性关税是以保护本国经济发展为首要目的而征收的关税。保护性关税主要体现在进口关税方面，一般设置较高的税率。它是实现一个国家对外贸易政策的重要措施之一。

3．按计税标准划分，有从量关税、从价关税、复合关税、滑动关税和选择性关税

（1）**从价关税**。从价关税是指以进出口货物或物品的完税价格为计税标准而计算征收的关税。我国关税一般都采用从价关税的形式。

（2）**从量关税**。从量关税是指以进出口货物或物品的数量（重量、长度、容量、面积等计量单位）为计税标准而计算征收的关税。

（3）**复合关税**。复合关税是指对同一种进口货物同时使用从价和从量两种标准计征的一种关税。

（4）**滑动关税，或称滑准关税**。滑动关税是关税税率随进口货物价格的变动而反方向变动的一种税率形式，即价格越高，税率越低。当进口价格上涨时，税率降低；价格下跌时，税率提高。其目的是平衡物价，保护国内市场免受国外物价波动的影响。

（5）**选择性关税**。选择性关税是指对同一种货物在税则中规定从价、从量两种税率，在征税时选择其中征收税额较多的一种，以免因物价波动影响财政收入。也可以选择税额较少的一种标准计算关税。

4．按差别待遇和特定的实施情况划分，有加重关税和优惠关税

（1）**加重关税**。加重关税是指对从某些输出国、生产国的进口货物，因某种原因（如歧视、报复、保护和经济方面的需要等），使用比正常税率更高的税率所征收的关税。主要包括以下几种。

1）反倾销关税，是针对倾销产品征收的进口附加税。

2）反补贴关税，是指进口国对直接或间接接受出口津贴或补贴的外国货物在进口到本国时所征收的一种进口附加税。

3）报复关税，是指针对某一国对本国出口商品的不公正、不平等待遇而对该国输入本国的商品加重征收的关税。

> **知识库**
>
> 倾销是指一国产品以低于正常价值的方式挤入另一国市场竞销，对该国已建立的某项产业造成重大损失或产生重大威胁的行为。

（2）**优惠关税**。优惠关税是指对来自某些特定的受惠国的货物使用比普通税率更低的优惠税率而给予的优惠待遇。包括以下几种。

1）互惠关税，是两国间相互给予对方比其他国家优惠的税率的一种协定关税，其目的在于发展双方之间的贸易关系。

2）特惠关税，是有特殊关系的国家单方面或相互间协定采用特别低的进口税率，甚至免税的一种关税。其优惠程度高于互惠关税。

3）普惠关税，是指在国际贸易中发达国家给予自发展中国家出口的货物（制成品和半成品）普遍的、非歧视的、非互惠的一种关税优惠制度。

4）最惠国待遇，是指缔约国一方将现在和将来给予任何第三国的优惠待遇，无条件地给予其他各成员方。

第二节　关税的征税对象和纳税人

一、关税的征税对象

关税的征税对象是准许进出境的货物和物品。货物是指贸易性商品；物品是指非贸易性商品，包括入境旅客随身携带的行李物品、个人邮递物品、各种运输工具上的服务人员携带进口的自用物品、馈赠物品及以其他方式进境的个人物品。

二、关税的纳税人

关税的纳税人是指根据关税法的规定，负有缴纳关税义务的单位和个人。关税法规定，进口货物的收货人、出口货物的发货人、进出境物品的所有人，是关税纳税人。

进出口货物的收、发货人是依法取得对外贸易经营权，并进口或者出口货物的法人或者其他社会团体。进出境物品的所有人包括携带物品进境的入境人员、进境邮递物品的收件人，以及以其他方式进口物品的收件人等。

第三节　关税税则、税目和税率

一、关税税则

关税税则是指一国政府根据国家关税政策和经济政策，通过一定的立法程序制定公布实施的进出口货物和物品应税的关税税率表。进出口税则以税率表为主体，通常还包括实施税则的法令、使用税则的有关说明和附录等。《中华人民共和国海关进出口税则》是我国海关凭以征收关税的法律依据，也是我国关税政策的具体体现。

税率表作为税则主体，包括税则商品分类目录和税率栏两大部分。税则商品分类目录是把种类繁多的商品加以综合，按照其不同特点分门别类简化成数量有限的商品类目，分别编号按序排列，称为税则号列，并逐号列出该号中应列入的商品名称。商品分类的原则即归类规则，包括归类总规则和各类、章、目的具体注释。税率栏是按商品分类目录逐项定出的税率栏目。我国现行进口税则为四栏税率，出口税则为一栏税率。

二、关税税目和税率

（一）税目

关税的税目、税率由《海关进出口税则》规定。《海关进出口税则》是根据国际海关合作理事会的《商品名称及编码协调制度》制定的，它包括三个主要部分：归类总规则、进口税率表、出口税率表，其中归类总规则是进出口货物分类的具有法律效力的原则和方法。

《海关进出口税则》中的商品分类目录，由类、章、项目、一级子目和二级子目五个等级、八位数码组成。按照税则归类总规则及其归类方法，每种商品都能找到一个适合的对应税目。

（二）税率

1. 进口关税税率

在我国加入 WTO 后，为履行我国在加入 WTO 关税减让谈判中承诺的有关义务、享有 WTO 成员应有的权利，自 2002 年 1 月 1 日起，我国进口税则设有最惠国税率、协定税率、特惠税率、普通税率和关税配额税率等税率形式。不同税率的运用是以进出口货物的原产地为标准的。对进口货物在一定时期内可以实行暂定税率。

（1）**最惠国税率**。适用于原产于与我国共同适用最惠国待遇条款的 WTO 成员国或地区的进口货物；或原产于与我国签订相互给予最惠国待遇条款的双边贸易协定的国家或地区进口的货物；以及原产于我国境内的进口货物。

（2）**协定税率**。适用于原产于我国参加的含有关税优惠条款的区域性贸易协定的有关缔约方的进口货物。

（3）**特惠税率**。适用于原产于与我国签订特殊优惠关税协定的国家或地区的进口货物。

（4）**普通税率**。适用于原产于上述国家或地区以外的国家或地区的进口货物。按照普通税率征税的进口货物，经国务院关税税则委员会特别批准，可以适用最惠国税率。

（5）**关税配额税率**。适用于按照国家规定实行关税配额管理、且在关税配额内的进口货物。关税配额外的，其税率的适用按上述税率形式的规定执行。

> 适用最惠国税率的进口货物有暂定税率的，应当适用暂定税率；适用协定税率、特惠税率的进口货物有暂定税率的，应从低适用税率；适用普通税率的进口货物，不适用暂定税率。

2. 出口关税税率

出口关税税率是对出口货物征收关税而规定的税率。我国出口税则为一栏税率，即出口税率。目前我国仅对少数资源性产品及易于竞相杀价、盲目进口、需要规范出口秩序的半成品征收出口关税。与进口关税一样，出口税率也规定有暂定税率。适用出口税率的出口货物有暂定税率的，应当适用暂定税率。

提示

未规定出口税率的货物，不征收出口关税。

3．关税税率的适用

我国《进出口关税条例》规定，进出口货物，应当依照进出口税则规定的归类原则归入合适的税号，并按适用税目的税率征税。

（1）进出口货物，应按纳税人申报进口或者出口之日实施的税率征税。

（2）进口货物到达之前，经海关核准先行申报的，应该按照装载此货物的运输工具申报进境之日实施的税率征税。

（3）进出口货物的补税和退税，应按该进出口货物原申报进口或出口之日所实施的税率计算，但下列情况除外。

1）按照特定减免税办法批准予以减免税的进口货物，后因情况改变经海关批准转让或出售或移作他用需补税的，应当适用海关接受申报办理纳税手续之日实施的税率征税。

2）加工贸易进口料、件等属于保税性质的进口货物，如经批准转为内销，应按向海关申报转为内销之日实施的税率征税；如未经批准擅自转为内销的，则按海关查获日期所施行的税率征税。

3）暂时进口货物转为正式进口需补税时，应按其申报正式进口之日实施的税率征税。

4）分期支付租金的租赁进口货物，分期付税时，按海关接受纳税人再次填写报关单申报办理纳税及有关手续之日实施的税率征税。

5）溢卸、误卸货物事后确定需予征税时，应按其原运输工具申报进口日起所实施的税率征税。如原进口日期无法查明的，可按确定补税当天实施的税率征税。

6）对由于税则归类的改变、完税价格的审定或其他工作差错而需补征税款的，应按原征税日期实施的税率征税。

7）对经批准缓税进口的货物以后交税时，不论是分期或是一次交清税款，都应按原货物进口之日实施的税率征税。

8）查获的走私进口货物需予补税时，应按查获日期实施的税率征税。

第四节　关税的完税价格与应纳税额的计算

我国对进出口货物征收关税，主要采取从价计征的办法，以货物的完税价格为计税依据征收关税。进出口货物的完税价格，由海关以该货物的成交价格为基础审查确定。

一、进口货物完税价格

（一）一般进口货物的完税价格

进口货物的完税价格，由海关以进口应税货物的成交价格及该货物运抵我国境内输入地点起卸前的运输及其相关费用、保险费为基础审查确定。

货物成交价格，是指卖方向中华人民共和国境内销售货物时买方为进口该货物向卖方实付、应付的价款总额。

（1）下列费用应包括在进口货物的完税价格中。

1）由买方负担的除购货佣金以外的佣金和经纪费。购货佣金，是指买方为购买进口货物向自己的采购代理人支付的劳务费用；经纪费，是指买方为购买进口货物向代表买卖双方利益的经纪人支付的劳务费用。

2）由买方负担的与该货物视为一体的容器费用。

3）由买方负担的包装材料和包装劳务费用。

4）与该货物的生产和向我国境内销售有关的、由买方以免费或者以低于成本的方式提供、按适当比例分摊的料件、工具、模具、消耗材料及类似货物的价款，以及在境外开发、设计等相关服务的费用。

5）与该货物有关并作为卖方向我国销售该货物的一项条件，应当由买方直接或间接支付的与该货物有关的特许权使用费。

6）卖方直接或间接从买方对该货物进口后转售、处置或使用所得中获得的收益。

（2）下列税收、费用，如能与该货物实付或者应付价格区分，则不得计入完税价格。

1）厂房、机械、设备等货物进口后的基建、安装、装配、维修和技术服务的费用。

2）货物运抵境内输入地点之后的运输费用。

3）进口关税及其他国内税收。

（二）特殊进口货物的完税价格

1．加工贸易进口料件及其制成品

加工贸易进口料件及其制成品需征税或内销补税的，海关按照一般进口货物的完税价格规定，审定完税价格。

（1）进口时需征税的进料加工进口料件，以该料件申报进口时的价格估定。

（2）内销的进料加工进口料件或其制成品（包括残次品、副产品），以料件原进口时的价格估定。

（3）内销的来料加工进口料件或其制成品（包括残次品、副产品），以料件申报内销时的价格估定。

（4）出口加工区内的加工企业内销的制成品（包括残次品、副产品），以制成品申报内销时

的价格估定。

（5）保税区内的加工企业内销的进口料件或其制成品（包括残次品、副产品），分别以料件或制成品申报内销时的价格估定。如果内销的制成品中含有从境内采购的料件，则以所含从境外购入的料件原进口时的价格估定。

（6）加工贸易加工过程中产生的边角料，以申报内销时的价格估定。

2．保税区、出口加工区货物

从保税区或出口加工区销往区外、从保税仓库出库内销的进口货物（加工贸易进口料件及其制成品除外），以海关审定的价格估定完税价格。对经审核销售价格不能确定的，海关应当按照一般进口货物估价办法的规定，估定完税价格。如销售价格中未包括在保税区、出口加工区或保税仓库中发生的仓储、运输及其他相关费用，则应当按照客观量化的数据资料予以计入。

3．运往境外修理的货物

运往境外修理的机械器具、运输工具或其他货物，出境时已向海关报明，并在海关规定期限内复运进境的，应当以海关审定的境外修理费和料件费为完税价格。

4．运往境外加工的货物

运往境外加工的货物，出境时已向海关报明，并在海关规定期限内复运进境的，应当以海关审定的境外加工费和料件费，以及该货物复运进境的运输及其相关费用、保险费估定完税价格。

5．暂时进境货物

对于经海关批准暂时进境的货物，应当按照一般进口货物估价办法的规定，估定完税价格。

6．租赁方式进口货物

租赁方式进口的货物中，以租金方式对外支付的租赁货物，在租赁期间以海关审定的租金作为完税价格；留购的租赁货物，以海关审定的留购价格作为完税价格；承租人申请一次性缴纳税款的，经海关同意，按照一般进口货物估价办法的规定估定完税价格。

7．留购的进口货样等

对于境内留购的进口货样、展览品和广告陈列品，以海关审定的留购价格作为完税价格。

8．予以补税的减免税货物

减税或免税进口的货物需予补税时，应当以海关审定的该货物原进口时的价格，扣除折旧部分价值作为完税价格，计算公式为：

完税价格=海关审定的该货物原进口时的价格×［1－申请补税时实际已使用的时间（月）÷（监管年限×12）］

提示

对特定减免税的进口货物，在监管年限内经海关核准出售或他用的，应按使用时间折旧估价，补征进口关税。

9．以其他方式进口的货物

以易货贸易、寄售、捐赠、赠送等其他方式进口的货物，应当按照一般进口货物估价办法的规定，估定完税价格。

（三）进口货物海关估价方法

进口货物的价格不符合成交价格条件或者成交价格不能确定的，海关经了解有关情况，并与纳税人进行价格磋商后，应当依次以相同货物成交价格方法、类似货物成交价格方法、倒扣价格方法、计算价格方法及其他合理方法确定的价格为基础，估定完税价格。

1．相同或类似货物成交价格方法

相同或类似货物成交价格方法，即以与被估的进口货物同时或大约同时（在海关接受申报进口之日的前后各 45 天以内）进口的相同或类似货物的成交价格为基础，估定完税价格。

以该方法估定完税价格时，应当首先使用同一生产商生产的相同或类似货物的成交价格，只有在没有这一成交价格的情况下，才可以使用同一生产国或地区生产的相同或类似货物的成交价格。如果有多个相同或类似货物的成交价格，应当以最低的成交价格为基础，估定进口货物的完税价格。

2．倒扣价格方法

倒扣价格方法即以被估的进口货物、相同或类似进口货物在境内销售的价格为基础估定完税价格。以该方法估定完税价格时，下列各项应当扣除。

（1）该货物的同等级或同种类货物，在境内销售时的利润和一般费用及通常支付的佣金。

（2）货物运抵境内输入地点之后的运费、保险费、装卸费及其他相关费用。

（3）进口关税、进口环节税和其他与进口或销售上述货物有关的国内税。

3．计算价格方法

计算价格方法即按下列各项的总和计算出的价格估定完税价格。

（1）生产该货物所使用的原材料价值和进行装配或其他加工的费用。

（2）与向境内出口销售同等级或同种类货物的利润、一般费用相符的利润和一般费用。

（3）货物运抵境内输入地点起卸前的运输及相关费用、保险费。

4．其他合理方法

使用其他合理方法时，应当根据《中华人民共和国海关审定进出口货物完税价格办法》规定的估价原则，以在境内获得的数据资料为基础估定完税价格，但不得使用以下价格。

（1）境内生产的货物在境内的销售价格。

（2）可供选择的价格中较高的价格。

（3）货物在出口地市场的销售价格。

（4）以计算价格方法规定的有关各项之外的价值或费用计算的价格。

（5）出口到第三国或地区的货物的销售价格。

（6）最低限价或武断虚构的价格。

二、出口货物完税价格

（一）以成交价格为基础的完税价格

出口货物的完税价格由海关以该货物向境外销售的成交价格为基础审查确定，并应包括货物运至我国境内输出地点装载前的运输及相关费用、保险费，但其中包含的出口关税额应当扣除。其计算公式为：

出口货物完税价格=离岸价格÷（1+出口关税税率）

出口货物成交价格中含有支付给国外的佣金，如与货物的离岸价格分列，应予扣除；未分列则不予扣除。出口货物在离岸价格外，买方还另行支付货物包装费的，应将其计入完税价格。

（二）出口货物海关估价方法

出口货物的成交价格不能确定时，完税价格由海关依次使用下列方法估定。

（1）同时或大约同时向同一国家或地区出口的相同货物的成交价格。

（2）同时或大约同时向同一国家或地区出口的类似货物的成交价格。

（3）根据境内生产相同或类似货物的成本、利润和一般费用、境内发生的运输及相关费用、保险费计算所得的价格。

（4）按照合理方法估定的价格。

三、进出口货物完税价格中的运输及相关费用、保险费的计算

（一）以一般海运、陆运、空运方式进口的货物

在进口货物的运输及相关费用、保险费的计算中，海运进口货物，应计算至该货物运抵境内的卸货口岸；如果该货物的卸货口岸是内河（江）口岸，则应当计算至内河（江）口岸。陆运进口货物，应计算至该货物运抵境内的第一口岸；如果运输及相关费用、保险费支付至目的地口岸，则计算至目的地口岸。空运进口货物，应计算至该货物运抵境内的第一口岸；如果该货物的目的地为境内的第一口岸外的其他口岸，则计算至目的地口岸。

海运、陆运和空运进口货物的运费和保险费，应当按照实际支付的费用计算。如果进口货物的运费无法确定或未实际发生，海关应当按照该货物进口同期运输行业公布的运费率（额）计算运费；按照“货价加运费”两者总额的3‰计算保险费。

（二）以其他方式进口的货物

邮运的进口货物，应当以邮费作为运输及其相关费用、保险费；以境外边境口岸价格条件

成交的铁路或公路运输进口货物，海关应当按照货价的1%计算运输及其相关费用、保险费；作为进口货物的自驾进口的运输工具，海关在审定完税价格时，可以不另行计入运费。

（三）出口的货物

出口货物的销售价格如果包括离境口岸至境外口岸之间的运输、保险费，该运费、保险费应当扣除。

四、关税应纳税额的计算

1. 从价关税应纳税额的计算

关税额=应税进（出）口货物数量×单位完税价格×税率

2. 从量关税应纳税额的计算

关税额=应税进（出）口货物数量×单位货物税额

3. 复合关税应纳税额的计算

我国目前实行的复合税先计征从量税，再计征从价税。

关税额=应税进（出）口货物数量×单位货物税额+应税进（出）口货物数量×单位完税价格×税率

4. 滑动关税应纳税额的计算

关税额=应税进（出）口货物数量×单位完税价格×滑动关税税率

案例 5-1

某进出口公司进口摩托车 1 000 辆，经海关审定的货价为 350 万美元。另外，运抵我国关境内输入地点起卸前的包装费 25 万美元，运输费 21 万美元，保险费 4 万美元。人民币基准汇价为 1 美元=7.3 元人民币。如果摩托车关税税率为 80%，请计算进口该批摩托车应缴纳的关税。

分　析

该批摩托车的关税完税价格=350+25+21+4=400（万美元）

应交关税额=400×7.3×80%=2 336（万元）

第五节　关税减免

关税的减免可分为法定减免、特定减免和临时减免三种。根据《海关法》规定，除法定减免税外的其他减免税均由国务院决定。减征关税在我国加入 WTO 之前以税则规定税率为基准，在我国加入 WTO 之后以最惠国税率或者普通税率为基准。

一、法定减免

法定减免是根据海关法、关税条例和进出口税则规定的减免。包括以下几种。

（1）关税额在人民币 50 元以下的一票货物。

（2）无商业价值的广告品和货样。

（3）外国政府、国际组织无偿赠送的物资。

（4）在海关放行前遭受损坏或损失的货物。

（5）规定数额以内的物品。

（6）法律规定减征、免征关说的其他货物、物品。

（7）中华人民共和国缔结或参加的国际条约规定减征、免征关税的货物、物品。

二、特定减免

特定减免是指在法定减免税之外，由国务院或国务院授权的机关颁布法规、规章特别规定的减免。如对进口科技教育用品，残疾人专用品，扶贫、慈善性捐赠物资，加工贸易产品，边境贸易进口物资，保税区进口货物，出口加工区进口货物，进口设备，以及特定用途的物品的减免税政策。

三、临时减免

临时减免是指以上法定和特定减免税以外的其他减免税，即由国务院根据《海关法》对某个单位、某类商品、某个项目或某批进口货物的特殊情况，给予特殊照顾，一案一批，专文下达的减免税。一般有单位、品种、期限、金额或数量等限制，不能比照执行。

第六节　关税的征收管理

一、关税的缴纳

进口货物自运输工具申报进境之日起 14 日内，出口货物在运抵海关监管区后装货的 24 小时以前，应由进出口货物纳税人向货物进（出）境地海关申报。海关根据《海关进出口税则》对进出口货物进行归类，并依据完税价格和适用税率计算应缴纳的关税和进口环节代征税，并填发税款缴款书。纳税人或其代理人，应在海关填发税款缴款书之日起 15 日内，向指定银行缴纳税款。关税纳税人因不可抗力或在国家税收政策调整的情形下，不能按期缴纳税款的，经海关总署批准，可延期缴纳税款，但最长不得超过 6 个月。

二、关税的强制执行

纳税人未在关税缴纳期限内缴纳税款，即构成关税滞纳。为保证海关征收关税决定的有效执行和国家财政收入的及时入库，《海关法》赋予海关对滞纳关税的纳税人强制执行的权利。强制措施主要有以下两类。

1．征收关税滞纳金

滞纳金自关税缴纳期限届满滞纳之日起，至纳税人缴纳关税之日止，按滞纳税款5‱的比例计算按日征收，周末或法定节假日不予扣除。具体计算公式为：

关税滞纳金金额=滞纳关税额×滞纳金征收比率×滞纳天数

2．强制征收

如纳税人自海关填发缴款书之日起 3 个月仍未缴纳税款，经海关关长批准，海关可以采取强制扣缴、变价抵缴等强制措施。强制扣缴即海关从纳税人在开户银行或者其他金融机构的存款中直接扣缴税款。变价抵缴即海关将应税货物依法变卖，以变卖所得抵缴税款。

三、关税退还

关税退还是关税纳税人按海关核定的税额缴纳关税后，因某种原因的出现，海关将实际征收多于应当征收的税额（称为溢征关税）退还给原纳税人的一种行政行为。

提示

根据《海关法》规定，海关多征的税款，海关发现后应当立即退还。

按规定，有下列情形之一的，进出口货物的纳税人可以自缴纳税款之日起 1 年内，书面声明理由，连同原纳税收据向海关申请退税，逾期不予受理：① 因海关误征，多纳税款的。② 海关核准免验进口的货物，在完税后，发现有短卸情形，经海关审查认可的。③ 已征出口关税的货物，因故未将其运出口，申报退关，经海关查验属实的。

对已征出口关税的出口货物和已征进口关税的进口货物，因货物品种或规格原因（非其他原因）原状复运进境或出境，经海关查验属实的，也应退还已征关税。海关应当自受理退税申请之日起 30 日内，做出书面答复并通知退税申请人。本规定强调的是“因货物品种或规格原因，原状复运进境或出境的”。如果属于其他原因且不能以原状复运进境或出境，不能退税。

四、关税补征和追征

关税的补征和追征是指海关在纳税人按海关核定的税额缴纳关税后，发现实际征收税额少于应当征收的税额（称为短征关税）时，责令纳税人补缴所差税款的一种行政行为。根据造成短征关税原因的不同，可分为关税的补征和追征。

1. 关税的补征

不是因纳税人违反海关规定造成少征而责令其补缴所差税款，称为关税的补征。按中国海关现行规定，进出口货物完税后，如发现少征或者漏征税款，海关应当自缴纳税款或者货物、物品放行之日起1年内，向纳税人补征。

2. 关税的追征

由于纳税人违反海关规定造成少征而责令其补缴所差税款，称为关税的追征。因收发货人或者其代理人违反规定而造成的少征或漏征的税款，自纳税人应缴纳税款之日起3年内可以追征，并从应缴纳税款之日起按日加收少征或漏征税款5‱的滞纳金。

思考题

1. 关税的纳税人和征税对象是如何规定的?
2. 关税的税率有哪些?
3. 如何确定关税的完税价格?
4. 简述关税征收管理的内容。

案例分析与计算题

1. 某商场于2012年5月进口一批化妆品。该批货物在国外的买价为120万元（以下均为人民币），货物运抵我国入关前发生的运输费、保险费和其他费用分别为10万元、6万元、4万元。货物报关后，该商场按规定缴纳了进口环节的增值税和消费税，并取得了海关开具的缴款书。从海关将化妆品运往商场所在地发生运输费用5万元，该批化妆品当月在国内全部销售，取得不含税销售额520万元。（假定化妆品进口关税税率为20%，增值税税率为17%，消费税税率为30%）

要求：计算该批化妆品进口环节应缴纳的关税、增值税、消费税和国内销售环节应缴纳的增值税。

2. 北京某进出口公司从美国进口货物一批，该货物以离岸价格成交，成交价折合人民币为1 400万元（包括单独计价并经海关审查属实的向境外采购代理人支付的买方佣金10万元，但不包括使用该货物而向境外支付的软件费50万元、向卖方支付的佣金25万元）。另支付货物运抵我国上海港的运费、保险费35万元。关税税率为20%、增值税税率为17%、消费税税率为10%。

要求：分别计算该公司应缴纳的关税、消费税和增值税。

3. 某进出口公司进口一批非消费税应税货物，境外口岸离岸价格折算成人民币1 980万元，支付运费 60 万元，保险费 50 万元，这批货物适用 17%的增值税税率，10%的关税税率。货物到达我国口岸后，海关填发了税款缴款书，但该公司因故自填发税款缴款书之日起第 25 天方缴纳税款。

要求：请分别计算该公司应缴纳的关税、增值税及关税和增值税的滞纳金。

第三篇

资源类税、财产税和行为税法律制度

资源类税主要是为保护和合理使用国家自然资源而征收的一类税。对资源征税的目的是辅助组织财政收入，保护各种物质资源特别是同经济生活密切相关的物质资源，调整社会资源的开发与使用情况，保证社会经济的可持续运行和增长。我国现行的资源税、城镇土地使用税、土地增值税等税种均属于资源课税的范围。

财产税是以纳税人所拥有或支配的某些财产为征税对象的一类税。我国现行的房产税、车船税、契税等税种属于财产税征税范围。

行为税亦称特定目的税，是指政府为实现一定目的，对某些特定行为所征收的一类税。我国现行的行为税体系主要包括印花税、城市维护建设税、耕地占用税、车辆购置税等。

我们将在本篇介绍针对资源类税、财产税和行为税所制定的相关法律法规。

第六章　资源类税法

本章学习目的和任务

通过本章的学习，学生应掌握资源税的税目、城镇土地使用税的征税范围、土地增值税的纳税人和征税范围、各税计税依据的确定和应纳税额的计算；了解资源税、城镇土地使用税、土地增值税的概念、税收优惠及征收管理。

第一节　资源税法

一、资源税的概念和特点

（一）资源税的概念

资源税是对在我国境内开采应税矿产品和生产盐的单位和个人，就其应税资源销售额、销售数量或自用数量为课税对象而征收的一种税。

资源税法是指国家制定的用以调整资源税征收与缴纳之间权利及义务关系的法律规范。

相关链接

现行资源税的基本规范，是1993年12月25日国务院制定、2011年9月21日修订，自2011年11月1日起施行的《中华人民共和国资源税暂行条例》（以下简称《资源税暂行条例》）。

（二）资源税的特点

1．资源税征税范围较窄

自然资源是生产资料或生活资料的天然来源，它包括的范围很广，如矿产资源、土地资源、水资源、动植物资源等。目前我国的资源税征税范围较窄，仅选择了部分级差收入差异较大、资源较为普遍、易于征收管理的矿产品和盐列为征税范围。

2．实行从价定率和从量定额征收

资源税仅对原油和天然气实行从价定率征收。实行从量定额征收，一方面税收收入不受产品价格、成本和利润变化的影响，能够稳定财政收入；另一方面有利于促进资源开采企业降低成本，提高经济效率。同时，资源税按照“资源条件好、收入多的多征；资源条件差、收入少的少征”的原则，根据矿产资源等级分别确定不同的税额，以有效地调节资源级差收入。

3．实行源泉课征

不论采掘或生产单位是否属于独立核算，资源税均规定在采掘或生产地源泉控制征收，这样既照顾了采掘地的利益，又避免了税款的流失。这与其他税种由独立核算的单位统一缴纳不同。

二、资源税的纳税人

资源税的纳税人为在中华人民共和国领域及管辖海域开采应税矿产品或者生产盐（以下简称开采或者生产应税产品）的单位和个人。

单位，是指国有企业、集体企业、私营企业、股份制企业、其他企业和行政单位、事业单位、军事单位、社会团体及其他单位；个人，是指个体经营者和其他个人；其他单位和其他个人包括外商投资企业、外国企业及外籍人员。

中外合作开采石油、天然气，按照现行规定停止征收矿区使用费，一律征收资源税。

此外，按照税法规定，收购未税矿产品的单位为资源税扣缴义务人，包括独立矿山、联合企业及其他收购未税矿产品的单位。

三、资源税的征税对象和征税范围

我国目前资源税的征税对象仅涉及矿产品和盐。以下是资源税的具体征税范围。

（1）**原油**，是指开采的天然原油，不包括人造石油。

（2）**天然气**，是指专门开采和与原油同时开采的天然气，暂不包括煤矿生产的天然气。

（3）**煤炭**，分为焦煤与其他煤炭。原煤征税；洗煤、选煤及其他煤炭制品不征税。

（4）**其他非金属矿原矿**，指上列产品和井矿盐以外的非金属矿原矿。

（5）**黑色金属矿原矿**，指纳税人开采后自用、销售的，用于直接入炉冶炼或作为主产品先入选精矿、制造人工矿，再最终入炉冶炼的黑色金属矿石原矿，包括铁矿石、锰矿石和铬矿石。

（6）**有色金属矿原矿**，分为稀土矿和其他有色金属矿原矿，包括铜矿石、铅锌矿石、铝土矿石、钨矿石、锡矿石、锑矿石、铝矿石、镍矿石、黄金矿石、钒矿石（含石煤钒）等。

（7）**盐**，包括固体盐和液体盐。其中，固体盐是指海盐原盐、湖盐原盐和井矿盐。液体盐俗称卤水，是指氯化钠含量达到一定浓度的溶液，是用于生产碱和其他产品的原料。

《资源税税目税额明细表》未列举名称的其他非金属矿原矿和其他有色金属矿原矿，由省、自治区、直辖市人民政府决定征收或暂缓征收资源税，并报财政部和国家税务总局备案。

四、资源税的税目、税率与税额

资源税采取从量定额和从价定率的办法计征，实施“级差调节”的原则。原油和天然气实行5%～10%的比例税率。其他资源采用定额税率，从量定额征收。资源税的税目、税率与税额主要是根据应税产品类别和纳税人开采资源的行业特点设置的，共包括七大类。税目、税率与税额幅度如表6-1所示。

表6-1　资源税税目、税率与税额

税　目		税率与税额
一、原油		销售额的5%～10%
二、天然气		销售额的5%～10%
三、煤炭	焦煤	每吨8～20元
	其他煤炭	每吨0.3～5元
四、其他非金属矿原矿	普通非金属矿原矿	每吨或者每立方米0.5～20元
	贵重非金属矿原矿	每千克或者每克拉0.5～20元
五、黑色金属矿原矿		每吨2～30元
六、有色金属矿原矿	稀土矿	每吨0.4～60元
	其他有色金属矿原矿	每吨0.4～30元
七、盐	固体盐	每吨10～60元
	液体盐	每吨2～10元

纳税人开采或者生产不同税目应税产品的，应当分别核算不同税目应税产品的销售额或者销售数量；未分别核算或者不能准确提供不同税目应税产品的销售额或者销售数量的，从高适用税率或税额。

纳税人在开采主矿产品的过程中伴采的其他应税矿产品，凡未单独规定适用税额的，一律按主矿产品或视同主矿产品税目征收资源税。

五、扣缴义务人适用的税额

现行《资源税暂行条例》规定，收购未税矿产品的单位为资源税的扣缴义务人。扣缴义务人适用的税额如下。

（1）独立矿山、联合企业收购未税矿产品的单位，按照本单位应税产品税额标准，依据收购的数量代扣代缴资源税。

（2）其他收购单位收购的未税矿产品，按税务机关核定的应税产品税额标准，依据收购的数量代扣代缴资源税。

六、资源税的计税依据

资源税的应纳税额，按照从价定率或者从量定额的办法，分别以应税产品的销售额乘以纳税人具体适用的比例税率或者以应税产品的销售数量乘以纳税人具体适用的定额税率计算。

1．资源税计税依据确定的一般规定

（1）纳税人开采或者生产应税产品销售的，以销售额或销售数量为计税依据。

销售额为纳税人销售应税产品向购买方收取的全部价款和价外费用，但不包括收取的增值税销项税额。价外费用，包括价外向购买方收取的手续费、补贴、基金、集资费、返还利润、奖励费、违约金、滞纳金、延期付款利息、赔偿金、代收款项、代垫款项、包装费、包装物租金、储备费、优质费、运输装卸费及其他各种性质的价外收费。但下列项目不包括在内。① 同时符合以下条件的代垫运输费用：承运部门的运输费用发票开具给购买方的；纳税人将该项发票转交给购买方的。② 同时符合以下条件代为收取的政府性基金或者行政事业性收费：由国务院或者财政部批准设立的政府性基金，由国务院或者省级人民政府及其财政、价格主管部门批准设立的行政事业性收费；收取时开具省级以上财政部门印制的财政票据；所收款项全额上缴财政。

销售数量，包括纳税人开采或者生产应税产品的实际销售数量和视同销售的自用数量。

（2）纳税人开采或者生产应税产品，自用于连续生产应税产品的，不缴纳资源税；自用于其他方面的，视同销售，以自用产品款项或数量为计税依据。

2．资源税计税依据确定的特殊规定

（1）纳税人不能准确提供应税产品销售数量或移送使用数量的，以应税产品的产量或主管税务机关确定的折算比换算成的数量为课税数量。

（2）原油中的稠油、高凝油与稀油划分不清或不易划分的，一律按原油的销售额或销售数量课税。

（3）对于连续加工前无法正确计算原煤移送使用量的煤炭，可按加工产品的综合回收率，将加工产品实际销量和自用量折算成原煤数量作为课税数量。

（4）金属和非金属矿产品原矿，因无法准确掌握纳税人移送使用原矿数量的，可将其精矿按选矿比折算成原矿数量作为课税数量，其计算公式为：

选矿比=精矿数量÷耗用原矿数量

原矿课税数量=精矿数量÷选矿比

（5）纳税人以自产的液体盐加工固体盐，按固体盐征税，以加工的固体盐数量为课税数量。纳税人以外购的液体盐加工固体盐，其加工固体盐所耗用液体盐的已纳税额准予抵扣。

七、资源税应纳税额的计算

1. 从价定率方法计算资源税应纳税额

原油和天然气实行从价定率方法计算应纳税额，即以应税产品的销售额乘以纳税人具体适用的比例税率，其计算公式为：

应纳税额=销售额×适用的比例税率

2. 从量定额方法计算资源税应纳税额

从量定额方法计算资源税应纳税额，即以应税产品的销售数量乘以纳税人具体适用的定额税率，其计算公式为：

应纳税额=销售数量×适用的定额税率

3. 收购未税矿产品代扣代缴资源税应纳税额的计算

代扣代缴应纳税额=收购未税矿产品的数量×适用的单位税额

4. 其他情况计算资源税应纳税额

纳税人申报的应税产品销售额明显偏低并且无正当理由的、有视同销售应税产品行为而无销售额的，除财政部、国家税务总局另有规定外，按下列顺序确定销售额。

（1）按纳税人最近时期同类产品的平均销售价格确定。

（2）按其他纳税人最近时期同类产品的平均销售价格确定。

（3）按组成计税价格确定。组成计税价格公式为：

组成计税价格=成本×（1+成本利润率）÷（1–税率）

公式中的成本，是指应税产品的实际生产成本。公式中的成本利润率由省、自治区、直辖市税务机关确定。

案例 6-1

北方某海盐场本期以自产液体盐 4 100 吨加工制成固体盐并出售 880 吨；以外购已税的液体盐 1 000 吨（单价 180 元/吨）加工制成固体盐并出售 220 吨，经查该盐场适用单位税额为 15 元/吨，液体盐单位税额 2 元/吨。请计算应纳资源税。

分　析

该盐场本纳税期应纳资源税税额为：

课税数量 ＝880+220＝1 100（吨）

应纳税额 ＝1 100×15–1 000×2= 14 500（元）

案例 6-2

某铜矿山 10 月销售铜矿石原矿 40 000 吨，移送入选精矿 5 000 吨，选矿比为 20% ，该矿山铜矿属于 5 级，按规定适用税额 1.2 元/吨。计算该矿山本月应纳资源税额。

分　析

（1）外销铜矿石应纳税额=40 000×1.2＝48 000（元）

（2）因无法准确掌握入选精矿石的原矿数量，按选矿比计算：

应纳税额 ＝5 000÷20%×1.2＝30 000（元）

（3）合计应纳税额 ＝48 000+30 000＝78 000（元）

八、资源税的减免税规定

有下列情形之一的，减征或者免征资源税。

（1）开采原油过程中用于加热、修井的原油，免税。

（2）纳税人开采或者生产应税产品过程中，因意外事故、自然灾害等原因遭受重大损失的，由省、自治区、直辖市人民政府酌情给予减税或者免税照顾。

> **提示**
>
> 进口应税矿产品不征收资源税，出口应税矿产品不退（免）资源税。

（3）自 2007 年 2 月 1 日起，北方海盐资源税暂减按每吨 15 元征收，南方海盐、湖盐、井矿盐资源税暂减按每吨 10 元征收，液体盐资源税暂减按每吨 2 元征收。

（4）从 2007 年 1 月 1 日起，对地面抽采煤层气暂不征收资源税。煤层气是指赋存于煤层及其围岩中与煤炭资源伴生的非常规天然气，也称煤矿瓦斯。

（5）国务院规定的其他减税、免税项目。

案例 6-3

某油田 5 月生产原油 15 万吨，其中销售了 10 万吨，每吨售价 4 000 元，用于加热、修井的原油 3 万吨，待销售 2 万吨，税率 10%。请计算该油田本月应纳资源税额。

分　析

应纳税额=10×4 000×10%=4 000（万元）

九、资源税的征收管理

（一）纳税义务发生时间

1．纳税人销售应税产品

纳税人销售应税产品的纳税义务发生时间为收讫销售款或者取得索取销售款凭据的当天。

（1）纳税人采取分期收款结算方式销售应税产品，其纳税义务发生时间为销售合同规定的收款日期的当天。

（2）纳税人采取预收货款结算方式销售应税产品，其纳税义务发生时间为发出应税产品的当天。

（3）纳税人采取其他结算方式，其纳税义务发生时间，为收讫销售款或者取得索取销售款凭据的当天。

> **提示**
>
> 纳税人的减税、免税项目，应单独核算课税数量、销售额。未单独核算或者不能准确提供课税数量、销售额的，不得给予减税、免税。

2．纳税人自产自用应税产品

纳税人自产自用应税产品的纳税义务发生时间为移送使用应税产品的当天。

3．扣缴义务人代扣代缴税款

扣缴义务人代扣代缴税款的纳税义务发生时间，为支付货款的当天。

（二）纳税期限

纳税期限是纳税人发生纳税义务后缴纳税款的期限。按照税法规定，资源税的纳税期限为1日、3日、5日、10日、15日或者1个月，由主管税务机关根据实际情况具体核定。不能按固定期限计算纳税的，可以按次计算纳税。

纳税人以1个月为一期纳税的，自期满之日起10日内申报纳税；以1日、3日、5日、10日或者15日为一期纳税的，自期满之日起5日内预缴税款，于次月1日起10日内申报纳税并结清上月税款。

扣缴义务人的解缴税款期限，比照上述规定执行。

（三）纳税地点

（1）凡是缴纳资源税的纳税人，都应当向应税产品的开采或者生产所在地主管税务机关缴纳税款。

（2）如果纳税人在本省、自治区、直辖市范围内开采或者生产应税产品，其纳税地点需要调整的，由所在地省、自治区、直辖市税务机关决定。

（3）如果纳税人应纳的资源税属于跨省开采，其下属生

> **提示**
>
> 扣缴义务人代扣代缴的资源税，应当向收购地主管税务机关缴纳。

产单位与核算单位不在同一省、自治区、直辖市的，对其开采的矿产品一律在开采地纳税，其应纳税款由独立核算、自负盈亏的单位，按照开采地的实际销售量（或者自用量）及适用的单位税额计算划拨。

（4）扣缴义务人代扣代缴的资源税，也应当向收购地主管税务机关缴纳。

第二节　城镇土地使用税法

一、城镇土地使用税概述

（一）城镇土地使用税的概念

城镇土地使用税是国家在城市、县城、建制镇和工矿区范围内，对使用土地的单位和个人，以其实际占用土地面积为计税依据，按照规定税额计算征收的一种税。

城镇土地使用税法，是指国家制定的用以调整土地使用税征收与缴纳之间权利及义务关系的法律规范。

相关链接

现行城镇土地使用税的基本规范，是 1988 年 9 月 27 日由国务院颁布并于 2006 年 12 月 31 日修订的《中华人民共和国城镇土地使用税暂行条例》(以下简称《城镇土地使用税暂行条例》)。修订后的《城镇土地使用税暂行条例》于 2007 年 1 月 1 日起实施。

开征城镇土地使用税，变土地的无偿使用为有偿使用，通过经济手段加强对土地的管理，可以促进合理、节约使用土地，提高土地使用效益；有利于适当调节不同地区、不同地段之间的土地级差收入，促进企业加强经济核算，理顺国家与土地使用者之间的分配关系。

（二）城镇土地使用税的特点

1．征税对象主要是国有土地

我国宪法明确规定，城镇土地的所有权属于国家，单位和个人对占用的土地只有使用权而无所有权。国家既可以凭借财产权利对土地使用人获取的收益进行分配，又可以凭借政治权利对土地使用者进行征税。开征城镇土地使用税，实质上是运用国家政治权力，将纳税人获取的本应属于国家的土地收益集中到国家手中。农业土地因属于集体所有，故未纳入征税范围。

2．对在我国境内使用土地的单位和个人征收

现行城镇土地使用税对在我国境内使用土地的单位和个人征收。征收范围较广的土地使用税，将在筹集地方财政资金、调节土地使用和收益分配方面，发挥积极作用。

3. 实行差别幅度税额

开征城镇土地使用税的目的之一，在于调节土地的级差收入，而级差收入的产生主要取决于土地的位置。占有土地位置优越的纳税人可以节约运输和流通费用，扩大销售和经营规模，取得额外经济收益。为了体现国家政策，城镇土地使用税实行差别幅度税额。对不同城镇适用不同税额，对同一城镇的不同地段，根据市政建设状况和经济繁荣程度也确定不等的负担水平。

二、城镇土地使用税的纳税人

城镇土地使用税的纳税人，是指承担缴纳城镇土地使用税义务的所有单位和个人。

单位，包括国有企业、集体企业、私营企业、股份制企业、外商投资企业、外国企业及其他企业和事业单位、社会团体、国家机关、军队及其他单位；个人，包括个体工商户及其他个人。

城镇土地使用税的纳税人通常包括以下几类。

（1）拥有土地使用权的单位和个人。

（2）拥有土地使用权的单位和个人不在土地所在地的，其土地的实际使用人和代管人为纳税人。

（3）土地使用权未确定或权属纠纷未解决的，其实际使用人为纳税人。

（4）土地使用权共有的，共有各方都是纳税人，由共有各方分别纳税。

几个人或几个单位共同拥有一块土地的使用权，这块土地的城镇土地使用税的纳税人应是对这块土地拥有使用权的每个人或每个单位。他们应以其实际使用的土地面积占总面积的比例，分别计算缴纳土地使用税。

三、城镇土地使用税的征税范围

城镇土地使用税的征税范围，包括在城市、县城、建制镇和工矿区内的国家所有和集体所有的土地。其所述的城市、县城、建制镇和工矿区分别按以下标准确认。

（1）城市是指国务院批准设立的市。

（2）县城是指县人民政府所在地。

（3）建制镇是指经省、自治区、直辖市人民政府批准设立的建制镇。

（4）工矿区是指工商业比较发达、人口比较集中、符合国务院规定的建制镇标准，但尚未设立建制镇的大中型工矿企业所在地，工矿区须经省、自治区、直辖市人民政府批准。

上述城镇土地使用税的征税范围中，城市的土地包括市区和郊区的土地，县城的土地是指县人民政府所在地的城镇的土地，建制镇的土地是指镇人民政府所在地的土地。

建立在城市、县城、建制镇和工矿区以外的工矿企业不需缴纳城镇土地使用税。

（5）自 2009 年 1 月 1 日起，公园、名胜古迹内的索道公司经营用地，应按规定缴纳城镇土地使用税。

（6）自2009年12月1日起，对城镇土地使用税征税范围内单独建造的地下建筑用地，按规定征收城镇土地使用税。对地下建筑用地暂按应纳税额50%征收城镇土地使用税。

对外商投资企业和外国企业在华机构的用地，在2007年1月1日以前是根据1984年9月18日全国人大常委会《关于授权国务院改革工商税制和发布试行有关税收条例（草案）的决定》，不征收城镇土地使用税的。而修订后的《城镇土地使用税暂行条例》，首次将外商投资企业和外国企业在华机构的用地纳入了城镇土地使用税征收范围。

四、城镇土地使用税的税率

城镇土地使用税采用定额税率，即采用有幅度的差别税额，按大、中、小城市和县城、建制镇、工矿区分别规定每平方米土地使用税年应纳税额，具体标准如下。

（1）大城市，1.5~30元/平方米。

（2）中等城市，1.2~24元/平方米。

（3）小城市，0.9~18元/平方米。

（4）县城、建制镇、工矿区，0.6~12元/平方米。

各省、自治区、直辖市人民政府可根据市政建设情况和经济繁荣程度在规定的税额幅度内，确定所辖地区的适用税额。经济落后地区，土地使用税的适用税额标准可适当降低，但降低额不得超过上述规定最低税额的30%。经济发达地区的适用税额标准可以适当提高，但须报财政部批准。

知识库

大、中、小城市以公安部门登记在册的非农业正式户口人数为依据，按照国务院颁布的《城市规划条例》中规定的标准划分。人口在50万以上的为大城市；人口在20万～50万的为中等城市；人口在20万以下的为小城市。

五、城镇土地使用税的计税依据

城镇土地使用税以纳税人实际占用的土地面积为计税依据。纳税人实际占用的土地面积按下列办法确定。

（1）凡由省、自治区、直辖市人民政府确定的单位组织测定土地面积的，以测定的面积为准。

（2）尚未组织测量，但纳税人持有政府部门核发的土地使用证书的，以证书确认的土地面积为准。

（3）尚未核发土地使用证书的，应由纳税人申报土地面积，据以纳税，待核发土地使用证以后再作调整。

提示

公园、名胜古迹中附设的营业单位使用的土地，应征收土地使用税。

六、城镇土地使用税应纳税额的计算

城镇土地使用税的应纳税额可以通过纳税人实际占用的土地面积乘以该土地所在地段的适用税额求得。其计算公式为：

全年应纳税额=实际占用应税土地面积×适用税额

案例 6-4

设在某城市的一家企业使用土地面积为 20 000 平方米，经税务机关核定，该土地为应税土地，每平方米年应纳税额为 4 元。请计算其全年应纳的土地使用税额。

分　析

年应纳土地使用税额=20 000 ×4 =80 000（元）

七、城镇土地使用税税收优惠

根据规定，下列土地可免征土地使用税。

（1）国家机关、人民团体、军队自用的土地。

（2）由国家财政部门拨付事业经费的单位自用的土地。

（3）宗教寺庙、公园、名胜古迹自用的土地。

（4）市政街道、广场、绿化地带等公共用地。

（5）直接用于农、林、牧、渔业的生产用地。

（6）经批准开山填海整治的土地和改造的废弃土地，从使用的月份起免缴土地使用税 5~10 年。

（7）由财政部另行规定免税的能源、交通、水利设施用地和其他用地。

八、城镇土地使用税的征收管理

（一）纳税期限

城镇土地使用税实行按年计算，分期缴纳的征收方法，具体纳税期限由省、自治区、直辖市人民政府确定。因此，各省、自治区、直辖市税务机关结合当地实际情况，一般分别确定按月、季或半年等不同的期限缴纳。

（二）纳税义务发生时间

（1）纳税人购置新建商品房，自房屋交付使用之次月起，缴纳城镇土地使用税。

（2）纳税人购置存量房，自办理房屋权属转移变更登记手续，房地产权属登记机关签发房屋权属证之次月起，缴纳城镇土地使用税。

（3）纳税人出租、出借房产，自交付出租、出借房产之次月起，缴纳城镇土地使用税。

（4）以出让或转让方式有偿取得土地使用权的，应由受让方从合同约定交付土地时间的次月起缴纳城镇土地使用税；合同未约定交付时间的，由受让方从合同签订的次月起缴纳城镇土地使用税。

（5）纳税人新征用的耕地，自批准征用之日起满 1 年时开始缴纳土地使用税。

（6）纳税人新征用的非耕地，自批准征用次月起缴纳土地使用税。

（7）自 2009 年 1 月 1 日起，纳税人因土地的权利发生变化而依法终止城镇土地使用税纳税义务的，其应纳税款的计算应截止到土地权利发生变化的当月末。

（三）纳税地点和征收机关

城镇土地使用税由土地所在地的地方税务机关征收，其收入纳入地方财政预算管理。

纳税人使用的土地不属于同一省、自治区、直辖市管辖的，由纳税人分别向土地所在地的税务机关缴纳土地使用税；在同一省、自治区、直辖市管辖范围内，纳税人跨地区使用的土地，其纳税地点由各省、自治区、直辖市地方税务局确定。

第三节 土地增值税法

一、土地增值税概述

（一）土地增值税的概念

土地增值税是对转让国有土地使用权、地上建筑物及其附着物并取得收入的单位和个人，就其转让房地产所取得的增值额征收的一种税。

土地增值税法，是指国家制定的用以调整土地增值税征收与缴纳之间权利及义务关系的法律规范。

相关链接

现行土地增值税的基本规范，是 1993 年 12 月 13 日国务院颁布的《中华人民共和国土地增值税暂行条例》（以下简称《土地增值税暂行条例》）。

我国开征土地增值税的主要目的是：① 规范土地和房地产市场交易秩序。② 抑制房地产投机和炒卖活动，合理调节土地增值收益，防止国有土地收益流失。③ 增加国家财政收入。

（二）土地增值税的特点

1．以转让房地产的增值额为计税依据

转让房地产的增值额为纳税人转让房地产的收入减除税法规定准予扣除的项目金额后的余额，所以，有增值额就征收土地增值税，没有增值额就不征收土地增值税。

2．征税面比较广

凡在我国境内转让房地产并取得收入的单位和个人，除税法规定免税以外的，均应依照《土地增值税暂行条例》规定缴纳土地增值税。换言之，凡发生应税行为的单位和个人，不论其经济性质，也不分内、外资企业或中、外籍人员，无论是房地产开发企业还是非房地产开发企业，均有缴纳土地增值税的义务。

3．实行超率累进税率

土地增值税的税率是以转让房地产增值率的高低为依据来确认的，按照累进原则设计，实行分级计税。增值率指的是以收入总额扣除相关项目金额后的余额再除以扣除项目合计金额，增值率高的，税率高、多纳税；增值率低的，税率低、少纳税。

4．实行按次征收

土地增值税在房地产发生转让的环节，实行按次征收，每发生一次转让行为，就应根据每次取得的增值额征一次税。

二、土地增值税的纳税人

土地增值税的纳税人为转让国有土地使用权、地上建筑物及其附着物并取得收入的单位和个人。即不论法人或自然人，不论经济性质如何，不论内资与外资企业、中国公民与外籍个人，不论是何部门，只要有偿转让房地产，都是土地增值税的纳税人。单位具体包括企业单位、事业单位、国家机关、社会团体及其他组织。个人包括个体经营者。此外，还包括外商投资企业、外国企业、外国驻华机构、海外华侨、港澳台同胞和外籍个人。

三、土地增值税的征税范围

（一）基本征税范围

《土地增值税暂行条例》及其实施细则规定，土地增值税的征税范围包括以下几点。

（1）**转让国有土地使用权**。这里所说的国有土地，是指按国家法律规定属于国家所有的土地。

（2）**地上的建筑物及其附着物连同国有土地使用权一并转让**。这里所说的地上的建筑物指建于土地上的一切建筑物，包括地上地下的各种附属设施；附着物是指附着于地上的不能移动或一经移动即遭损害的物品。

（3）**存量房地产的买卖。**存量房地产是指已经建成并已投入使用的房地产，其房屋所有人将房屋产权和土地使用权一并转让给其他单位和个人。

（二）征税范围的判定标准

土地增值税征税范围的判定标准如下。

（1）土地增值税只对转让国有土地使用权及其地上建筑物和附着物的行为征税，对转让非国有土地和出让国有土地的行为均不征税。

（2）土地使用权、地上建筑物及附着物的产权必须发生转让。

（3）必须取得转让收入。

提示

征收土地增值税时三个标准必须同时具备，缺一不可。

（三）对若干具体情况的判定

土地增值税征税范围若干具体情况的判定，如表6-2所示。

表6-2 土地增值税征税范围的判定

有关事项	是否属于征税范围
出 售	征税包括三种情况：① 出售国有土地使用权。② 取得国有土地使用权后进行房屋开发建造后出售。③ 存量房地产买卖
继承、赠与	继承不征税（无收入） 赠与中公益性赠与、赠与直系亲属或承担直接赡养义务人不征税 非公益性赠与征税
出 租	不征税（无权属转移）
房地产抵押	抵押期间不征税 抵押期满偿还债务本息不征税 抵押期满，不能偿还债务，而以房地产抵债，征税
房地产交换	单位之间换房，有收入的征税 个人之间互换自住房不征税
以房地产投资、联营	房地产转让到投资联营企业，不征税 将投资联营房地产再转让，征税
合作建房	建成后自用，不征税 建成后转让，征税
企业兼并转让房地产	暂免征税
代建房	不征税（无权属转移）
房地产重新评估	不征税（无收入）

四、土地增值税的税率

土地增值税实行四级超率累进税率。

（1）增值额未超过扣除项目金额 50%的部分，税率为 30%。

（2）增值额超过扣除项目金额 50%、未超过扣除项目金额 100%的部分，税率为 40%。

（3）增值额超过扣除项目金额 100%、未超过扣除项目金额 200%的部分，税率为 50%。

（4）增值额超过扣除项目金额 200%的部分，税率为 60%。

上述所列四级超率累进税率，每级“增值额未超过扣除项目金额”的比例，均包括本比例数。超率累进税率如表 6-3 所示。

表 6-3　土地增值税四级超率累进税率

级　次	增值额占扣除项目金额的比例	税　率	速算扣除系数
1	50%以下（含 50%）	30%	0
2	超过 50%，未超过 100%（含 100%）	40%	5%
3	超过 100%，未超过 200%（含 200%）	50%	15%
4	200%以上	60%	35%

五、土地增值税的计税依据

土地增值税的计税依据是纳税人转让房地产所取得的增值额。

（一）增值额

纳税人转让房地产所取得的收入减除规定的扣除项目金额后的余额，为增值额。如果纳税人转让房地产所取得的收入减除规定的扣除项目金额后没有余额，则不需要缴纳土地增值税。增值额的计算公式是：

土地增值额=转让房地产取得的收入−扣除项目金额

《土地增值税暂行条例》规定，纳税人有下列情形之一的，按照房地产评估价格计算征收土地增值税：① 隐瞒、虚报房地产成交价格的。② 提供扣除项目金额不实的。③ 转让房地产的成交价格低于房地产评估价格，又无正当理由的。

（二）应税收入的确定

纳税人转让房地产取得的收入，包括货币收入、实物收入和其他收入在内的全部价款及有关的经济收益；非货币收入应进行专门评估，确定其价值后折算成货币收入；取得的收入若为外国货币，应以取得收入当天或当月 1 日国家公布的市场汇率折合成人民币计税。

（三）扣除项目及其金额的确定

根据《土地增值税暂行条例》的规定，土地增值税的扣除项目包括以下几点。

1．取得土地使用权所支付的金额

取得土地使用权所支付的金额，包括纳税人为取得土地使用权所支付的地价款，以及纳税人在取得土地使用权时按国家统一规定缴纳的有关费用（如登记、过户手续费）。

2．房地产开发成本

房地产开发成本是指纳税人房地产开发项目实际发生的成本，包括土地的征用及拆迁补偿费、前期工程费、建筑安装工程费、基础设施费、公共配套设施费、开发间接费用（如工资、折旧费、水电费等）。

3．房地产开发费用

房地产开发费用是指与房地产开发项目有关的销售费用、管理费用和财务费用。这些费用不应按纳税人房地产开发项目实际发生的费用扣除，而应按《中华人民共和国土地增值税暂行条例实施细则》（以下简称《土地增值税暂行条例实施细则》）的标准进行扣除。

（1）财务费用中的利息支出，凡能够按转让房地产项目计算分摊并提供金融机构证明的，允许据实扣除，但最高不能超过按商业银行同类同期贷款利率计算的金额。其他房地产开发费用，按《土地增值税暂行条例实施细则》第七条（一）、（二）项规定（取得土地使用权所支付的金额和房地产开发成本）计算的金额之和的5%以内计算扣除。其计算公式为：

允许扣除的房地产开发费用=利息+（取得土地使用权所支付的金额+房地产开发成本）×5%（以内）

（2）凡不能按转让房地产项目计算分摊利息支出或不能提供金融机构贷款证明的，房地产开发费用按《土地增值税暂行条例实施细则》第七条（一）、（二）项规定计算的金额之和的10%以内计算扣除。其计算公式为：

允许扣除的房地产开发费用=（取得土地使用权所支付的金额+房地产开发成本）×10%（以内）

此外，财政部、国家税务总局还对扣除项目金额中利息支出的计算问题做了两点专门规定：一是利息的上浮幅度按国家的有关规定执行，超过上浮幅度的部分不允许扣除；二是对于超过贷款期限的利息部分和加罚的利息不允许扣除。

提示

计算扣除的具体比例，由各省、自治区、直辖市人民政府规定。

4．与转让房地产有关的税金

与转让房地产有关的税金是指在转让房地产时缴纳的营业税、城市维护建设税、印花税。因转让房地产缴纳的教育费附加，也可视同税金予以扣除。

需要明确的是，房地产开发企业按照《施工、房地产开发企业财务制度》有关规定，其在转让时缴纳的印花税因列入管理费用中，故在此不允许扣除。其他纳税人缴纳的印花税（按产权转移书据所载金额的0.5‰贴花）允许在此扣除。

5. 财政部规定的其他扣除项目

对从事房地产开发的纳税人可按《土地增值税暂行条例实施细则》第七条（一）、（二）项规定计算的金额之和，加计20%扣除。此条优惠只适用于从事房地产开发的纳税人，除此之外的其他纳税人不适用。目的是为了抑制炒买炒卖房地产的投机行为，保护正常开发投资者的积极性。

6. 旧房及建筑物的评估价格

纳税人转让旧房的，应按房屋及建筑物的评估价格、取得土地使用权所支付的地价款和按国家统一规定缴纳的有关费用及在转让环节缴纳的税金作为扣除项目金额计征土地增值税。对取得土地使用权时未支付地价款或不能提供已支付的地价款凭据的，在计征土地增值税时不允许扣除。

旧房及建筑物的评估价格指在转让已使用房屋及建筑物时，由政府批准设立的房地产评估机构评定的重置成本价乘以成新度折扣率后的价格。评估价格须经当地税务机关确认。重置成本价的含义是，对旧房及建筑物，按转让时的建材价格及人工费用计算建造同样面积、同样层次、同样结构、同样建设标准的新房及建筑物所需花费的成本费用。成新度折扣率的含义是，按旧房的新旧程度作一定比例的折扣。

计算土地增值额时准予从转让收入中扣除的项目，根据转让项目的性质不同而不同，具体如表6-4所示。

表6-4 准予从转让收入中扣除的项目

转让项目的性质	扣除项目
新建房地产转让	• 取得土地使用权所支付的金额 • 房地产开发成本 • 房地产开发费用 • 与转让房地产有关的税金 • 财政部规定的其他扣除项目
存量房地产转让	• 旧房及建筑物的评估价格（评估价格=重置成本价×成新度折扣率） • 取得土地使用权所支付的金额 • 与转让房地产有关的税金

六、土地增值税应纳税额的计算

(一)计算步骤

(1)计算转让房地产取得的收入。

(2)计算扣除项目金额。

(3)计算增值额，计算公式为：

应纳税额=转让房地产取得的收入–扣除项目金额

(4)计算增值额占扣除项目金额的比例，确定适用税率。

(5)计算应纳税额。

(二)土地增值税的计算方法

1. 按税法规定的超率累进税率定义法计算

应纳税额=∑(每级距的土地增值额×适用税率)

2. 采用速算扣除法计算

应纳税额=增值额×适用税率–扣除项目金额×速算扣除系数

具体如表 6-5 所示，表中的 5%、15%、35%分别为二、三、四级的速算扣除系数。

表 6-5 速算扣除法

增值额占扣除项目金额的比例	计算公式
50%以下(含 50%)	应纳税额 = 增值额×30%
超过 50%，未超过 100%(含 100%)	应纳税额 = 增值额×40% – 扣除项目金额×5%
超过 100%，未超过 200%(含 100%)	应纳税额 = 增值额×50% – 扣除项目金额×15%
200%以上	应纳税额 = 增值额×60% – 扣除项目金额×35%

案例 6-5

某房地产开发商销售一幢公寓，取得收入 1 800 万元，并依法缴纳了营业税、城市维护建设税、教育费附加和印花税。已知该公司建造该公寓为取得土地使用权而支付的地价款和有关费用 180 万元，投入的房地产开发成本 270 万元，发生的开发费用 55 万元，其中利息支出 27 万元，能按转让房地产项目计算分摊，并有金融机构证明，房产所在省规定房地产开发费用的扣除比例为 4%，试计算该单位应缴纳的土地增值税。

分 析

(1)取得土地使用权所支付的金额 180 万元

(2)房地产开发成本 270 万元

(3)房地产开发费用=27 +(180 + 270)×4% = 45(万元)

（4）转让房地产相关税金=1 800×5%×（1＋7%＋3%）＝99（万元）

（5）加计 20%的扣除费=（180＋270）×20%＝90（万元）

扣除项目金额合计=180＋270＋45＋99＋90＝684（万元）

（6）土地增值额=1 800－ 684＝1 116（万元）

（7）增值额与扣除项目金额之比=（1 116÷684）×100%≈163.16%

可见，增值额超过扣除项目金额 150%，未超过 200%，分别适用 30%、40%、50%三档税率。

第一种方法计算土地增值税：

第一级税额=684×50%×30%＝102.6（万元）

第二级税额=684×（100%–50%）×40%＝136.8（万元）

第三级税额=（1 116－ 684×100%）×50%＝216（万元）

应纳土地增值税为各级税额相加，即 102.6＋136.8＋216＝455.4（万元）

第二种方法计算土地增值税：

应纳税额=1 116×50%－684×15%＝455.4（万元）

七、土地增值税的税收优惠

1．对建造普通标准住宅的税收优惠

纳税人建造普通住宅出售，增值额未超过扣除项目金额 20%的，免征土地增值税；增值额超过扣除项目金额 20%的，应就其全部增值额按规定计税。

2．因城市实施规划、国家建设需要而搬迁由纳税人自行转让原房地产的税收优惠

因城市实施规划、国家建设需要而搬迁由纳税人自行转让原房地产的，免征土地增值税。

3．对国家征用收回的房地产的税收优惠

因国家建设需要依法征用、收回的房地产，免征土地增值税。

4．对个人转让房地产的税收优惠

个人因工作调动或改善居住条件而转让原自用住房，经向税务机关申报核准，凡居住满 5 年或 5 年以上的，免予征收土地增值税；居住满 3 年未满 5 年的，减半征收土地增值税；居住未满 3 年的，按规定计征土地增值税。

八、土地增值税的征收管理

（一）纳税申报

土地增值税纳税人应在转让房地产合同签订后的 7 日内，到房地产所在地主管税务机关办理纳税申报，并提供房屋及建筑物产权、土地使用权证书，土地转让、房产买卖合同，房地产评估报告，与转让房地产有关的税金的完税证明，以及其他与转让房地产有关的资料。然后，在税务机关规定的期限内缴纳土地增值税。

（二）纳税地点

土地增值税的纳税人应向房地产所在地主管税务机关办理纳税申报，并在税务机关核定的期限内缴纳土地增值税。纳税人转让的房地产坐落在两个或两个以上地区的，应按房地产所在地分别申报纳税。纳税地点的确定又可分为以下两种情况。

（1）纳税人是法人的，当转让房地产坐落地与其机构所在地或经营所在地一致时，则在办理税务登记的原管辖税务机关申报纳税；若不一致时，则应在房地产坐落地所管辖的税务机关申报纳税。

（2）纳税人是自然人的，当转让的房地产坐落地与其居住地一致时，则在住所所在地税务机关申报纳税；若不一致时，则在办理过户手续所在地的税务机关申报纳税。

思考题

1. 资源税的征税范围和计税依据是如何确定的？
2. 如何确定城镇土地使用税的计税依据？
3. 土地增值税的征税范围如何确定？其判定标准是什么？
4. 确定土地增值税计税依据时，允许扣除项目有哪些？

案例分析与计算题

1. 某联合企业为增值税一般纳税人，2012 年 10 月生产经营情况如下：

（1）专门开采的天然气 45 000 千立方米，开采原煤 450 万吨，采煤过程中生产天然气 2 800 千立方米。

（2）销售原煤 280 万吨，取得不含税销售额 2 240 万元。

（3）以原煤直接加工洗煤 110 万吨，对外销售 90 万吨，取得不含税销售额 15 840 万元。

（4）企业职工食堂和供热等用煤 2 500 吨。

（5）销售天然气 37 000 千立方米（含采煤过程中生产 2 000 千立方米），取得不含税销售额 6 660 万元。

（6）购入采煤用原材料和低值易耗品，取得增值税专用发票，注明支付货款 7 000 万元、增值税额 1 190 万元。支付购原材料运输费 200 万元，取得运输公司开具的普通发票，原材料和低值易耗品验收入库。

（7）购进采煤机械设备 10 台，取得增值税专用发票，注明每台设备支付货款 25 万元、增值税额 4.25 万元，已全部投入使用。（原煤适用税率为 3 元/吨，天然气适用税率为 10%，洗煤与原煤的选矿比为 60%）

要求：（1）计算该联合企业当月应缴纳的资源税。

（2）计算该联合企业当月应缴纳的增值税。

2. A 公司为位于某城市的一国有企业，A 公司提供的政府部门核发的土地使用证书显示：A 公司实际占地面积 49 700 平方米，其中，企业内学校和医院共占地 6 000 平方米，厂区内生活小区的绿化用地 500 平方米，其余土地均为 A 公司生产经营用地。2012 年 3 月 31 日，A 公司将一块 2 000 平方米的土地对外无偿出租给军队作训练基地；2012 年 4 月 30 日，将一块 600 平方米的土地无偿借给某国家机关作公务使用。A 公司与某外商投资企业还共同拥有一块面积为 8 000 平方米的土地，其中 A 公司实际使用了 3 000 平方米，其余归外商投资企业使用。

要求：假设当地的城镇土地使用税每半年征收一次，该地土地年税额为 1 元/平方米，请根据上述资料，分析计算 A 公司 2012 年 1～6 月应缴纳多少城镇土地使用税？

3. 某房地产开发公司建造并出售了一栋写字楼，取得销售收入 1 900 万元（营业税税率为 5%，城市维护建设税税率为 7%，教育费附加征收率为 3%），该公司为建造写字楼支付的地价款为 430 万元，建造写字楼的房地产开发成本为 570 万元。该公司适用的费用扣除比例为 10%。

要求：计算该公司转让写字楼应缴纳的土地增值税额。

第七章　财产税法

本章学习目的和任务

通过本章的学习，学生应掌握房产税、车船税和契税的纳税人、征税对象、征税范围以及各税种计税依据的确定和应纳税额的计算；了解各税的概念、税收优惠及征收管理。

第一节　房产税法

一、房产税概述

（一）房产税的概念

房产税是以房屋为征税对象，以房产计税余值或租金收入为计税依据，向产权所有人或经营管理人征收的一种税。

房产税法，是指国家制定的用以调整房产税征收与缴纳之间权利及义务关系的法律规范。

相关链接

现行房产税法的基本规范，是1986年9月15日国务院颁布的《中华人民共和国房产税暂行条例》（以下简称《房产税暂行条例》）。

对房产征税的目的是运用税收杠杆，加强对房产的管理，提高房产使用效率，控制固定资产投资规模和配合国家房产政策的调整，合理调节房产所有人和经营人的收入。此外，房产税税源稳定，易于控制管理，是地方财政收入的重要来源之一。

（二）房产税的特点

1．房产税属于财产税中的个别财产税

财产税按征收方式分类，可分为一般财产税与个别财产税。一般财产税也称综合财产税，是对纳税人拥有的财产综合课征的税收。个别财产税，也称特种财产税，是对纳税人所有的土地、房屋、资本或其他财产分别课征的税收。我国现行房产税属于个别财产税，其征税对象只是房屋。

2．征税范围限于城镇的经营性房屋

房产税的征税范围是在城市、县城、建制镇和工矿区，不涉及农村。农村的房屋，大部分是农民居住用房，为了不增加农民负担，农村的房屋没有纳入征税范围。另外，对某些拥有房屋但自身没有纳税能力的单位，如国家拨付行政经费、事业经费和国防经费的单位自用的房产，税法也通过免税的方式将这类房屋排除在征税范围之外。因为这些单位本身没有经营收入，若对其征税，就要相应增加财政拨款，征税也就失去了意义。

3．区别房屋的经营使用方式规定征税办法

拥有房屋的单位和个人，既可以自己使用房屋，又可以把房屋用于出租、出典。房产税根据纳税人经营形式不同，确定对房屋征税可以按房产计税余值征收，又可以按租金收入征收，使其符合纳税人的经营特点，便于平衡税收负担和征收管理。

二、房产税的纳税人及征税对象

（一）房产税的纳税人

房产税以在征税范围内的房屋产权所有人为纳税人。

（1）产权属国家所有的，由经营管理单位纳税；产权属集体和个人所有的，由集体单位和个人纳税。

（2）产权出典的，由承典人纳税。

（3）产权所有人、承典人不在房屋所在地的，由房产代管人或者使用人纳税。

（4）产权未确定及租典纠纷未解决的，亦由房产代管人或者使用人纳税。

（5）无租使用其他房产的问题。纳税单位和个人无租使用房产管理部门、免税单位及纳税单位的房产，应由使用人代为缴纳房产税。

（6）自 2009 年 1 月 1 日起，外商投资企业、外国企业和组织及外籍个人，依照《房产税暂行条例》缴纳房产税。

（二）房产税的征税对象

房产税的征税对象是房产。房产是指有屋面和围护结构（有墙或两边有柱），能够遮风避雨，可供人们在其中生产、工作、学习、娱乐、居住或储藏物资的场所。

独立于房屋之外的建筑物，如围墙、烟囱、水塔、变电塔、油池油柜、酒窖菜窖、酒精池、糖蜜池、室外游泳池、玻璃暖房、砖瓦石灰窑及各种油气罐等，则不属于房产，不是房产税的征税对象。

房地产开发企业建造的商品房，在出售前，不征收房产税；但对出售前房地产开发企业已使用或出租、出借的商品房，应按规定征收房产税。

三、房产税的征税范围

> **提示**
>
> 房产税与城镇土地使用税征税范围相同。

《房产税暂行条例》规定的房产税的征税范围是在城市、县城、建制镇和工矿区的房产。

房产税的征税范围不包括农村，这主要是为了减轻农民的负担。因为农村的房屋，除农副业生产用房外，大部分是农民居住用房。对农村房屋不纳入房产税征税范围，有利于农业发展，繁荣农村经济，有利于社会稳定。

四、房产税的计税依据和税率

（一）房产税的计税依据

房产税的计税依据是房产的计税价值或房产的租金收入。按照房产计税价值征税的，称为从价计征；按照房产租金收入计征的，称为从租计征。

1．从价计征

（1）从价计征的房产税，以房产余值为计税依据。根据《房产税暂行条例》的规定，房产税依照房产原值一次减除10%~30%后的余值计算缴纳。具体减除幅度，由省、自治区、直辖市人民政府根据当地具体情况确定。

房产原值，是指企业按照会计制度的规定，在“固定资产”账簿中记载的房屋的原价。因此，凡是在企业固定资产账簿中记载有房屋原价的，均以房屋原价按规定扣除一定比例后作为房产的计税余值，计征房产税。若固定资产账簿中没有记载房屋原价，则由房产所在地税务机关参考同类房产，确定房屋原值，计征房产税。对房产原值明显不合理的，应重新予以评估。按照规定，企业对房屋进行改建、扩建的，要相应增加房产的原值。

（2）对于投资联营及融资租赁的房产，在计征房产税时应予以区别对待。

1）对于以房产投资联营，投资者参与投资利润分红，共担风险的，按房产余值作为计税依据计征房产税；对以房产投资收取固定收入、不承担联营风险的，实际是以联营名义取得房产租金，应根据《房产税暂行条例》的有关规定由出租方按租金收入计算缴纳房产税。

2）自2009年12月1日起，融资租赁的房产，由承租人自融资租赁合同约定开始日的次月起依照房产余值缴纳房产税。合同未约定开始日的，由承租人自合同签订的次月起依照房产余值缴纳房产税。

（3）居民住宅区内业主共有的经营性房产缴纳房产税。从2007年1月1日起，对居民住宅区内业主共有的经营性房产，由实际经营（包括自营和出租）的代管人或使用人缴纳房产税。其中自营的，依照房产原值减除10%～30%后的余值计征，没有房产原值或不能将业主共有房产与其他房产的原值准确划分开的，由房产所在地地方税务机关参照同类房产核定房产原值；出租的，依照租金收入计征。

（4）对按照房产原值计税的房产，无论会计上如何核算，房产原值均应包含地价，地价包括为取得土地使用权支付的价款、开发土地发生的成本费用等。宗地容积率高于 0.5 的，应将全部土地价值并入房产原值计算缴纳房产税；宗地容积率低于 0.5 的，应将全部土地价值按照房产建筑面积的 2 倍计算土地面积并据此确定房产原值计算缴纳房产税。

容积率，是指地块上的建筑总面积与用地面积的比率。计算公式为：

容积率=地上总建筑面积÷总用地面积

2．从租计征

《房产税暂行条例》规定，房产出租的，以房产租金收入作为房产税的计税依据。

所谓房产租金收入，是指房屋产权所有人出租房产使用权所得的报酬，包括货币收入和实物收入。

对于以劳务或其他形式作为报酬抵付房租收入的，应当根据当地同类房产的租金水平，确定一个标准租金从租计征。

（二）房产税税率

我国现行房产税采用比例税率。由于房产税的计税依据分为从价计征和从租计征两种形式，房产税税率也有两种：从价计征的，年税率为 1.2%；从租计征的，年税率为 12%。

从 2001 年 1 月 1 日起，对个人按市场价格出租的居民住房，用于居住的，可暂减按 4%的税率征收房产税。

五、房产税应纳税额的计算

1．从价计征的房产税应纳税额的计算

应纳税额=应税房产原值×（1−扣除比例）×1.2%

案例 7-1

某企业经营用房原值 7 000 万元，按照当地规定允许减除 30%后余值计税，适用税率为 1.2%。请计算其应纳房产税额。

分　析

应纳税额=7 000×（1−30%）×1.2%=58.8（万元）

2．从租计征的房产税应纳税额的计算

应纳税额=租金收入×12%

案例 7-2

某公司出租房屋 5 间，年租金收入为 50 000 元，适用税率为 12%。请计算其应纳房产税额。

分 析

应纳税额=50 000 ×12% =6 000（元）

六、房产税税收优惠

按照《房产税暂行条例》及相关政策规定，下列房产免纳房产税。

（1）国家机关、人民团体、军队自用的房产，但这些免税单位出租的房产及非自身业务使用的生产、营业用房产，不属于免税范围。

（2）由国家财政部门拨付事业经费的单位自用的房产，如学校、医疗卫生单位、托儿所、幼儿园、敬老院、文化、体育这些实行全额或差额预算管理的事业单位所有的，本身业务范围内使用的房产。

（3）宗教寺庙、公园、名胜古迹自用的房产。

（4）个人所有非营业用的房产。

（5）非营利性医疗机构、疾病控制机构和妇幼保健机构等卫生机构自用的房产。

（6）高校后勤实体。

（7）对行使国家行政管理职能的中国人民银行总行（含国家外汇管理局）所属分支机构自用的房产。

（8）经财政部批准免税的其他房产。

七、房产税的征收管理

（一）纳税义务发生时间

（1）纳税人将原房产用于生产经营的，从生产经营之月起，缴纳房产税。

（2）纳税人自行新建房屋用于生产经营的，从建成之次月起，缴纳房产税。

（3）纳税人委托施工企业建设的房屋，从办理验收手续之次月起，缴纳房产税。

（4）纳税人购置新建商品房，自房屋交付使用之次月起，缴纳房产税。

（5）纳税人购置存量房，自办理房屋权属转移、变更登记手续，房地产权属登记机关签发房屋权属证书之次月起，缴纳房产税。

（6）纳税人出租、出借房产，自交付出租、出借房产之次月起，缴纳房产税。

（7）房地产开发企业自用、出租、出借本企业建造的商品房，自房屋使用或交付之次月起，缴纳房产税。

（8）自 2009 年 1 月 1 日起，纳税人因房产的实物或权利状态发生变化而依法终止房产税纳税义务的，其应纳税款的计算应截止到房产的实物或权利状态发生变化的当月末。

（二）纳税期限

房产税按年计算，分期缴纳。具体缴纳期限由省、自治区、直辖市人民政府确定，各地一般按季或半年征收一次，在季度或半年规定某个月进行征收。

（三）纳税地点

房产税的纳税地点为房产所在地，由房产所在地的税务机关负责征收。房产不在同一地方的纳税人，按房产的坐落地点分别向房产所在地的税务机关申报缴纳。

第二节　车船税法

一、车船税概述

车船税是以车船为征税对象，向拥有车船的单位和个人征收的一种税。

车船税法，是指国家制定的用以调整车船税征收与缴纳之间权利及义务关系的法律规范。

相关链接

现行车船税的基本规范，是 2011 年 2 月 25 日全国人大常委会通过并于 2012 年 1 月 1 日起施行的《中华人民共和国车船税法》（以下简称《车船税法》）；2011 年 11 月 23 日国务院颁布《中华人民共和国车船税法实施条例》（以下简称《车船税法实施条例》），自 2012 年 1 月 1 日起施行。

征收车船税，可以促进纳税人提高车船使用效益，督促纳税人合理利用车船；可以通过税收手段开辟财源、集中财力，缓解发展交通运输事业资金短缺的矛盾。

二、车船税的纳税人

车船税的纳税人，是指在中华人民共和国境内，车辆、船舶（以下简称车船）所有人或者管理人，应当按《车船税法》的规定缴纳车船税。

管理人是指对车船具有管理使用权，不具有所有权的单位。

从事机动车第三者责任强制保险业务的保险机构为机动车车船税的扣缴义务人，应当在收取保险费时依法代收车船税，并出具代收税款凭证。

三、车船税的征税范围

根据《车船税法实施条例》的规定，车船税的征税范围是在中华人民共和国境内的车辆、船舶。车辆、船舶，是指：① 依法应当在车船登记管理部门登记的机动车辆和船舶。② 依法不需要在车船登记管理部门登记的在单位内部场所行驶或者作业的机动车辆和船舶。

四、车船税的税目与税率

车船税采用定额税率，即对征税的车船规定单位税额。定额税率计算简便，适宜从量计征的税种。车船税的适用税额，依照《车船税法》所附的《车船税税目税额表》执行，具体如表7-1所示。

表7-1 车船税税目税额表

税目	计税单位	每年税额	备注
乘用车			
发动机汽缸容量（排气量）1.0升（含）以下	每辆	60～360元	核定载客人数9人（含）以下
发动机汽缸容量（排气量）1.0升以上至1.6升（含）	每辆	300～540元	核定载客人数9人（含）以下
发动机汽缸容量（排气量）1.6升以上至2.0升（含）	每辆	360～660元	核定载客人数9人（含）以下
发动机汽缸容量（排气量）2.0升以上至2.5升（含）	每辆	660～1 200元	核定载客人数9人（含）以下
发动机汽缸容量（排气量）2.5升以上至3.0升（含）	每辆	1 200～2 400元	核定载客人数9人（含）以下
发动机汽缸容量（排气量）3.0升以上至4.0升（含）	每辆	2 400～3 600元	核定载客人数9人（含）以下
发动机汽缸容量（排气量）4.0升以上	每辆	3 600～5 400元	核定载客人数9人（含）以下
商用车客车	每辆	480～1 440元	核定载客人数9人（含）以上，包括电车
商用车货车	整备质量每吨	16～120元	包括半挂牵引车、三轮汽车和低速载货汽车
挂车	整备质量每吨	按货车税额的50%计算	
其他车辆专用作业车	整备质量每吨	16～120元	不包括拖拉机
其他车辆轮式专用机械车	整备质量每吨	16～120元	不包括拖拉机

续表

税　目	计税单位	每年税额	备　注
摩托车	每辆	36～180 元	
机动船舶	净吨位每吨	3～6 元	拖船和非机动驳船分别按机动船舶税额的 50%计算
船舶游艇	艇身长度每米	600～2 000 元	

关于车船税额的确定，还应掌握以下几种情况。

1．机动船舶具体适用税额

（1）净吨位不超过 200 吨的，每吨 3 元。

（2）净吨位超过 200 吨但不超过 2 000 吨的，每吨 4 元。

（3）净吨位超过 2 000 吨但不超过 10 000 吨的，每吨 5 元。

（4）净吨位超过 10 000 吨的，每吨 6 元。

拖船按照发动机功率每 1 千瓦折合净吨位 0.67 吨计算征收车船税。

2．游艇具体适用税额

（1）艇身长度不超过 10 米的，每米 600 元。

（2）艇身长度超过 10 米但不超过 18 米的，每米 900 元。

（3）艇身长度超过 18 米但不超过 30 米的，每米 1 300 元。

（4）艇身长度超过 30 米的，每米 2 000 元。

（5）辅助动力帆艇，每米 600 元。

3．车船税法及实施条例所涉及的排气量、整备质量、核定载客人数、净吨位、千瓦、艇身长度，以车船登记管理部门核发的车船登记证书或者行驶证所载数据为准

依法不需要办理登记的车船和依法应当登记而未办理登记或者不能提供车船登记证书、行驶证的车船，以车船出厂合格证明或者进口凭证标注的技术参数、数据为准；不能提供车船出厂合格证明或者进口凭证的，由主管税务机关参照国家相关标准核定，没有国家相关标准的参照同类车船核定。

4．《车船税法》所附《车船税税目税额表》中车辆、船舶的含义

（1）乘用车，是指在设计和技术特性上主要用于载运乘客及随身行李，核定载客人数包括驾驶员在内不超过 9 人的汽车。

（2）商用车，是指除乘用车外，在设计和技术特性上用于载运乘客、货物的汽车，划分为客车和货车。

（3）半挂牵引车，是指装备有特殊装置用于牵引半挂车的商用车。

（4）三轮汽车，是指最高设计车速不超过每小时 50 公里，具有三个车轮的货车。

（5）低速载货汽车，是指以柴油机为动力，最高设计车速不超过每小时 70 公里，具有四个车轮的货车。

（6）挂车，是指就其设计和技术特性，需由汽车或者拖拉机牵引才能正常使用的一种无动力的道路车辆。

（7）专用作业车，是指在其设计和技术特性上用于特殊工作的车辆。

（8）轮式专用机械车，是指有特殊结构和专门功能，装有橡胶车轮可以自行行驶，最高设计车速大于每小时 20 公里的轮式工程机械车。

（9）摩托车，是指无论采用何种驱动方式，最高设计车速大于每小时 50 公里，或者使用内燃机，其排量大于 50 毫升的两轮或者三轮车辆。

（10）船舶，是指各类机动、非机动船舶及其他水上移动装置，但是船舶上装备的救生艇筏和长度小于 5 米的艇筏除外。其中，机动船舶是指用机器推进的船舶；拖船是指专门用于拖（推）动运输船舶的专业作业船舶；非机动驳船是指在船舶登记管理部门登记为驳船的非机动船舶；游艇是指具备内置机械推进动力装置，长度在 90 米以下，主要用于游览观光、休闲娱乐、水上体育运动等活动，并应当具有船舶检验证书和适航证书的船舶。

五、车船税应纳税额的计算

根据不同的应税车船，车船税的计税依据有：辆、整备质量吨位、船舶净吨位、艇身长度米。具体计算公式如下。

（1）乘用车、商用车客车、摩托车：

应纳税额=计税车辆数量×单位税额

（2）商用车货车、其他车辆专用作业车、其他车辆轮式专用机械车：

应纳税额=整备质量吨位数量×单位税额

（3）挂车：

应纳税额=整备质量吨位数量×商用车货车单位税额×50%

（4）机动船舶：

应纳税额=船舶净吨位数量×单位税额

（5）游艇：

应纳税额=艇身长度米×单位税额

六、车船税税收优惠

按照《车船税法》及其实施条例规定，下列车船免征或减征车船税。

（1）捕捞、养殖渔船。捕捞、养殖渔船指在渔业船舶管理部门登记为捕捞船或者养殖船的船舶。

（2）军队、武装警察部队专用的车船。军队、武装警察部队专用的车船指按照规定在军队、武装警察部队车船登记管理部门登记，并领取军队、武警牌照的车船。

（3）警用车船。警用车船指公安机关、国家安全机关、监狱、劳动教养管理机关和人民法院、人民检察院领取警用牌照的车辆和执行警务的专用船舶。

（4）依照法律规定应当予以免税的外国驻华使领馆、国际组织驻华代表机构及其有关人员的车船。

（5）节约能源、使用新能源的车船可以免征或者减半征收车船税。免征或者减半征收车船税的车船的范围，由国务院财政、税务主管部门与国务院有关部门制定，报国务院批准。

对受地震、洪涝等严重自然灾害影响纳税困难以及由于其他特殊原因确需减免税的车船，可以在一定期限内减征或者免征车船税。具体减免期限和数额由省、自治区、直辖市人民政府确定，报国务院备案。

（6）省、自治区、直辖市人民政府根据当地实际情况，可以对公共交通车船，农村居民拥有并主要在农村地区使用的摩托车、三轮汽车和低速载货汽车定期减征或者免征车船税。

（7）临时入境的外国车船和香港特别行政区、澳门特别行政区、台湾地区的车船，不征收车船税。

（8）按照规定缴纳船舶吨税的机动船舶，自车船税法实施之日起5年内免征车船税。

（9）依法不需要在车船登记管理部门登记的机场、港口、铁路站场内部行驶或者作业的车船，自车船税法实施之日起5年内免征车船税。

七、车船税的征收管理

（一）纳税义务发生时间

车船税纳税义务发生时间为取得车船所有权或者管理权的当月。取得车船所有权或者管理权的当月，应当以购买车船的发票或者其他证明文件所载日期的当月为准。

购置的新车船，购置当年的应纳税额自纳税义务发生的当月起按月计算。计算公式为：

$$应纳税额=（年应纳税额\div 12）\times 应纳税月份数$$

在一个纳税年度内，已完税的车船被盗抢、报废、灭失的，纳税人可以凭有关管理机关出具的证明和完税凭证，向纳税所在地的主管税务机关申请退还自被盗抢、报废、灭失月份起至该纳税年度终了期间的税款。

已办理退税的被盗抢车船失而复得的，纳税人应当从公安机关出具相关证明的当月起计算缴纳车船税。

已缴纳车船税的车船在同一纳税年度内办理转让过户的，不另纳税，也不退税。

(二) 纳税期限

车船税按年申报，分月计算，一次性缴纳。纳税年度为公历 1 月 1 日至 12 月 31 日。

车船税按年申报缴纳。具体申报纳税期限由省、自治区、直辖市人民政府确定。

车船的所有人或者管理人未缴纳车船税的，使用人应当代为缴纳车船税。

(三) 纳税地点

车船税由地方税务机关负责征收。车船税的纳税地点为车船的登记地或者车船税扣缴义务人所在地。依法不需要办理登记的车船，车船税的纳税地点为车船的所有人或者管理人所在地。

知识库

跨省、自治区、直辖市使用的车船，纳税地点为车船的登记地。

提示

扣缴义务人已代收代缴车船税的，纳税人不再向车辆登记地的主管税务机关申报缴纳车船税。

没有扣缴义务人的，纳税人应当向主管税务机关自行申报缴纳车船税。

第三节 契税法

一、契税概述

(一) 契税的概念

契税是以在中华人民共和国境内转移土地、房屋权属为征税对象，向产权承受人征收的一种财产税。

契税法是指国家制定的用以调整契税征收与缴纳之间权利及义务关系的法律规范。

相关链接

现行契税的基本规范，是 1997 年 7 月 7 日国务院颁布并于同年 10 月 1 日开始实施的《中华人民共和国契税暂行条例》(以下简称《契税暂行条例》)。

(二) 契税的特点

(1) 契税属于财产转移税。它以权属发生转移的土地和房屋为征税对象，具有对财产转移课税性质。

(2) 契税由财产承受人纳税。一般税种在税制中确定纳税人，都确定销售者为纳税人，即卖方纳税。对买方征税的主要目的，在于承认不动产转移生效，承受人纳税以后，便可拥有转移过来的不动产的产权或使用权，法律保护纳税人的合法权益。

二、契税的征税对象

契税的征税对象是境内转移的土地、房屋权属。具体包括以下五项内容。

（1）**国有土地使用权出让**，是指土地使用者向国家交付土地使用权出让费用，国家将国有土地使用权在一定年限内让予土地使用者的行为。

（2）**土地使用权转让**，是指土地使用者以出售、赠与和交换或者以其他方式将土地使用权转移给其他单位和个人的行为。但不包括农村集体土地承包经营权的转移。

（3）**房屋买卖**，是指房屋所有者将其房屋出售，由承受者交付货币、实物、无形资产或其他经济利益的行为。

（4）**房屋赠与**，是指房屋所有者将其房屋无偿转让给受赠者的行为。

（5）**房屋交换**，是指房屋所有者之间相互交换房屋的行为。

除上述五种基本形式以外，土地、房屋权属以下列方式转移的，视同土地使用权转让、房屋买卖或者房屋赠与征税：以土地、房屋权属作价投资、入股；以土地、房屋权属抵债；以获奖方式承受土地、房屋权属；以预付“集资”建房款方式承受土地、房屋权属；房地产建设工程转让；商品房的预售及预售商品房的转让。

> **提示**
>
> 土地、房屋权属变动还有其他形式，如典当、继承、分析（分割）、出租或者抵押等，这些均不属于契税的征税范围。

三、契税的纳税人

契税的纳税人是在中华人民共和国境内转移土地、房屋权属，承受的单位和个人。境内是指中华人民共和国实际税收行政管辖范围内。土地、房屋权属是指土地使用权和房屋所有权。单位包括企事业单位、国家机关、军事单位和社会团体及其他组织。个人指个体经营者及其他个人，包括中国公民和外籍人员。

四、契税的税率

契税实行3%~5%的幅度比例税率。具体执行税率，由省、自治区、直辖市人民政府在3%~5%的幅度内按照本地区的实际情况确定。

五、契税的计税依据

契税的计税依据为不动产的价格。由于土地、房屋权属转移方式不同，定价方法不同，因而具体计税依据视不同情况而决定。

（1）国有土地使用权出让、土地使用权出售、房屋买卖，以成交价格为计税依据。成交价格是指土地、房屋权属转移合同确定的价格，包括承受者应交付的货币、实物、无形资产或者其他经济利益。

（2）土地使用权赠与、房屋赠与，由征收机关参照土地使用权出售、房屋买卖的市场价格核定。

（3）土地使用权交换、房屋交换，为所交换的土地使用权、房屋的价格差额。就是说，交换价格相等时，免征契税；交换价格不等时，由多交付货币、实物、无形资产或者其他经济利益的一方缴纳契税。

（4）以划拨方式取得的土地使用权，经批准转让房地产时，由房地产转让者补交契税，计税依据为补交的土地使用权出让费用或者土地收益。

六、契税应纳税额的计算

契税采用比例税率。当计税依据确定以后，应纳税额的计算比较简单。应纳税额的计算公式为：

$$应纳税额=计税依据\times税率$$

案例 7-3

居民李某有两套住房，将一套销售给居民张某，成交价格为 350 000 元；将另一套两室住房与居民王某交换成两处一室住房，并支付给王某换房差价款 50 000 元。请计算李某、张某、王某相关行为应缴纳的契税（契税税率为 4%）。

分　析

（1）李某应纳契税 = 50 000×4% = 2 000（元）

（2）张某应纳契税 = 350 000×4% = 14 000（元）

（3）王某不纳契税。

七、契税税收优惠

（1）国家机关、事业单位、社会团体、军事单位承受土地、房屋用于办公、教学、医疗、科研和军事设施的，免征契税。

（2）城镇职工按规定第一次购买公有住房免征契税。

（3）因不可抗力灭失住房而重新购买住房的，酌情减免。

（4）土地、房屋被县级以上人民政府征用、占用后，重新承受土地、房屋权属的，由省级人民政府确定是否减免。

（5）承受荒山、荒沟、荒丘、荒滩土地使用权，并用于农、林、牧、渔业生产的，免征契税。

（6）经中华人民共和国外交部确认，依我国法律或国际条约协定规定的税收优惠。

上述经批准减免税的纳税人改变有关土地、房屋的用途，不在减免税范围的，应当补缴已经减免的税款。

八、契税征收管理

（1）**契税的纳税义务发生时间**。契税的纳税义务发生时间为纳税人签订土地、房屋权属转移合同的当天，或者纳税人取得其他具有土地、房屋权属转移合同性质凭证的当天。

（2）**纳税期限**。纳税人应当自纳税义务发生之日起 10 日内，向土地、房屋所在地的契税征收机关办理纳税申报，并在契税征收机关核定的期限内缴纳税款。

（3）**纳税地点**。契税征收机关为土地、房屋所在地的财政机关或者地方税务机关。具体征收机关由省、自治区、直辖市人民政府确定。

思考题

1. 房产税的纳税人包括哪些？
2. 车船税的计税依据是如何规定的？
3. 契税的征税对象包括哪些项目？
4. 简述如何确定契税的计税依据。

案例分析与计算题

某企业 2011 年共拥有土地 60 200 平方米。2011 年上半年共有房产原值 4 000 万元，7 月 1 日起企业将原值 200 万元、占地面积 500 平方米的一栋仓库出租给某商场存放货物，租期 1 年，每月租金 1.5 万元。（城镇土地使用税为 4 元/平方米；房产税计算余值的扣除比例为 20%）

要求：（1）计算该企业 2011 年应缴纳的城镇土地使用税。

（2）计算该企业 2011 年应缴纳的房产税。

第八章　行为税法

📖本章学习目的和任务

通过本章的学习，学生应掌握城市维护建设税、印花税、车辆购置税和耕地占用税的纳税人、征税对象、征税范围，以及各税种计税依据的确定和应纳税额的计算；了解各税种的概念、税收优惠及征收管理。

第一节　城市维护建设税法

一、城市维护建设税概述

（一）城市维护建设税的概念

城市维护建设税（简称城建税），是对从事工商经营，缴纳增值税、消费税、营业税（简称“三税”）的单位和个人就其实际缴纳的“三税”税额为计税依据而征收的一种税。

城市维护建设税法是指国家制定的用以调整城市维护建设税征收与缴纳之间权利及义务关系的法律规范。

相关链接

现行城市维护建设税的基本规范，是1985年2月8日国务院发布并于同年开始实施的《中华人民共和国城市维护建设税暂行条例》。

（二）城市维护建设税的特点

（1）**具有附加税性质**。它以纳税人实际缴纳的“三税”税额为计税依据，附属于“三税”税额，本身并没有特定的、独立的征税对象。

（2）**具有特定目的**。城建税税款专门用于城市的公用事业和公共设施的维护建设。

（3）**征收范围广**。增值税、消费税、营业税是我国税制的主体税种，其征税范围基本包括了我国境内所有有经营行为的单位和个人。城市维护建设税以增值税、消费税、营业税作为税基，意味着对所有纳税人都要征收城市维护建设税，因此，它的征税范围比其他任何税种的征税范围都要广。

（4）**根据城镇规模设计不同的比例税率。**城市维护建设税的负担水平，不是依据纳税人获取的利润水平或经营特点而定，而是根据纳税人所在城镇的规模及其资金需要设计的。城镇规模大的，税率高一些；反之，就低一些。例如，纳税人所在地在城市市区的，税率为 7%；在县城、建制镇的，税率为 5%。这样规定能够使不同地区获取不同数量的城市维护建设资金，因地制宜地进行城市的维护和建设。

二、城市维护建设税的征税范围

由于城市维护建设税主要为维护和建设城镇筹集资金，因此其征税范围选择在城市、县城、建制镇及税法规定征税的其他地区。其中，城市、县城、建制镇的范围以其行政区划作为划分标准。

三、城市维护建设税的纳税人

城市维护建设税的纳税人，是指负有缴纳增值税、消费税和营业税“三税”义务的单位和个人，包括国有企业、集体企业、私营企业、股份制企业、其他企业和行政单位、事业单位、军事单位、社会团体、其他单位，以及个体工商户及其他个人。

> **提示**
>
> 外商投资企业和外国企业自 2010 年 12 月 1 日起征收城市维护建设税。

四、城市维护建设税的税率

（一）税率的一般规定

城市维护建设税按纳税人受益程度实行地区差别比例税率，按照纳税人所在地的不同，税率分别规定三个档次，对不同地区的纳税人实行不同档次的税率，具体规定如下。

（1）纳税人所在地为市区的，税率为 7%。

（2）纳税人所在地为县城、建制镇的，税率为 5%。

（3）纳税人所在地不在市区、县城、建制镇的，税率为 1%。

（二）税率的特殊规定

城市维护建设税的适用税率，一般应当按照纳税人所在地的规定税率执行，但对下列两种情况，可按缴纳“三税”所在地的规定税率就地缴纳城市维护建设税。

（1）由委托方代扣代缴、代收代缴“三税”的单位和个人，其代扣代缴、代收代缴城市维护建设税按受托方所在地适用税率执行。

（2）流动经营等无固定纳税地点的单位和个人，在经营地缴纳“三税”的，其城市维护建设税的缴纳按经营地适用税率执行。

五、城市维护建设税的计税依据

城市维护建设税的计税依据是纳税人实际缴纳的增值税、消费税、营业税额。纳税人违反“三税”有关税法而加收的滞纳金和罚款是税务机关对纳税人采取的一种经济制裁，不作为城市维护建设税的计税依据，但纳税人在被查补“三税”和被处以罚款时，应同时对其偷漏的城市维护建设税进行补税、征收滞纳金和罚款。

六、城市维护建设税的应纳税额的计算

城市维护建设税纳税人的应纳税额是由纳税人实际缴纳的“三税”税额决定的，其计算公式为：

应纳税额=纳税人实际缴纳的增值税、消费税、营业税额×适用税率

案例 8-1

北京市一家企业 2013 年 3 月实际缴纳增值税 600 000 元，缴纳消费税 800 000 元，缴纳营业税 400 000 元。请计算该企业应纳的城市维护建设税额。

分 析

应纳税额=（实际缴纳的增值税+实际缴纳的消费税+实际缴纳的营业税）×适用税率

=（600 000 +800 000 +400 000）×7%=1 800 000×7%=126 000（元）

七、城市维护建设税的税收优惠

城市维护建设税是“三税”的附加税，与“三税”同时征收，这样税法规定对纳税人减免“三税”的同时，也相应地减免了城市维护建设税，因此城市维护建设税原则上不单独减免。城市维护建设税的税收减免具体有以下几种。

（1）海关对进口产品代征增值税、消费税的，不征收城市维护建设税。

（2）对于因减免税而进行“三税”退库的，城市维护建设税也可同时退库。

（3）城市维护建设税是以增值税、消费税、营业税实际缴纳的税额作为计税依据并同时征收的，因此，增值税、消费税、营业税减税或免税的同时，城市维护建设税也相应减税或免税。

（4）对出口产品退还增值税、消费税的，不退还已纳的城市维护建设税。

八、城市维护建设税的征收管理

（一）纳税地点

纳税人缴纳“三税”的地点，就是该纳税人缴纳城市维护建设税的地点。但针对一些特殊情况，税法又规定了具体的纳税地点。具体规定如下。

（1）对代扣代缴“三税”的单位和个人，其纳税地点为代扣代缴地。

（2）对流动经营等无固定纳税地点的单位和个人，应随同“三税”在经营地按适用税率缴纳。

（3）对跨省开采的油田，下属生产单位与核算单位不在同一个省内的，其生产的原油，在油井所在地缴纳城市维护建设税。

（4）对管道局输油部分的收入，由取得收入的各管道局于所在地缴纳城市维护建设税。

（二）纳税期限

城市维护建设税的纳税期限分别与“三税”的纳税期限一致。城市维护建设税的具体纳税期限，由主管税务机关根据纳税人应纳税额的大小分别核定。

（三）违章处理

纳税人缴纳“三税”后，未按规定缴纳城市维护建设税的，则可以对其单独加收滞纳金、罚款。

第二节　印花税法

一、印花税概述

（一）印花税的概念

印花税是对经济活动和经济交往中书立、领受、使用应税凭证的单位和个人征收的一种税。

印花税法是指国家制定的用以调整印花税征收与缴纳之间权利及义务关系的法律规范。

相关链接

现行印花税的基本规范，是1988年8月6日国务院发布并于同年10月1日实施的《中华人民共和国印花税暂行条例》（以下简称《印花税暂行条例》）。

（二）印花税的特点

1. 征税范围广

印花税的征税对象是经济活动和经济交往中书立、领受、使用应税凭证的行为，其征税范围十分广泛，主要表现在两个方面：一是涉及的应税行为广泛，包括书立和领受、使用应税凭证的行为，这些行为在经济生活中是经常发生的；二是涉及的应税凭证范围广泛，包括各类经济合同、营业账簿、权利许可证照等，这些凭证在经济生活中被广泛使用。随着社会主义市场经济的发展和经济法制的日益完善，印花税的应税行为和应税凭证将会越来越普遍，征税范围也会更加广阔。

2．税负从轻

印花税税负较轻，主要表现在其税率或税额明显低于其他税种，最低比例税率为应税凭证所载金额的0.5‰，一般都为万分之几或千分之几；定额税率是每件应税凭证5元。

3．自行贴花纳税

印花税的纳税方法完全不同于其他税种，它采取纳税人自行计算应纳税额、自行购买印花税票、自行贴花、自行在每枚税票的骑缝处盖戳注销或画销的纳税方法。

4．多缴不退不抵

凡多贴印花税票者，不得申请退税或者抵用。这与其他税种多缴税款可以申请退税或抵缴的规定也不相同。

二、印花税的纳税人

印花税的纳税人，是在中国境内书立、领受、使用印花税法所列举的凭证并应依法履行纳税义务的单位和个人。所说的单位，是指国内各类企业、事业、机关、团体、部队及中外合资企业、合作企业、外资企业、外国公司和其他经济组织及其在华机构等单位；个人是指除上述单位之外的中国公民和外国公民。

印花税的纳税人，按照书立、领受、使用应税凭证的不同，确定为以下六种。

1．立合同人

立合同人是指合同的当事人。当事人是指对凭证有直接权利义务关系的单位和个人，不包括保人、证人、鉴定人。当事人的代理人有代理纳税义务。如果一份合同由两方或两方以上当事人共同签订，则签订合同的各方都是纳税人。

2．立账簿人

营业账簿的纳税人是立账簿人。立账簿人是指设立并使用营业账簿的单位和个人。

3．立据人

产权转移书据的纳税人是立据人。立据人是指书立产权转移书据的单位和个人。如果该项凭证是由两方或两方以上单位或个人共同书立的，各方都是纳税人。

4．领受人

权利许可证照的纳税人是领受人。领受人是指领取或接受并持有该项凭证的单位和个人。例如，某人因其发明创造，经申请依法取得国家专利机关颁发的专利证书，该人即为纳税人。

5．使用人

在国外书立、领受，但在国内使用的应税凭证，其纳税人是使用人。

6．各类电子应税凭证的签订人

各类电子应税凭证的签订人即以电子形式签订的各类应税凭证的当事人。

三、印花税的征税范围

在社会经济生活中，各种凭证种类繁多，数量巨大，现行印花税只对《印花税暂行条例》中列举的凭证征税，没有列举的不征税。列入印花税征税范围的应税凭证主要有五大类。

1．合同或具有合同性质的凭证

合同或具有合同性质的凭证，包括购销合同、加工承揽合同、建设工程勘察设计合同、建筑安装工程承包合同、财产租赁合同、货物运输合同、仓储保管合同、借款合同、财产保险合同、技术合同等。

2．产权转移书据

产权转移书据是指单位和个人产权的买卖、继承、赠与、交换、分割等所书立的书据，包括财产所有权和版权、商标注册权、专利权、专有技术使用权等转移所书立的转移书据。

3．营业账簿

营业账簿是指单位和个人记载生产经营活动的各种财务会计核算账簿。

4．权利许可证照

权利许可证照包括政府部门发给的房屋产权证、工商营业执照、商标注册证、专利证、土地使用证等。

5．经财政部确定征税的其他凭证

四、印花税税率及计税依据

印花税的税率采取比例税率和定额税率两种税率形式。

（一）比例税率

对载有金额的凭证，如各类合同、账簿，采用比例税率。在印花税的13个税目中，各类合同及具有合同性质的凭证、产权转移书据、营业账簿中记载资金的账簿，适用比例税率。现行印花税的比例税率分为四个档次，分别是0.05‰、0.3‰、0.5‰、1‰。

（1）0.05‰税率适用于“借款合同”一个税目。

（2）0.3‰税率适用于“购销合同”、“建筑安装工程承包合同”、“技术合同”三个税目。

（3）0.5‰税率适用于“加工承揽合同”、“建设工程勘察设计合同”、“货物运输合同”、“产权转移书据”四个税目和“营业账簿”税目中的记载资金的账簿。

（4）1‰税率适用于“财产租赁合同”、“仓储保管合同”和“财产保险合同”三个税目。

（5）1‰税率适用于“股权转让书据”。“股权转让书据”属于“产权转让书据”，由于其税率特殊，故单列于此。

（二）定额税率

对无法计算金额的凭证，或虽载有金额，但作为计税依据不合理的凭证，采用定额税率，以件为单位缴纳一定数额的税款。适用定额税率的为“权利许可证照”一个税目和“营业账簿”税目中的其他账簿部分，税额均为每件5元。

印花税税目、税率及计税依据如表8-1所示。

表8-1 印花税税目、税率及计税依据

税目	范围	计税依据及税率	纳税人	说明
1．购销合同	包括供应、预购、采购、购销结合及协作、调剂、补偿、易货等合同	按购销金额的0.3‰贴花	立合同人	
2．加工承揽合同	包括加工、定做、修缮、修理、印刷广告、测绘、测试等合同	按加工或承揽收入的0.5‰贴花	立合同人	
3．建筑工程勘察设计合同	包括勘察、设计合同	按收取费用的0.5‰贴花	立合同人	
4．建筑安装工程承包合同	包括建筑、安装工程承包合同	按承包金额的0.3‰贴花	立合同人	
5．财产租赁合同	包括租赁房屋、船舶、飞机、机动车辆、机械、器具、设备等合同	按租赁金额的1‰贴花。税额不足1元的，按1元贴花	立合同人	
6．货物运输合同	包括民用航空运输、铁路运输、海上运输、内河运输、公路运输和联运合同	按运输费用的0.5‰贴花	立合同人	单据作为合同使用的，按合同贴花

续表

税目	范围	计税依据及税率	纳税人	说明
7. 仓储保管合同	包括仓储、保管合同	按仓储保管费用的1‰贴花	立合同人	仓单或栈单作为合同使用的，按合同贴花
8. 借款合同	银行及其他金融组织和借款人（不包括银行同业拆借）所签订的借款合同	按借款金额的0.05‰贴花	立合同人	单据作为合同使用的，按合同贴花
9. 财产保险合同	包括财产、责任、保证、信用等保险合同	按收取的保险费收入的1‰贴花	立合同人	单据作为合同使用的，按合同贴花
10. 技术合同	包括技术开发、转让、咨询、服务等合同	按所载金额的0.3‰贴花	立合同人	
11. 产权转移书据	包括财产所有权、商标专用权、专利权、专有技术使用权等转移书据、土地使用权出让合同、土地使用权转让合同、商品房销售合同	按所载金额的0.5‰贴花	立据人	
12. 营业账簿	生产、经营用账册	记载资金的账簿，按实收资本和资本公积的合计金额的0.5‰贴花。其他账簿按件贴花5元	立账簿人	
13. 权利许可证照	包括政府部门发给的房屋产权证、工商营业执照、商标注册证、专利证、土地使用证	按件贴花5元	领受人	

五、印花税应纳税额的计算

纳税人计算印花税应纳税额应根据应税凭证的性质，分别按比例税率或者定额税率计算。

计算公式为：

$$应纳税额=应税凭证计税金额（或应税凭证件数）\times 适用税率$$

案例 8-2

某公司某年 9 月开业，领受房产证、工商营业执照、商标注册证、土地使用证各一件；与其他企业签订购销合同一份，所载金额为 300 万元；订立财产保险合同一份，保险金额为 1 000 万元。支付保险费 10 万元。试计算该企业该月应缴纳的印花税。

分　析

（1）企业领受权利许可证照应纳税额= 4×5 = 20（元）

（2）企业订立购销合同应纳税额 = 3 000 000×0.3‰= 900（元）

（3）企业订立财产保险合同应纳税额 = 100 000×1‰ = 100（元）

（4）企业该月应纳印花税额=20+900+100=1 020（元）

提示

同一凭证，载有两个或两个以上经济事项而适用不同税目税率，分别记载金额的，应分别计算应纳税额，按合计税额贴花；未分别记载金额的，按税率高的计算贴花。

六、印花税税收优惠

印花税的税收优惠政策主要如下。

（1）对已缴纳印花税的凭证的副本或者抄本免税，但以副本或者抄本视同正本使用的，则应另贴印花。

（2）对财产所有人将财产赠给政府、社会福利单位、学校所立的书据免税。

（3）对国家指定的收购部门与村民委员会、农民个人书立的农副产品收购合同免税。

（4）对无息、贴息贷款合同免税。

（5）对外国政府或者国际金融组织向我国政府及国家金融机构提供优惠贷款所书立的合同免税。

（6）对房地产管理部门与个人签订的用于生活居住的租赁合同免税。

（7）对农牧业保险合同免税。

（8）对特殊货运凭证免税，这类凭证包括军事物资运输凭证、抢险救灾物资运输凭证、新建铁路的工程临管线运输凭证和经财政部批准免税的其他凭证。

七、印花税的征收管理

（一）纳税方法

印花税的纳税办法，根据税额大小、贴花次数及税收征收管理的需要，分别采用以下三种纳税办法。

1．自行贴花办法

这种办法一般适用于应税凭证较少或者贴花次数较少的纳税人。纳税人书立、领受或者使用《印花税暂行条例》列举的应税凭证的同时，纳税义务即已产生，应当根据应纳税凭证的性质和适用的税目税率，自行计算应纳税额，自行购买印花税票，自行一次贴足印花税票并加以注销或划销，纳税义务才算全部履行完毕。这也就是通常所说的“三自”纳税办法。

对已贴花的凭证，修改后所载金额增加的，其增加部分应当补贴印花税票。凡多贴印花税票者，不得申请退税或者抵用。

2．汇贴或汇缴办法

这种办法一般适用于应纳税额较大或者贴花次数频繁的纳税人。一份凭证应纳税额超过 500 元的，应向当地税务机关申请填写缴款书或者完税证，将其中一联粘贴在凭证上或者由税务机关在凭证上加注完税标记代替贴花。这就是通常所说的“汇贴”办法。

同一种类应纳税凭证，需频繁贴花的，纳税人可以根据实际情况自行决定是否采用按期汇总缴纳印花税的方式，汇总缴纳的期限为 1 个月。凡汇总缴纳印花税的凭证，应加注税务机关指定的汇缴戳记、编号并装订成册后，将已贴印花或者缴款书的一联粘附册后，盖章注销，保存备查。

3．委托代征办法

这一办法主要是通过税务机关的委托，由发放或者办理应纳税凭证的单位代为征收印花税税款。

（二）纳税环节

印花税应当在书立或领受时贴花。具体是指在合同签订时、账簿启用时和证照领受时贴花。如果合同在国外签订，并且不便在国外贴花，应在将合同带入境时办理贴花纳税手续。

（三）纳税地点

印花税一般实行就地纳税。对于全国性商品物资订货会上所签订合同应纳的印花税，由纳税人回其所在地后及时办理贴花完税手续；对地方主办、不涉及省际关系的订货会、展销会上所签合同的印花税，其纳税地点由各省、自治区、直辖市人民政府自行确定。

八、印花税征收的违章处理

印花税纳税人有下列行为之一的，由税务机关根据情节轻重予以处罚。

（1）在应纳税凭证上未贴或少贴印花税票的，或者已粘贴在应纳税凭证上的印花税票未注销或者未划销的，由税务机关追缴其不缴或者少缴的税款、滞纳金，并处不缴或者少缴的税款 50%以上 5 倍以下的罚款。

（2）已贴用的印花税票揭下重用造成未缴或者少缴印花税的，由税务机关追缴其不缴或者少缴的税款、滞纳金，并处不缴或者少缴的税款50%以上5倍以下的罚款；构成犯罪的，依法追究刑事责任。

（3）伪造印花税票的，由税务机关责令改正，处以2 000元以上1万元以下的罚款；情节严重的，处以1万元以上5万元以下的罚款；构成犯罪的，依法追究刑事责任。

（4）按期汇总缴纳印花税的纳税人，超过税务机关核定纳税期限，未缴或者少缴印花税款的，由税务机关追缴其不缴或者少缴的税款、滞纳金，并处不缴或者少缴的税款50%以上5倍以下的罚款；情节严重的，同时撤销其汇缴许可证；构成犯罪的，依法追究刑事责任。

（5）纳税人违反以下规定的，由税务机关责令限期改正，可处以2 000元以下的罚款；情节严重的，处以2 000元以上1万元以下的罚款。

1）凡汇总缴纳印花税的凭证，应加注税务机关指定的汇缴戳记，编号并装订成册后，将已贴印花或者缴款书的一联粘附册后，盖章注销，保存备查。

2）纳税人对纳税凭证应妥善保存。凭证的保存期限，凡国家已有明确规定的，按规定办；没有明确规定的，其余凭证均应在履行完毕后保存1年。

（6）代售户对取得的税款逾期不缴或者挪作他用，或者违反合同将所领印花税票转托他人代售或者转至其他地区销售，或者未按规定详细提供领、售印花税票情况的，税务机关可视其情节轻重，给予警告或者取消其代售资格的处罚。

第三节　车辆购置税法

一、车辆购置税概述

（一）车辆购置税的概念

车辆购置税是对在我国境内购置应税车辆的单位和个人，以其购置应税车辆的计税价格为计税依据，按照规定的税率计算并一次性征收的一种税。

车辆购置税法是指国家制定的用以调整车辆购置税征收与缴纳之间权利及义务关系的法律规范。

相关链接

现行车辆购置税的基本规范，是2000年10月22日国务院颁布，自2001年1月1日施行的《中华人民共和国车辆购置税暂行条例》（以下简称《车辆购置税暂行条例》）。

（二）车辆购置税的特点

（1）**征收范围单一**。车辆购置税以购置的特定车辆为征税对象，而不是对所有财产或消费财产征税，范围窄，属于特种财产税。

（2）**征收环节单一**。车辆购置税实行一次性课征，它不是在生产、经营和消费的每个环节道道征收，而是在消费领域中的特定环节一次性征收。

（3）**税率单一**。车辆购置税只确定一个统一比例税率征收，税率具有不随课税对象数额变动的特点，计征简便、负担稳定，有利于依法治税。

（4）**征收方法单一**。车辆购置税根据纳税人购置应税车辆的计税价格实行从价计征，以价格为计税依据，课税与价值直接发生关系，价值大者多征税，价值小者少征税。

（5）**征税具有特定目的**。车辆购置税作为中央税，取之于应税车辆，用之于交通建设，其征税具有专门用途，不准挪作他用，由中央财政根据国家交通建设投资计划统筹安排。

（6）**价外征收，不转嫁税负**。征收车辆购置税的商品价格中不含车辆购置税额，车辆购置税是附加在价格之外的，且税收的缴纳者即为最终的税收负担者，税负没有转嫁。

二、车辆购置税的纳税人

车辆购置税的纳税人，是指在中华人民共和国境内购置《车辆购置税暂行条例》规定的应税车辆的单位和个人。

购置，包括购买、进口、自产、受赠、获奖或者以其他方式取得并自用应税车辆的行为；单位，包括国有企业、集体企业、私营企业、股份制企业、外商投资企业、外国企业以及其他企业，事业单位、社会团体、国家机关、部队以及其他单位；个人，包括个体工商业户及其他个人，既包括中国公民又包括外国公民。

购置已征车辆购置税的车辆，不再征收车辆购置税。

三、车辆购置税的征收范围

车辆购置税的征收范围包括汽车、摩托车、电车、挂车、农用运输车，具体征收范围如表 8-2 所示。

表 8-2　车辆购置税征收范围

应税车辆	具体范围	注　释
汽车	各类汽车	
摩托车	轻便摩托车	最高设计时速不大于 50km/h，发动机汽缸总排量不大于 $50cm^3$ 的两个或三个车轮的机动车
	二轮摩托车	最高设计车速大于 50km/h，或者发动机汽缸总排量大于 $50cm^3$ 的两个车轮的机动车
	三轮摩托车	最高设计车速大于 50km/h，或者发动机汽缸总排量大于 $50cm^3$，空车重量不大于 400kg 的三个车轮的机动车

续表

应税车辆	具体范围	注　释
电车	无轨电车	以电能为动力，由专用输电电缆线供电的轮式公共车辆
	有轨电车	以电能为动力，在轨道上行驶的公共车辆
挂车	全挂车	无动力设备，独立承载，由牵引车辆牵引行驶的车辆
	半挂车	无动力设备，与牵引车辆共同承载，由牵引车辆牵引行驶的车辆
农用运输车	三轮农用运输车	柴油发动机，功率不大于7.4kW，载重量不大于500kg，最高车速不大于40km/h的三个车轮的机动车
	四轮农用运输车	柴油发动机，功率不大于28kW，载重量不大于1 500kg，最高车速不大于50km/h的四个车轮的机动车

注：表中50cm³=50立方厘米。

四、车辆购置税计税依据

车辆购置税的计税依据是计税价格。按照《车辆购置税暂行条例》的规定，车辆购置税的计税依据根据不同情况，按照下列规定确定。

> **提示**
>
> 前两种情况计税依据与增值税相同，只不过增值税由销售方纳税，车辆购置税由购货方纳税。

（1）纳税人购买自用的应税车辆的计税价格，为纳税人购买车辆而支付给销售者的全部价款和价外费用，不包括增值税税款。这里所说的“价外费用”是指销售方价外向购货方收取的手续费、基金、违约金、包装费、运输费、保管费、代收款项、代垫款项和其他各种性质的价外收费。

（2）纳税人进口自用的应税车辆的计税价格为组成计税价格，组成计税价格的计算公式为：

组成计税价格=关税完税价格+关税+消费税

（3）纳税人自产、受赠、获奖和以其他方式取得并自用的应税车辆的计税依据，凡不能或不能准确提供车辆价格的，由主管税务机关依国家税务总局核定的、相应类型的应税车辆的最低计税价格确定。因此，纳税人自产自用、受赠使用、获奖使用和以其他方式取得并自用的应税车辆一般以国家税务总局核定的最低计税价格为计税依据。

（4）最低计税价格作为计税依据的确定。

《车辆购置税暂行条例》规定：“纳税人购买自用或者进口自用应税车辆，申报的计税价格低于同类型应税车辆的最低计税价格，又无正当理由的，按照最低计税价格征收车辆购置税。”也就是说，纳税人购买和自用的应税车辆，首先应分别按前述计税价格、组成计税价格来确定计税依据。当申报的计税价格偏低，又无正当理由的，应以最低计税价格作为计税依据。实际工作中，通常是当纳税人申报的计税价格等于或高于最低计税价格时，按申报的价格计税；当纳税人申报的计税价格低于最低计税价格时，按最低计税价格计税。

最低计税价格由国家税务总局依据全国市场的平均销售价格制定。根据纳税人购置应税车辆的不同情况，国家税务总局对以下几种特殊情形应税车辆的最低计税价格规定如下。

1）对已缴纳并办理了登记注册手续的车辆，其底盘和发动机同时发生更换，其最低计税价格按同类型新车最低计税价格的 70%计算。

2）免税、减税条件消失的车辆，其最低计税价格的确定方法为：

$$最低计税价格=同类型新车最低计税价格\times［1-（已使用年限\div规定使用年限）］\times100\%$$

其中，规定使用年限，国产车辆按 10 年计算，进口车辆按 15 年计算。超过使用年限的车辆，不再征收车辆购置税。

3）非贸易渠道进口车辆的最低计税价格，为同类型新车最低计税价格。

车辆购置税的计税依据和应纳税额应使用统一货币单位计算。纳税人以外汇结算应税车辆价款的，按照申报纳税之日中国人民银行公布的人民币基准汇价，折合成人民币计算应纳税额。

五、车辆购置税税率和应纳税额的计算

（一）税率

车辆购置税的税率采用固定比例税率，税率为 10%。

（二）应纳税额的计算

车辆购置税实行从价定率征收的办法计算应纳税额，其应纳税额的计算公式为：

$$应纳税额=计税价格\times税率$$

案例 8-3

纳税人甲购买一辆价格（含增值税）105 300 元的国产新车，计算其应纳的车辆购置税。

分　析

应纳车辆购置税 ＝105 300÷（1+17%）×10%＝9 000（元）

六、车辆购置税的税收优惠

（一）减免税

按照《车辆购置税暂行条例》的规定，车辆购置税的免税、减税按照下列规定执行。

（1）外国驻华使馆、领事馆和国际组织驻华机构及其外交人员自用的车辆免税。

（2）中国人民解放军和中国人民武装警察部队列入军队武器装备订货计划的车辆免税。

（3）设有固定装置的非运输车辆免税。

（4）有国务院规定予以免税或者减免的其他情形的，按照规定免税或者减税。

根据现行政策规定，上述“其他情形”的车辆，目前主要有以下几种：①防汛部门和森林消防部门用于指挥、检查、调度、报汛（警）、联络的设有固定装置的指定型号的车辆。②回国服务的留学人员用现汇购买1辆自用国产小汽车。③长期来华定居专家1辆自用小汽车。

（二）退税

纳税人已经缴纳车辆购置税但在办理车辆登记手续前，因下列原因需要办理退还车辆购置税的，由纳税人申请，征收机构审查后办理退还车辆购置税手续。

（1）公安机关车辆管理机构不予办理车辆登记注册手续的，凭公安机关车辆管理机构出具的证明办理退税手续。

（2）因质量等原因发生退回所购车辆的，凭经销商的退货证明办理退税手续。

因质量原因，车辆被退回生产企业或者经销商的，自纳税人办理纳税申报之日起，按已缴税款每满一年扣减10%计算退税额，未满一年的按已缴纳税款额退税；对公安机关车辆管理机构不予办理车辆登记注册手续的车辆，退还全部已缴纳税款。

七、车辆购置税的征收管理

（一）纳税地点

车辆购置税由国家税务局征收。纳税人购置应税车辆，应当向车辆登记注册地的主管税务机关申报；纳税人购置不需要办理车辆登记注册手续的应税车辆，应当向纳税人所在地的主管税务机关申报纳税。

（二）纳税期限

纳税人购买自用应税车辆的，应当自购买之日起60日内申报纳税；进口自用应税车辆的，应当自进口之日起60日内申报纳税；自产、受赠、获奖或者以其他方式取得并自用应税车辆的，应当自取得之日起60日内申报纳税。

纳税人应当在向公安机关车辆管理机构办理车辆登记注册前，缴纳车辆购置税。纳税人应当持主管税务机关出具的完税证明向公安机关车辆管理机构办理车辆登记注册手续；没有完税证明的，公安机关车辆管理机构不得办理车辆登记注册手续。

（三）缴税方法

车辆购置税税款缴纳方法主要有以下几种。

（1）自报核缴。自报核缴，即由纳税人自行计算应纳税额、自行填报纳税申报表有关资料，向主管税务机关申报，经税务机关审核后，开具完税证明，由纳税人持完税凭证向当地金库或金库经收处缴纳税款。

（2）集中征收缴纳。集中征收缴纳包括两种情况：一是由纳税人集中向税务机关统一申报纳税，它适用于实行集中购置应税车辆的单位缴纳和经批准实行代理制经销商的缴纳。二是由税务机关集中报缴税款，即在纳税人向实行集中征收的主管税务机关申报缴纳税款，税务机关开具完税凭证后，由税务机关填写汇总缴款书，将税款集中缴入当地金库或金库经收处。它适用于税源分散、税额较少、税务部门实行集中征收管理的地区。

（3）代征、代扣、代收。代征、代扣、代收即扣缴义务人按税法规定代扣代缴、代收代缴税款，税务机关委托征收单位代征税款的征收方式。它适用于税务机关委托征收或纳税人依法受托征收税款。

第四节　耕地占用税法

一、耕地占用税概述

（一）耕地占用税的概念

耕地占用税是对在我国境内占用耕地建房或者从事其他非农业建设的单位和个人，就其实际占用的耕地面积征收的一种税。

耕地占用税法，是指国家制定的用以调整耕地占用税征收与缴纳之间权利及义务关系的法律规范。

相关链接

现行耕地占用税的基本规范，是2007年12月1日国务院重新颁布的《中华人民共和国耕地占用税暂行条例》（以下简称《耕地占用税暂行条例》）。

开征耕地占用税，就是国家运用法律的经济手段，加强土地管理，保护现有农用土地资源，少占和不占用耕地，同时也有利于开垦宜耕土地和改良现有耕地，在一定程度上解决资金投入不足的问题。

（二）耕地占用税的特点

1．兼具资源税与特定行为税的性质

耕地占用税以占用农用耕地建房或从事其他非农用建设的行为为征税对象，以约束纳税人占用耕地的行为、促进土地资源的合理运用为课征目的，除具有资源占用税的属性外，还具有明显的特定行为税的特点。

2．采用地区差别税率

耕地占用税采用地区差别税率，根据不同地区的具体情况，分别制定差别税额，以适应我

国地域辽阔、各地区之间耕地质量差别较大、人均占有耕地面积相差悬殊的具体情况，具有因地制宜的特点。

3．在占用耕地环节一次性课征

耕地占用税在纳税人获准占用耕地的环节征收，除对获准占用耕地后超过两年未使用者须加征耕地占用税外，此后不再征收耕地占用税。因而，耕地占用税具有一次性征收的特点。

4．税收收入专用于耕地开发与改良

耕地占用税收入按规定应用于建立发展农业专项基金，主要用于开展宜耕土地开发和改良现有耕地，因此，具有“取之于地、用之于地”的补偿性特点。

二、耕地占用税的纳税人

耕地占用税的纳税人，是占用耕地建房或从事非农业建设的单位和个人。

单位，包括国有企业、集体企业、私营企业、股份制企业、外商投资企业、外国企业及其他企业和事业单位、社会团体、国家机关、军队及其他单位；个人，包括个体工商户及其他个人。

三、耕地占用税的征税范围

耕地占用税的征税范围包括纳税人为建房或从事其他非农业建设而占用的国家所有和集体所有的耕地。

耕地，是指种植农业作物的土地，包括菜地、园地。其中，园地包括花圃、苗圃、茶园、果园、桑园和其他种植经济林木的土地。

占用鱼塘及其他农用土地建房或从事其他非农业建设，也视同占用耕地，必须依法征收耕地占用税。占用已开发从事种植、养殖的滩涂、草场、水面和林地等从事非农业建设，由省、自治区、直辖市本着有利于保护土地资源和生态平衡的原则，结合具体情况确定是否征收耕地占用税。

此外，在占用之前 3 年内属于上述范围的耕地或农用土地，也视为耕地。

四、耕地占用税的税率

耕地占用税在税率设计上采用了地区差别定额税率。税率规定如下。

（1）人均耕地不超过 1 亩的地区（以县级行政区域为单位，下同），每平方米为 10～50 元。

（2）人均耕地超过 1 亩但不超过 2 亩的地区，每平方米为 8～40 元。

（3）人均耕地超过 2 亩但不超过 3 亩的地区，每平方米为 6～30 元。

（4）人均耕地超过 3 亩以上的地区，每平方米为 5～25 元。

五、耕地占用税应纳税额的计算

耕地占用税以纳税人实际占用耕地面积为计税依据，按照规定税率一次性计算征收。计算公式为：

应纳税额=实际占用耕地面积×适用定额税率

提示

经济特区、经济技术开发区和经济发达、人均耕地特别少的地区，耕地占用税税额标准可以适当提高，但提高的幅度不能超过上述规定税额的 50%。

六、耕地占用税减免税的规定

（一）免征耕地占用税

（1）军事设施占用耕地。

（2）学校、幼儿园、养老院、医院占用耕地。

（二）减征耕地占用税

（1）铁路线路、公路线路、飞机场跑道、停机坪、港口、航道占用耕地，减按每平方米 2 元的税额征收耕地占用税。

根据实际需要，国务院财政、税务主管部门商国务院有关部门并报国务院批准后，可以对前款规定的情形免征或者减征耕地占用税。

（2）农村居民占用耕地新建住宅，按照当地适用税额减半征收耕地占用税。

农村烈士家属、残疾军人、鳏寡孤老及革命老根据地、少数民族聚居区和边远贫困山区生活困难的农村居民，在规定用地标准以内新建住宅缴纳耕地占用税确有困难的，经所在地乡（镇）人民政府审核，报经县级人民政府批准后，可以免征或者减征耕地占用税。

免征或者减征耕地占用税后，纳税人改变原占地用途，不再属于免征或者减征耕地占用税情形的，应当按照当地适用税额补缴耕地占用税。

七、耕地占用税的征收管理

耕地占用税由地方税务机关负责征收。土地管理部门在通知单位或者个人办理占用耕地手续时，应当同时通知耕地所在地同级地方税务机关。获准占用耕地的单位或者个人应当在收到土地管理部门的通知之日起 30 日内缴纳耕地占用税。土地管理部门凭耕地占用税完税凭证或者免税凭证和其他有关文件发放建设用地批准书。

纳税人临时占用耕地，应当依照《耕地占用税暂行条例》的规定缴纳耕地占用税。纳税人在批准临时占用耕地的期限内恢复所占用耕地原状的，全额退还已经缴纳的耕地占用税。

占用林地、牧草地、农田水利用地、养殖水面以及渔业水域滩涂等其他农用地建房或者从事非农业建设的，比照《耕地占用税暂行条例》的规定征收耕地占用税。建设直接为农业生产服务的生产设施占用前款规定的农用地的，不征收耕地占用税。

思考题

1. 如何确定城市维护建设税的计税依据？
2. 印花税的应税凭证有哪些？
3. 如何确定印花税的计税依据？
4. 如何确定车辆购置税的计税依据？

案例分析与计算题

1. 某企业于2011年1月开业，领受工商营业执照、商标注册证、房屋产权证各一件，注册资本400万元，实收资本200万元，资本公积100万元，其他营业账簿12本。当月，企业与银行签订一份借款合同，借款金额60万元；与保险公司签订一份财产保险合同，投保金额100万元，支付保险费2万元；与某科技开发公司签订一份技术转让合同，金额20万元。2012年1月，该企业签订两份购销合同，所载金额分别为120万元和100万元；签订一份货物运输合同，运输费用3万元，另列仓储保管费用1万元，营业账簿中“实收资本”和“资本公积”分别增加到220万元和150万元，其他营业账簿册数没变。

要求：计算该企业2011年、2012年各纳多少印花税？

2. 某卷烟厂（地处县城）2012年5月销售卷烟500箱，取得不含税销售额1 600万元。（卷烟消费税比例税率为56%，定额税率为每箱150元，增值税税率为17%）

要求：计算该卷烟厂当月应纳城市维护建设税。

第四篇

所得税法律制度

所得税也称收益税，是指以纳税人在一定期间内的纯所得额为征税对象的一类税的总称。所得税具有以下特征。

(1) 征税对象是所得额，计税依据是纯所得额。这是所得税与流转税、财产税相区别的最主要的特点。

(2) 计税依据的确定较为复杂。所得税的计税依据是纯所得额，即从总所得额中减去各种法定扣除项目后的余额。由于对法定扣除项目的规定较为复杂，因而其计税依据的确定也较为复杂，税收成本也会随之提高。

(3) 比例税率与累进税率并用。流转税主要以适用比例税率为主，有利于提高效率；而所得税更强调保障公平，以量能纳税为原则，因而在适用比例税率的同时，尤其在个人所得税等领域亦适用累进税率。

(4) 所得税是直接税。所得税作为典型的直接税，其税负由纳税人直接承担，税负不易转嫁。

(5) 在税款缴纳上实行总分结合。所得税的应税所得额到年终才能最后确定，因而在理论上所得税在年终确定应税所得额后才能缴纳。但由于国家的财政收入必须均衡及时，因而在现实中所得税一般实行总分结合，即先分期预缴，到年终再清算，以满足国家财政收入的需要。

我国现行的所得税主要包括企业所得税、个人所得税。

第九章　企业所得税法

📖本章学习目的和任务

通过本章的学习，学生应掌握企业所得税的税率、计税依据的确定、应纳税额的计算、境外所得已纳税款的扣除、税收优惠；理解企业所得税的资产税务处理、征收管理；了解企业所得税的概念、特点。

第一节　企业所得税概述

一、企业所得税的概念

企业所得税是对我国境内的企业和其他取得收入的组织的生产经营所得和其他所得征收的一种税。

企业所得税法是指国家制定的用以调整企业所得税征收与缴纳之间权利及义务关系的法律规范。

相关链接

现行企业所得税的基本规范，是2007年3月16日第十届全国人民代表大会第五次会议通过的《中华人民共和国企业所得税法》(以下简称《企业所得税法》)和2007年11月28日国务院第197次常务会议通过的《中华人民共和国企业所得税法实施条例》(以下简称《企业所得税法实施条例》)。

近年来，我国经济社会情况发生了很大变化，社会主义市场经济体制初步建立。加入WTO后，国内市场对外资进一步开放，内资企业也逐渐融入世界经济体系之中，继续采取内资、外资企业不同的税收政策，必将使内资企业在竞争中处于不平等竞争地位，不利于建立规范、公平的竞争市场。因此，按照“简税制、宽税基、低税率、严征管”的税制改革原则，借鉴国际经验，为建立各类企业统一适用的科学、规范的企业所得税制度，创造公平的市场竞争环境，2007年3月16日第十届全国人民代表大会第五次会议通过了《中华人民共和国企业所得税法》，自2008年1月1日起施行。1991年4月9日第七届全国人民代表大会第四次会议通过的《中华人民共和国外商投资企业和外国企业所得税法》和 1993 年 12 月 13 日国务院发布的《中华人民共和国企业所得税暂行条例》同时废止。

参照国际通行做法，新税法体现了“四个统一”：内资、外资企业适用统一的企业所得税法；统一并适当降低企业所得税税率；统一和规范税前扣除办法和标准；统一税收优惠政策，实行“产业优惠为主、区域优惠为辅”的新税收优惠体系。

二、企业所得税的特点

1. 以所得额为课税对象，税源大小受企业经济效益的影响

企业所得税的课税对象是总收入扣除成本费用后的净所得额。净所得额的大小决定着税源的多少，总收入相同的纳税人，所得额不一定相同，缴纳的所得税也不一定相同。

2. 征税以量能负担为原则

企业所得税以所得额为课税对象，所得税的负担轻重与纳税人所得的多少有着内在联系，所得多、负担能力大的多征，所得少、负担能力小的少征，无所得、没有负担能力的不征，以体现税收公平的原则。

3. 税法对税基的约束力强

企业应纳税所得额的计算应严格按照《企业所得税法》、《企业所得税实施条例》及其他有关规定进行，如果企业的财务会计处理办法与国家税收法规相抵触，应当按照税法的规定计算纳税。这一规定弥补了原来税法服从于财务制度的缺陷，维护了国家利益。

4. 实行按年计算，分期预缴的征收办法

企业所得税的征收一般是以全年的应纳税所得额为计税依据的，实行按年计算、分月或分季预缴、年终汇算清缴的征收办法。

第二节 企业所得税的纳税人、征税对象和税率

一、企业所得税的纳税人

企业所得税的纳税人是指在中华人民共和国境内的企业和其他取得收入的组织。《企业所得税法》第一条规定，除个人独资企业、合伙企业不适用企业所得税法外，凡在我国境内，企业和其他取得收入的组织（以下统称企业）为企业所得税的纳税人，依照《企业所得税法》规定缴纳企业所得税。

企业所得税的纳税人分为居民企业和非居民企业。居民企业是指依法在中国境内成立，或者依照外国（地区）法律成立但实际管理机构在中国境内的企业。非居民企业，是指依照外国

（地区）法律成立且实际管理机构不在中国境内，但在中国境内设立机构、场所的，或者在中国境内未设立机构、场所，但有来源于中国境内所得的企业。

依法在中国境内成立的企业，包括依照中国法律、行政法规在中国境内成立的企业、事业单位、社会团体及其他取得收入的组织。所谓依照外国（地区）法律成立的企业，包括依照外国（地区）法律成立的企业和其他取得收入的组织。所谓实际管理机构，是指对企业的生产经营、人员、账务、财产等实施实质性全面管理和控制的机构。

所谓机构、场所，是指在中国境内从事生产经营活动的机构、场所，包括以下几项。

（1）管理机构、营业机构、办事机构。

（2）工厂、农场、开采自然资源的场所。

（3）提供劳务的场所。

（4）从事建筑、安装、装配、修理、勘探等工程作业的场所。

（5）其他从事生产经营活动的机构、场所。

如果纳税企业、单位改变经营方式，其全部或部分被个人、其他企业、单位实行承租经营的，其纳税人分两种情况处理：① 凡承租经营后，未改变被租企业名称，未变更工商登记，仍以被承租企业名义对外从事生产经营活动，无论被承租企业与承租方如何分配经营成果，均以被承租企业为纳税人。② 承租经营后，承租方重新办理工商登记，并以承租方名义对外从事生产经营活动的，以重新办理工商登记的企业、单位为纳税人。

二、企业所得税的征税对象

企业所得税的征税对象是企业的生产经营所得、其他所得和清算所得。

（一）居民企业的征税对象

居民企业应当就其来源于中国境内、境外的所得缴纳企业所得税。所得，包括销售货物所得、提供劳务所得、转让财产所得、股息红利等权益性投资所得，以及利息所得、租金所得、特许权使用费所得、接受捐赠所得和其他所得。

（二）非居民企业的征税对象

非居民企业在中国境内设立机构、场所的，应当就其所设机构、场所取得的来源于中国境内的所得，以及发生在中国境外但与其所设机构、场所有实际联系的所得，缴纳企业所得税。

非居民企业在中国境内未设立机构、场所的，或者虽设立机构、场所但取得的所得与其所设机构、场所没有实际联系的，应当就其来源于中国境内的所得缴纳企业所得税。

实际联系，是指非居民企业在中国境内设立的机构、场所拥有的据以取得所得的股权、债权，以及拥有、管理、控制据以取得所得的财产。

（三）所得来源的确定

来源于中国境内、境外的所得，按照以下原则确定。

（1）**销售货物所得**，按照交易活动发生地确定。

（2）**提供劳务所得**，按照劳务发生地确定。

（3）**转让财产所得**，不动产转让所得按照不动产所在地确定；动产转让所得按照转让动产的企业或者机构、场所所在地确定；权益性投资资产转让所得按照被投资企业所在地确定。

（4）**股息、红利等权益性投资所得**，按照分配所得的企业所在地确定。

（5）**利息所得、租金所得、特许权使用费所得**，按照负担、支付所得的企业或者机构、场所所在地确定，或者按照负担、支付所得的个人的住所地确定。

（6）**其他所得**，由国务院财政、税务主管部门确定。

三、企业所得税税率

（一）标准税率

（1）基本税率，为25%。适用于居民企业和在中国境内设有机构、场所且所得与机构、场所有关联的非居民企业。

（2）低税率，为20%。适用于在中国境内未设立机构、场所的，或者虽设立机构、场所但取得的所得与其所设机构、场所没有实际联系的非居民企业。

（二）优惠税率

（1）符合条件的小型微利企业，减按20%的税率征收企业所得税。

（2）国家需要重点扶持的高新技术企业，减按15%的税率征收企业所得税。

（3）在中国境内未设立机构、场所的，或者虽设立机构、场所但取得的与其所设机构、场所没有实际联系的，应当就其来源于中国境内的所得，减按10%的税率征收企业所得税。

第三节　应纳税所得额的计算

企业所得税的计税依据是企业纳税年度内实现的应纳税所得额。应纳税所得额是指企业每一纳税年度的收入总额，减除不征税收入、免税收入、各项扣除项目以及允许弥补的以前年度亏损后的余额。其计算公式是：

应纳税所得额=收入总额−不征税收入−免税收入−各项扣除项目−允许弥补的以前年度亏损

上式中的收入总额和各项扣除项目金额是根据税法规定确定的。在实际工作中，也可以以纳税人的利润总额为基础，按国家税法规定进行纳税调整。其计算公式是：

应纳税所得额=利润总额±税收调整项目金额

上式中的利润总额为企业账簿上记载的会计利润，税收调整项目金额包括两方面的含义：一是指纳税人的财务会计处理和税法规定不一致时，予以调整的金额；二是纳税人按税法规定予以调增或调减的金额。

企业应纳税所得额的计算，以权责发生制为原则，属于当期的收入和费用，不论款项是否收付，均作为当期的收入和费用；不属于当期的收入和费用，即使款项已经在当期收付，均不作为当期的收入和费用，但《企业所得税法实施条例》和国务院财政、税务主管部门另有规定的除外。在计算应纳税所得额时，企业财务、会计处理办法与税收法律法规的规定不一致的，应当依照税收法律法规的规定计算。因此，企业按照有关财务会计制度规定计算的利润，必须按照税法的规定进行调整后，才能作为应纳税所得额，计算缴纳企业所得税。应纳税所得额的计算方法如表 9-1 所示。

表 9-1　应纳税所得额的计算方法

方　　法	公　　式	说　　明
直接法	应纳税所得额=收入总额−不征税收入−免税收入−各项扣除项目−允许弥补的以前年度亏损	公式中收入总额为税法规定的计税收入，各项扣除项目为按税法规定范围和限额标准计算的扣除金额
间接法	应纳税所得额=利润总额+纳税调整增加额−纳税调整减少额	公式中纳税调整增加额是指： • 会计利润计算中已扣除，但超过税法规定扣除标准的部分 • 会计利润计算中已扣除，但税法规定不得扣除的项目金额 • 未计或少计的应税收益 公式中纳税调整减少额包括： • 弥补以前年度（5 年）未弥补亏损额 • 减税或免税收益 • 境内联营企业分回利润 • 境外企业分回利润（先从会计利润中调减，再还原成税前所得并入应纳税所得额）

一、收入总额

收入总额是指企业以货币形式和非货币形式从各种来源取得的收入。包括销售货物收入，提供劳务收入，转让财产收入，股息、红利等权益性投资收入，利息收入，租金收入，特许权使用费收入，接受捐赠收入及其他收入。

企业取得收入的货币形式，包括现金、存款、应收账款、应收票据、准备持有至到期的债券投资及债务的豁免等。

企业取得收入的非货币形式，包括固定资产、生物资产、无形资产、股权投资、存货、不准备持有至到期的债券投资、劳务及有关权益等。

> **知识库**
>
> 公允价值是指按照市场价格确定的价值。

企业以非货币形式取得的收入，应当按照公允价值确定收入额。

（一）收入确定的基本规定

纳税人的收入总额包括以下各类收入。

1．销售货物收入

销售货物收入，是指企业销售商品、产品、原材料、包装物、低值易耗品及其他存货取得的收入。除法律法规另有规定外，企业销售货物收入的确认，必须遵循权责发生制原则和实质重于形式原则。

（1）企业销售商品同时满足下列条件的，应确认收入的实现：① 商品销售合同已经签订，企业已将商品所有权相关的主要风险和报酬转移给购货方。② 企业对已售出的商品既没有保留通常与所有权相联系的继续管理权，也没有实施有效控制。③ 收入的金额能够可靠地计量。④ 已发生或将发生的销售方的成本能够可靠地核算。

（2）符合上述收入确认条件，采取下列商品销售方式的，应按以下规定确认收入实现时间：① 销售商品采用托收承付方式的，在办妥托收手续时确认收入。② 销售商品采用预收款方式的，在发出商品时确认收入。③ 销售商品需要安装和检验的，在购买方接受商品以及安装和检验完毕时确认收入。如果安装程序比较简单，可在发出商品时确认收入。④ 销售商品采用支付手续费方式委托代销的，在收到代销清单时确认收入。

（3）采用售后回购方式销售商品的，销售的商品按售价确认收入，回购的商品作为购进商品处理。有证据表明不符合销售收入确认条件的，如以销售商品方式进行融资，收到的款项应确认为负债，回购价格大于原售价的，差额应在回购期间确认为利息费用。

（4）销售商品以旧换新的，销售商品应当按照销售商品收入确认条件确认收入，回收的商品作为购进商品处理。

（5）企业为促进商品销售而在商品价格上给予的价格扣除属于商业折扣，商品销售涉及商业折扣的，应当按照扣除商业折扣后的金额确定销售商品收入金额。

债权人为鼓励债务人在规定的期限内付款而向债务人提供的债务扣除属于现金折扣，销售商品涉及现金折扣的，应当按扣除现金折扣前的金额确定销售商品收入金额，现金折扣在实际发生时作为财务费用扣除。

企业因售出商品的质量不合格等原因而在售价上给予的减让属于销售折让；企业因售出商品质量、品种不符合要求等原因而发生的退货属于销售退回。企业已经确认销售收入的售出商品发生销售折让和销售退回，应当在发生当期冲减当期销售商品收入。

2．提供劳务收入

提供劳务收入，是指企业从事建筑安装、修理修配、交通运输、仓储租赁、金融保险、邮电通信、咨询经纪、文化体育、科学研究、技术服务、教育培训、餐饮住宿、中介代理、卫生保健、社区服务、旅游、娱乐、加工及其他劳务服务活动取得的收入。

企业在各个纳税期末，提供劳务交易的结果能够可靠估计的，应采用完工进度（百分比）法确认提供劳务收入。

（1）提供劳务交易的结果能够可靠估计，是指同时满足下列条件：① 收入的金额能够可靠地计量。② 交易的完工进度能够可靠地确定。③ 交易中已发生和将发生的成本能够可靠地核算。

（2）企业提供劳务完工进度的确定，可选用下列方法：① 已完工作的测量。② 已提供劳务占劳务总量的比例。③ 发生成本占总成本的比例。

（3）企业应按照接受劳务方已收或应收的合同或协议价款确定劳务收入总额，根据纳税期末提供劳务收入总额乘以完工进度扣除以前纳税年度累计已确认提供劳务收入后的金额，确认为当期劳务收入；同时，按照提供劳务估计总成本乘以完工进度扣除以前纳税期间累计已确认劳务成本后的金额，结转为当期劳务成本。

（4）下列提供劳务满足收入确认条件的，应按规定确认收入：① 安装费。应根据安装完工进度确认收入。安装工作是商品销售附带条件的，安装费在确认商品销售实现时确认收入。② 宣传媒介的收费。应在相关的广告或商业行为出现于公众面前时确认收入。广告的制作费，应根据制作广告的完工进度确认收入。③ 软件费。为特定客户开发软件的收费，应根据开发的完工进度确认收入。④ 服务费。包含在商品售价内可区分的服务费，在提供服务的期间分期确认收入。⑤ 艺术表演、招待宴会和其他特殊活动的收费。在相关活动发生时确认收入。收费涉及几项活动的，预收的款项应合理分配给每项活动，分别确认收入。⑥ 会员费。申请入会或加入会员，只允许取得会籍，所有其他服务或商品都要另行收费的，在取得该会员费时确认收入。申请入会或加入会员后，会员在会员期内不再付费就可得到各种服务或商品，或者以低于非会员的价格销售商品或提供服务的，该会员费应在整个受益期内分期确认收入。⑦ 特许权费。属于提供设备和其他有形资产的特许权费，在交付资产或转移资产所有权时确认收入；属于提供初始及后续服务的特许权费，在提供服务时确认收入。⑧ 劳务费。长期为客户提供重复的劳务收取的劳务费，在相关劳务活动发生时确认收入。

3．转让财产收入

转让财产收入，是指企业转让固定资产、生物资产、无形资产、股权、债权等财产取得的收入。

4．股息、红利等权益性投资收入

股息、红利等权益性投资收入，是指企业因权益性投资从被投资方取得的收入。股息、红利等权益性投资收入，除国务院财政、税务主管部门另有规定外，按照被投资方做出利润分配决定的日期确认收入的实现。

5．利息收入

利息收入，是指企业将资金提供他人使用但不构成权益性投资，或者因他人占用本企业资金而取得的收入，包括存款利息、贷款利息、债券利息、欠款利息等收入。利息收入，应按照合同约定的债务人应付利息的日期确认收入的实现。

6．租金收入

租金收入，是指企业提供固定资产、包装物或者其他有形资产的使用权取得的收入。租金收入，应按照合同约定的承租人应付租金的日期确认收入的实现。

7．特许权使用费收入

特许权使用费收入，是指企业提供专利权、非专利技术、商标权、著作权及其他特许权的使用权取得的收入。特许权使用费收入，应按照合同约定的特许权使用人应付特许权使用费的日期确认收入的实现。

8．接受捐赠收入

接受捐赠收入，是指企业接受的来自其他企业、组织或者个人无偿给予的货币性资产、非货币性资产。接受捐赠收入，应按照实际收到捐赠资产的日期确认收入的实现。

企业以买一赠一等方式组合销售本企业商品的，不属于捐赠，应将总的销售金额按各项商品的公允价值的比例来分摊确认各项的销售收入。

9．其他收入

其他收入，是指企业取得的除上述收入外的其他收入，包括企业资产溢余收入、逾期未退包装物押金收入、确实无法偿付的应付款项、已做坏账损失处理后又收回的应收款项、债务重组收入、补贴收入、违约金收入、汇兑收益等。

（二）收入确定的特殊规定

（1）企业下列生产经营业务可以分期确认收入的实现：以分期收款方式销售货物的，按照合同约定的收款日期确认收入的实现；企业受托加工制造大型机械设备、船舶、飞机，以及从事建筑、安装、装配工程业务或者提供其他劳务等，持续时间超过12个月的，按照纳税年度内完工进度或者完成的工作量确认收入的实现。

（2）采取产品分成方式取得收入的，按照企业分得产品的日期确认收入的实现，其收入额按照产品的公允价值确定。

（3）企业发生非货币性资产交换，以及将货物、财产、劳务用于捐赠、偿债、赞助、集资、广告、样品、职工福利或者利润分配等用途的，应当视同销售货物、转让财产或者提供劳务，但国务院财政、税务主管部门另有规定的除外。

二、不征税收入

不征税收入是指从性质和根源上不属于企业营利性活动带来的经济利益、不负有纳税义务并不作为应纳税所得额组成部分的收入。考虑到我国企业所得税的纳税人的组织形式多种多样，除了企业外，有的以事业单位形式存在，有的以社会团体形式存在，还有的以公益慈善组织形式存在等。这些组织中有些主要承担行政性或公共事务职能，不从事或很少从事营利性活动，收入来源主要靠财政拨款、行政事业性收费等，纳入预算管理，对这些收入征税没有意义。收入总额中的下列收入为不征税收入。

（1）**财政拨款。**财政拨款，是指各级人民政府对纳入预算管理的事业单位、社会团体等组织拨付的财政资金，但国务院和国务院财政、税务主管部门另有规定的除外。

（2）**依法收取并纳入财政管理的行政事业性收费、政府性基金。**行政事业性收费，是指依照法律法规等有关规定，按照国务院规定程序批准，在实施社会公共管理，以及在向公民、法人或者其他组织提供特定公共服务的过程中，向特定对象收取并纳入财政管理的费用。政府性基金，是指企业依照法律、行政法规等有关规定，代政府收取的具有专项用途的财政资金。具体规定如下。

1）企业按照规定缴纳的、由国务院或财政部批准设立的政府性基金，以及由国务院和省、自治区、直辖市人民政府及其财政、价格主管部门批准设立的行政事业性收费，准予在计算应纳税所得额时扣除。企业缴纳的其他基金、收费，不得在计算应纳税所得额时扣除。

2）企业收取的各种基金、收费，应计入企业当年收入总额。

3）对企业依照法律、法规及国务院有关规定收取并上缴财政的政府性基金和行政事业性收费，准予作为不征税收入，于上缴财政的当年在计算应纳税所得额时从收入总额中减除；未上缴财政的部分，不得从收入总额中减除。

（3）**国务院规定的其他不征税收入**。国务院规定的其他不征税收入，是指企业取得的，由国务院财政、税务主管部门规定专项用途并经国务院批准的财政性资金。

1）企业取得的各类财政性资金，除属于国家投资和资金使用后要求归还本金的以外，均应计入企业当年收入总额。

2）对企业取得的由国务院财政、税务主管部门规定专项用途并经国务院批准的财政性资金，准予作为不征税收入，在计算应纳税所得额时从收入总额中减除。

3）纳入预算管理的事业单位、社会团体

提示

企业的不征税收入用于支出所形成的费用，不得在计算应纳税所得额时扣除；企业的不征税收入用于支出所形成的资产，其计算的折旧、摊销不得在计算应纳税所得额时扣除。

等组织，按照核定的预算和经费报领关系收到的由财政部门或上级单位拨入的财政补助收入，准予作为不征税收入，在计算应纳税所得额时从收入总额中减除，但国务院和国务院财政、税务主管部门另有规定的除外。

三、免税收入

免税收入，是指属于企业的应税所得，但是按照《企业所得税法》的规定免予征收企业所得税的收入。

不征税收入不同于免税收入，从根源和性质上来说，不征税收入不属于营利性活动带来的经济收益，是专门从事特定目的的收入，理论上不应列入征收范围；免税收入是纳税人的应税收入总额的组成部分，只是国家为了实现某些经济和社会目标，在特定时期或者对特定项目取得的经济利益给予税收优惠，而在一定时期又有可能恢复征税。企业的免税收入包括以下各项。

（1）国债利息收入。为鼓励企业积极购买国债，支援国家建设项目，税法规定，企业因购买国债所得的利息收入，免征企业所得税。

（2）符合条件的居民企业之间的股息、红利等权益性收益。该收益是指居民企业直接投资于其他居民企业取得的投资收益。

（3）在中国境内设立机构、场所的非居民企业从居民企业取得与该机构、场所有实际联系的股息、红利等权益性投资收益。该收益不包括连续持有居民企业公开发行并上市流通的股票不足 12 个月取得的投资收益。

（4）符合条件的非营利组织的收入。符合条件的非营利组织的企业所得税免税收入，具体包括以下收入：接受其他单位或者个人捐赠的收入；除《企业所得税法》第七条规定的财政拨款以外的其他政府补助收入，但不包括因政府购买服务取得的收入；按照省级以上民政、财政部门规定收取的会费；不征税收入和免税收入孳生的银行存款利息收入；财政部、国家税务总局规定的其他收入。

四、各项扣除项目

（一）扣除项目应遵循的原则

纳税人在生产经营活动中，所发生的费用支出必须严格区分经营性支出和资本性支出。资本性支出不得在发生当期直接扣除，必须按税收法规规定分期折旧、摊销或计入有关投资的成本。纳税人申报的扣除项目要真实、合法。

除税收法规另有规定者外，税前扣除的确认，一般应遵循以下原则。

（1）**权责发生制原则**，指企业费用应在发生的所属期扣除，而不是在实际支付时确认扣除。

（2）**配比原则**，指企业发生的费用应当与收入配比扣除。除特殊规定外，企业发生的费用不得提前或滞后申报扣除。

（3）**相关性原则**，指可扣除的费用从性质和根源上，必须与取得应税收入直接相关。

（4）**确定性原则**，指可扣除的费用不论何时支付，其金额必须是确定的。

（5）**合理性原则**，指纳税人可扣除费用的计算和分配方法应符合一般经营常规和会计惯例。

（二）扣除项目的基本范围

在计算应税所得额时准予从收入额中扣除的项目，是指企业实际发生的与取得收入有关的、合理的支出，包括成本、费用、税金、损失和其他支出。

（1）**成本**。成本是指企业在生产经营活动中发生的销售成本、销货成本、业务支出及其他耗费。纳税人必须将经营活动中发生的成本合理划分为直接成本和间接成本。直接成本是可以直接计入有关成本计算对象或劳务的经营成本中的直接材料、直接人工等。间接成本是指多个部门为同一成本对象提供服务的共同成本，或者同一种投入可以制造、提供两种或两种以上的产品或劳务的联合成本。间接成本必须根据与成本计算对象之间的因果关系等，以合理的方法分配计入有关成本计算对象中。

（2）**费用**。费用是指企业在生产经营活动中发生的销售费用、管理费用和财务费用，已经计入成本的有关费用除外。

（3）**税金**。税金是指企业发生的除企业所得税和允许抵扣的增值税以外的各项税金及其附加，即企业按规定缴纳的消费税、营业税、城市维护建设税、关税、资源税、土地增值税、教育费附加，及房产税、车船税、城镇土地使用税、印花税等产品销售税金及附加。企业缴纳的房产税、车船税、城镇土地使用税、印花税等，已经计入管理费用扣除的，不再作为税金单独扣除。企业缴纳的增值税属于价外税，故不在扣除之列。

（4）**损失**。损失是指企业在生产经营活动中发生的固定资产和存货的盘亏、毁损、报废损失，转让财产损失，呆账损失，坏账损失，自然灾害等不可抗力因素造成的损失及其他损失。

企业发生的损失，减除责任人赔偿和保险赔款后的余额，依照国务院财政、税务主管部门的规定扣除。企业已经作为损失处理的资产，在以后纳税年度又全部收回或者部分收回时，应当计入当期收入。

> **提示**
>
> 企业在纳税年度内应计未计扣除项目，包括各类应计未计费用，应提未提折旧等，不得转移以后年度补扣。

（5）**其他支出**。其他支出是指除成本、费用、税金、损失外，企业在生产经营活动中发生的与生产经营活动有关的、合理的支出。

（三）扣除项目的具体范围及标准

在计算应纳税所得额时，下列项目按照规定的范围和标准扣除。

1．工资薪金支出

企业发生的合理的工资、薪金支出准予据实扣除。工资、薪金支出是企业每一纳税年度支付给本企业任职或与其有雇佣关系的员工的所有现金或非现金形式的劳动报酬，包括基本工资、奖金、津贴、补贴、年终加薪、加班工资，以及与任职或者是受雇有关的其他支出。

工资薪金总额，是指企业按照有关合理工资薪金的规定实际发放的工资薪金总和，不包括企业的职工福利费、职工教育经费、工会经费及养老保险费、医疗保险费、失业保险费、工伤保险费、生育保险费等社会保险费和住房公积金。属于国有性质的企业，其工资薪金不得超过政府有关部门给予的限定数额；超过部分，不得计入企业工资薪金总额，也不得在计算企业应纳税所得额时扣除。

合理的工资薪金，是指企业按照股东大会、董事会、薪酬委员会或相关管理机构制定的工资薪金制度规定实际发放给员工的工资薪金。

2．职工福利费、工会经费、职工教育经费

企业发生的职工福利费、工会经费、职工教育经费按标准扣除，未超过标准的按实际数扣除，超过标准的只能按标准扣除。

（1）企业发生的职工福利费支出，不超过工资、薪金总额14%的部分准予扣除。

（2）企业拨缴的工会经费，不超过工资、薪金总额2%的部分准予扣除。

（3）除国务院财政、税务主管部门另有规定外，企业发生的职工教育经费支出，不超过工资、薪金总额2.5%的部分准予扣除，超过部分准予结转以后纳税年度扣除。

3．社会保险费

（1）企业依照国务院有关主管部门或者省级人民政府规定的范围和标准为职工缴纳的“五险一金”，即基本养老保险费、基本医疗保险费、失业保险费、工伤保险费、生育保险费等基本社会保险费和住房公积金，准予扣除。

（2）企业为投资者或者职工支付的补充养老保险费、补充医疗保险费，在国务院财政、税务主管部门规定的范围和标准内，准予扣除。企业依照国家有关规定为特殊工种职工支付的人身安全保险费和符合国务院财政、税务主管部门规定可以扣除的商业保险费准予扣除。

（3）企业参加财产保险，按照规定缴纳的保险费，准予扣除。企业为投资者或者职工支付的商业保险费，不得扣除。

4．利息费用

企业在生产、经营活动中发生的利息费用，按下列规定扣除。

（1）非金融企业向金融企业借款的利息支出、金融企业的各项存款利息支出和同业拆借利息支出、企业经批准发行债券的利息支出可据实扣除。

（2）非金融企业向非金融企业借款的利息支出，不超过按照金融企业同期同类贷款利率计算的数额的部分可据实扣除，超过部分不得扣除。

（3）企业从其关联方接受的债权性投资与权益性投资的比例超过规定标准（金融企业5∶1，其他企业2∶1）而发生的利息支出，不得在计算应纳税所得额时扣除。

5．借款费用

（1）企业在生产经营活动中发生的合理的不需要资本化的借款费用，准予扣除。

（2）企业为购置、建造固定资产、无形资产和经过 12 个月以上的建造才能达到预定可销售状态的存货发生借款的，在有关资产购置、建造期间发生的合理的借款费用，应予以资本化，作为资本性支出计入有关资产的成本；有关资产交付使用后发生的借款利息，可在发生当期扣除。

6．汇兑损失

企业在货币交易中，以及纳税年度终了时将人民币以外的货币性资产、负债按照期末即期人民币汇率中间价折算为人民币时产生的汇兑损失，除已经计入有关资产成本以及与向所有者进行利润分配相关的部分外，准予扣除。

7．业务招待费

企业发生的与其生产、经营业务有关的业务招待费支出，按照发生额的 60%扣除，但最高不得超过当年销售（营业）收入的 5‰。

8．广告费和业务宣传费

企业发生的符合条件的广告费和业务宣传费支出，除国务院财政、税务主管部门另有规定外，不超过当年销售（营业）收入 15%的部分，准予扣除；超过部分，准予结转以后纳税年度扣除。

9．环境保护专项资金

企业依照法律、行政法规有关规定提取的用于环境保护、生态恢复等方面的专项资金，准予扣除。上述专项资金提取后改变用途的，不得扣除。

10．保险费

企业参加财产保险，按照规定缴纳的保险费，准予扣除。

11．租赁费

企业根据生产经营需要租入固定资产支付的租赁费，按照以下方法扣除。

（1）以经营租赁方式租入固定资产发生的租赁费支出，按照租赁期限均匀扣除。

（2）以融资租赁方式租入固定资产发生的租赁费支出，按照规定构成融资租入固定资产价值的部分应当提取折旧费用，分期扣除。

12．劳动保护费

企业发生的合理的劳动保护支出，准予扣除。

13．公益性捐赠支出

公益性捐赠，是指企业通过公益性社会团体或者县级以上人民政府及其部门，用于《中华人民共和国公益事业捐赠法》规定的公益事业的捐赠。

企业发生的公益性捐赠支出，不超过年度利润总额12%的部分，准予扣除。

知识库

年度利润总额，是指企业依照国家统一会计制度的规定计算的年度会计利润。

（1）用于公益事业的捐赠支出，是指《中华人民共和国公益事业捐赠法》规定的向公益事业的捐赠支出，具体范围包括：① 救助灾害、救济贫困、扶助残疾人等困难的社会群体和个人的活动。② 教育、科学、文化、卫生、体育事业。③ 环境保护、社会公共设施建设。④ 促进社会发展和进步的其他社会公共和福利事业。

企事业单位、社会团体及其他组织捐赠住房作为廉租住房的视同公益性捐赠，按上述规定执行。

（2）公益性社会团体，是指同时符合下列条件的基金会、慈善组织等社会团体：① 依法登记，具有法人资格。② 以发展公益事业为宗旨，且不以营利为目的。③ 全部资产及其增值为该法人所有。④ 收益和营运结余主要用于符合该法人设立目的的事业。⑤ 终止后的剩余财产不归属任何个人或者营利组织。⑥ 不经营与其设立目的无关的业务。⑦ 有健全的财务会计制度。⑧ 捐赠者不以任何形式参与社会团体财产的分配。⑨ 国务院财政、税务主管部门会同国务院民政部门等登记管理部门规定的其他条件。

（3）公益性社会团体和县级以上人民政府及其组成部门和直属机构在接受捐赠时，捐赠资产的价值，按以下原则确认：① 接受捐赠的货币性资产，应当按照实际收到的金额计算。② 接受捐赠的非货币性资产，应当以其公允价值计算。捐赠方在向公益性社会团体和县级以上人民政府及其组成部门和直属机构捐赠时，应当提供注明捐赠非货币性资产公允价值的证明，如果不能提供上述证明，公益性社会团体和县级以上人民政府及其组成部门和直属机构不得向其开具公益性捐赠票据。

14、有关资产的费用

企业转让各类固定资产发生的费用，允许扣除。企业按规定计算的固定资产折旧费、无形资产和递延资产的摊销费，准予扣除。

15. 总机构分摊的费用

非居民企业在中国境内设立的机构、场所，就其中国境外总机构发生的与该机构、场所生产经营有关的费用，能够提供总机构出具的费用汇集范围、定额、分配依据和方法等证明文件，并合理分摊的，准予扣除。

16. 资产损失

企业当期发生的固定资产和流动资产盘亏、毁损净损失，由其提供清查盘存资料经主管税务机关审核后，准予扣除；企业因存货盘亏、毁损、报废等原因不得从销项税金中抵扣的进项税金，应视同企业财产损失，准予与存货损失一起在所得税前按规定扣除。

17．依照有关法律、行政法规和国家有关税法规定准予扣除的其他项目

如会员费、合理的会议费、差旅费、违约金、诉讼费等。

18．与生产经营有关的手续费及佣金支出

企业发生与生产经营有关的手续费及佣金支出，不超过以下规定计算限额以内的部分，准予扣除；超过部分，不得扣除。

（1）保险企业。财产保险企业按照全部保费收入扣除退保金等后余额的15%计算限额；人身保险企业按当年全部保费收入扣除退保金等后余额的10%计算限额。

（2）其他企业。其他企业按与具有合法经营资格中介服务机构或个人（不含交易双方及其雇员、代理人和代表人等）所签订服务协议或合同确认的收入金额的5%计算限额。

企业应与具有合法经营资格的中介服务企业或个人签订代办协议或合同，并按规定支付手续费及佣金。除委托个人代理外，企业以现金等非转账方式支付的手续费及佣金不得在税前扣除。企业为发行权益性证券支付给有关证券承销机构的手续费及佣金不得在税前扣除。企业不得将手续费及佣金支出计入回扣、业务提成、返利、进场费等费用。企业已计入固定资产、无形资产等相关资产的手续费及佣金支出，应当通过折旧、摊销等方式分期扣除，不得在发生当期直接扣除。企业支付的手续费及佣金不得直接冲减服务协议或合同金额，并如实入账。企业应当如实向当地主管税务机关提供当年手续费及佣金计算分配表和其他相关资料，并依法取得合法真实凭证。

五、不得扣除的项目

在计算应纳税所得额时，下列支出不得扣除。

（1）向投资者支付的股息、红利等权益性投资收益款项。

（2）企业所得税税款。

（3）税收滞纳金。税收滞纳金是指纳税人违反税收法规，被税务机关处以的滞纳金。

（4）罚金、罚款和被没收财物的损失。罚金、罚款和被没收财物的损失是指纳税人违反国家有关法律、法规规定，被有关部门处以的罚款，以及被司法机关处以的罚金和被没收财物。

（5）超过规定标准的捐赠支出。

（6）赞助支出。赞助支出是指企业发生的与生产经营活动无关的各种非广告性质支出。

（7）未经核定的准备金支出。未经核定的准备金支出是指不符合国务院财政、税务主管部门规定的各项资产减值准备、风险准备等准备金支出。

（8）企业之间支付的管理费、企业内营业机构之间支付的租金和特许权使用费，以及非银行企业内营业机构之间支付的利息。

（9）与取得收入无关的其他支出。

六、允许弥补的以前年度亏损

企业纳税年度发生的亏损，准予向以后年度结转，用以后年度的所得弥补，但结转年限最长不得超过 5 年。5 年内不论是盈利或亏损，都作为实际弥补期限计算。这里所指的亏损，是指企业财务报表中的亏损额经主管税务机关按税法规定核实调整后的金额。亏损弥补期限是自亏损年度报告的下一个年度起连续 5 年不间断地计算。

企业在汇总计算缴纳企业所得税时，其境外营业机构的亏损不得抵减境内营业机构的盈利。

第四节 资产的税务处理

《企业所得税法》及相关法规规定了纳税人资产的税务处理，其目的是要通过对资产的分类，区别资本性支出与收益性支出，确定准予扣除的项目和不准扣除的项目，正确计算应纳税所得额。

企业资产是指企业拥有或者控制的、用于经营管理活动且与取得应税收入有关的资产。企业的各项资产，包括固定资产、生物资产、无形资产、长期待摊费用、存货、投资资产等，均以历史成本为计税基础。历史成本是指企业取得该项资产时实际发生的支出。企业持有各项资产期间资产增值或者减值，除国务院财政、税务主管部门规定可以确认损益外，不得调整该资产的计税基础。

企业转让资产，该项资产的净值，准予在计算应纳税所得额时扣除。资产的净值是指有关资产、财产的计税基础减除已经按照规定扣除的折旧、折耗、摊销、准备金等后的余额。除另有规定外，企业在重组过程中，应当在交易发生时确认有关资产的转让所得或者损失，相关资产应当按照交易价格重新确定计税基础。

一、固定资产的税务处理

固定资产，是指企业为生产产品、提供劳务、出租或者经营管理而持有的、使用时间超过 12 个月的非货币性资产，包括房屋、建筑物、机器、机械、运输工具及其他与生产经营活动有关的设备、器具、工具等。

（一）固定资产的计税基础

固定资产按照以下方法确定计税基础。

（1）外购的固定资产，以购买价款和支付的相关税费及直接归属于使该资产达到预定用途发生的其他支出为计税基础。

（2）自行建造的固定资产，以竣工结算前发生的支出为计税基础。

（3）融资租入的固定资产，以租赁合同约定的付款总额和承租人在签订租赁合同过程中发生的相关费用为计税基础，租赁合同未约定付款总额的，以该资产的公允价值和承租人在签订租赁合同过程中发生的相关费用为计税基础。

（4）盘盈的固定资产，以同类固定资产的重置完全价值为计税基础。

（5）通过捐赠、投资、非货币性资产交换、债务重组等方式取得的固定资产，以该资产的公允价值和支付的相关税费为计税基础。

（6）改建的固定资产，除已足额提取折旧的固定资产和租入的固定资产以外的其他固定资产，以改建过程中发生的改建支出增加计税基础。

（二）固定资产折旧的范围

在计算应纳税所得额时，企业按照规定计算的固定资产折旧，准予扣除。下列固定资产不得计算折旧扣除。

（1）房屋、建筑物以外未投入使用的固定资产。

（2）以经营租赁方式租入的固定资产。

（3）以融资租赁方式租出的固定资产。

（4）已提足折旧继续使用的固定资产。

（5）与经营活动无关的固定资产。

（6）单独估价作为固定资产入账的土地。

（7）其他不得计提折旧扣除的固定资产。

（三）固定资产折旧的计提方法

（1）固定资产按照直线法计算的折旧，准予扣除。

（2）企业应当自固定资产投入使用月份的次月起计算折旧；停止使用的固定资产，应当自停止使用月份的次月起停止计算折旧。

（3）企业应当根据固定资产的性质和使用情况，合理确定固定资产的预计净残值。固定资产的预计净残值一经确定，不得变更。

（四）固定资产折旧的计提年限

除国务院财政、税务主管部门另有规定外，固定资产计算折旧的最低年限如下。

（1）房屋、建筑物，为20年。

（2）飞机、火车、轮船、机器、机械和其他生产设备，为10年。

（3）与生产经营活动有关的器具、工具、家具等，为5年。

（4）飞机、火车、轮船以外的运输工具，为4年。

（5）电子设备，为3年。

（6）从事开采石油、天然气等矿产资源的企业，在开始商业性生产前发生的费用和有关固定资产的折耗、折旧方法，由国务院财政、税务主管部门另行规定。

二、生物资产的税务处理

生物资产是指有生命的动物和植物。生物资产分为消耗性生物资产、生产性生物资产和公益性生物资产。消耗性生物资产，是指为出售而持有的或在将来收获为农产品的生物资产，包括生长中的农田作物、蔬菜、用材林及存栏待售的牲畜等。生产性生物资产，是指为产出农产品、提供劳务或出租等目的而持有的生物资产，包括经济林、薪炭林、产畜和役畜等。公益性生物资产，是指以防护、环境保护为主要目的的生物资产，包括防风固沙林、水土保持林和水源涵养林等。以下着重介绍生产性生物资产的税务处理。

（一）生产性生物资产的计税基础

生产性生物资产按照以下方法确定计税基础。

（1）外购的生产性生物资产，以购买价款和支付的相关税费为计税基础。

（2）通过捐赠、投资、非货币性资产交换、债务重组等方式取得的生产性生物资产，以该资产的公允价值和支付的相关税费为计税基础。

（二）生产性生物资产的折旧方法

（1）生产性生物资产按照直线法计算的折旧，准予扣除。

（2）企业应当自生产性生物资产投入使用月份的次月起计算折旧；停止使用的生产性生物资产，应当自停止使用月份的次月起停止计算折旧。

（3）企业应当根据生产性生物资产的性质和使用情况，合理确定生产性生物资产的预计净残值。生产性生物资产的预计净残值一经确定，不得变更。

（三）生产性生物资产的折旧年限

生产性生物资产计算折旧的最低年限如下。

（1）林木类生产性生物资产，为 10 年。

（2）畜类生产性生物资产，为 3 年。

三、无形资产的税务处理

无形资产是指企业为生产产品、提供劳务、出租或经营管理而持有的、没有实物形态的非货币性长期资产，包括专利权、商标权、著作权、土地使用权、非专利技术、商誉等。

（一）无形资产的计税基础

无形资产按照以下方法确定计税基础。

（1）外购的无形资产，以购买价款和支付的相关税费及直接归属于使该资产达到预定用途发生的其他支出为计税基础。

（2）自行开发的无形资产，以开发过程中该资产符合资本化条件后至达到预定用途前发生的支出为计税基础。

（3）通过捐赠、投资、非货币性资产交换、债务重组等方式取得的无形资产，以该资产的公允价值和支付的相关税费为计税基础。

（二）无形资产的摊销范围

在计算应纳税所得额时，企业按照规定计算的无形资产摊销费用，准予扣除。

下列无形资产不得计算摊销费用扣除。

（1）自行开发的支出已在计算应纳税所得额时扣除的无形资产。

（2）自创商誉。

（3）与经营活动无关的无形资产。

（4）其他不得计算摊销费用扣除的无形资产。

提示

自行开发的无形资产，其费用如作为开发费用在税前一次性扣除的，该无形资产在使用期间不能再摊销费用。

（三）无形资产的摊销方法及年限

无形资产的摊销采取直线法计算。无形资产的摊销年限不得低于 10 年。作为投资或者受让的无形资产，有关法律规定或者合同约定了使用年限的，可以按照规定或者约定的使用年限分期摊销。

外购商誉的支出，在企业整体转让或者清算时准予扣除。

四、长期待摊费用的税务处理

长期待摊费用是指企业发生的应在一个年度以上或几个年度进行摊销的费用。在计算应纳税所得额时，企业发生的下列支出作为长期待摊费用，按照规定摊销的，准予扣除：① 已足额提取折旧的固定资产的改建支出。② 租入固定资产的改建支出。③ 固定资产的大修理支出。④ 其他应当作为长期待摊费用的支出。

（1）固定资产的改建支出，是指改变房屋或者建筑物结构、延长使用年限等发生的支出。已足额提取折旧的固定资产的改建支出，按照固定资产预计尚可使用年限分期摊销；租入固定资产的改建支出，按照合同约定的剩余租赁期限分期摊销；改建的固定资产延长使用年限的，除已足额提取折旧的固定资产、租入固定资产的改建支出外，其他的固定资产发生改建支出，应当适当延长折旧年限。

（2）固定资产的大修理支出，按照固定资产尚可使用年限分期摊销。

《企业所得税法》所指固定资产的大修理支出，是指同时符合下列条件的支出：① 修理支出达到取得固定资产时的计税基础 50%以上。② 修理后固定资产的使用年限延长 2 年以上。

（3）其他应当作为长期待摊费用的支出，自支出发生月份的次月起，分期摊销，摊销年限不得低于3年。

企业的固定资产修理支出可在发生当期直接扣除。企业的固定资产改良支出，如果有关固定资产尚未提足折旧，可增加固定资产价值；如果有关固定资产已提足折旧，可作为长期待摊费用，在规定的期间内平均摊销。

五、存货的税务处理

存货是指企业持有以备出售的产品或者商品、处在生产过程中的在产品、在生产或者提供劳务过程中耗用的材料和物料等。

（一）存货的计税基础

存货按照以下方法确定成本。

（1）通过支付现金方式取得的存货，以购买价款和支付的相关税费为成本。

（2）通过支付现金以外的方式取得的存货，以该存货的公允价值和支付的相关税费为成本。

（3）生产性生物资产收获的农产品，以产出或者采收过程中发生的材料费、人工费和分摊的间接费用等必要支出为成本。

（二）存货的成本计算方法

企业使用或者销售的存货的成本计算方法，可以在先进先出法、加权平均法、个别计价法中选用一种。计价方法一经选用，不得随意变更。

企业转让固定资产、无形资产、生物资产及存货，在计算企业应纳税所得额时，资产的净值允许扣除。其中，资产的净值是指有关资产、财产的计税基础减除已经按照规定扣除的折旧、折耗、摊销、准备金等后的余额。

除国务院财政、税务主管部门另有规定外，企业在重组过程中，应当在交易发生时确认有关资产的转让所得或者损失，相关资产应当按照交易价格重新确定计税基础。

六、投资资产的税务处理

投资资产是指企业对外进行权益性投资和债权性投资形成的资产。

（一）投资资产的成本

投资资产按以下方法确定投资成本。

（1）通过支付现金方式取得的投资资产，以购买价款为成本。

（2）通过支付现金以外的方式取得的投资资产，以该资产的公允价值和支付的相关税费为成本。

（二）投资资产成本的扣除方法

企业对外投资期间，投资资产的成本在计算应纳税所得额时不得扣除，企业在转让或者处置投资资产时，投资资产的成本准予扣除。

第五节　应纳税额的计算

一、居民企业应纳税额的计算

居民企业应纳税额等于应纳税所得额乘以适用税率，减除按照《企业所得税法》关于税收优惠的规定减免和抵免的税额后的余额。基本计算公式为：

应纳税额=应纳税所得额×适用税率−减免税额−抵免税额

根据计算公式可以看出，居民企业应纳税额的多少，取决于应纳税所得额和适用税率两个因素。在实际过程中，应纳税所得额的计算一般有两种方法。

（一）直接计算法

在直接计算法下，居民企业每一纳税年度的收入总额减除不征税收入、免税收入、各项扣除项目及允许弥补的以前年度亏损后的余额为应纳税所得额。计算公式为：

应纳税所得额=收入总额−不征税收入−免税收入−各项扣除项目−允许弥补的以前年度亏损

（二）间接计算法

在间接计算法下，在会计利润总额的基础上加或减按照税法规定调整的项目金额后，即为应纳税所得额。计算公式为：

应纳税所得额=会计利润总额±税收调整项目金额

税收调整项目金额包括两方面的内容：一是企业的财务会计处理和税收规定不一致的应予以调整的金额；二是企业按税法规定准予扣除的税收金额。

案例 9-1

某公司 2011 年取得经营收入 3 800 万元，出租固定资产取得租金收入 140 万元，取得其他收入 60 万元，当年各项经营费用 1 510 万元，缴纳营业税等税金 120 万元，支付工资总额 240 万元，发生职工工会经费 10 万元、职工福利费 70 万元、职工教育经费 9 万元。支付财产保险费 15 万元，用于建造单位的宿舍支出 200 万元，因偷税被税务机关罚款 40 万元。请计算该企业 2011 年应缴纳的企业所得税。

分　析

（1）该企业应纳税收入总额= 3 800+140+60 = 4 000（万元）

（2）分析该企业可扣除项目：

① 2011 年各项经营费用 1 510 万元，缴纳营业税等税金 120 万元，支付财产保险费 15 万元，可据实扣除；支付工资总额 240 万元，可以扣除。

② 职工工会经费 10 万元，超过工资总额的 2%（240×2%=4.8），允许扣除 4.8 万元。

③ 福利费 70 万元，超过工资总额的 14%（240×14%=33.6），允许扣除 33.6 万元。

④ 职工教育经费 9 万元，超过工资总额的 2.5%（240×2.5%=6），允许扣除 6 万元。

⑤ 用于建造单位的宿舍支出 200 万元，因偷税被税务机关罚款 40 万元不得扣除。

应纳税所得额 = 4 000–（1 510+120+15+240+4.8+33.6+6）= 2 070.6（万元）

（3）该企业应纳所得税额=2 070.6×25% = 517.65（万元）

案例 9-2

某企业为居民企业，2011 年经营业务如下：取得销售收入 5 000 万元，销售成本 2 200 万元，发生销售费用 1 340 万元（其中广告费 900 万元），管理费用 960 万元（其中业务招待费 30 万元），财务费用 120 万元，营业税金及附加 320 万元（含增值税 240 万元），营业外收入 140 万元，营业外支出 100 万元（含通过公益性社会团体向贫困山区捐款 60 万元、支付税收滞纳金 12 万元），计入成本、费用中的实发工资总额 300 万元、拨缴职工工会经费 6 万元、提取职工福利费 46 万元、职工教育经费 10 万元。

要求：计算该企业实际应缴纳的企业所得税额。

分　析

（1）年度利润总额 = 5 000+140–2 200–1 340–960–120–（320–240）–100 = 340（万元）

（2）广告费调增所得额 = 900–5 000×15% = 900–750 = 150（万元）

（3）业务招待费支出的限额为 5 000×5‰ = 25（万元），大于 30×60% = 18（万元），因此业务招待费调增所得额 = 30–30×60% = 30–18 = 12（万元）

（4）捐赠支出应调增所得额 = 60–340×12% = 19.2（万元）

（5）工会经费的扣除限额= 300×2% = 6（万元），实际拨缴 6 万元，无须调整

职工福利费扣除限额= 300×14% = 42（万元），实际发生 46 万元，应调增所得额 46–42 = 4（万元）

职工教育经费的扣除限额=300×2.5%=7.5（万元），实际发生 10 万元，应调增所得额 10–7.5=2.5（万元）

三项经费总共调增所得额=4+2.5 = 6.5（万元）

（6）税收滞纳金不得在企业所得税税前扣除，应计入应纳税所得额

（7）应纳税所得额=340+150+12+19.2+6.5+12=539.7（万元）

（8）2011 年应缴企业所得税额=539.7×25%=134.925（万元）

二、境外所得抵扣税额的计算

企业取得的下列所得已在境外缴纳的所得税额，可以从其当期应纳税额中抵免，抵免限额为该项所得依照《企业所得法》规定计算的应纳税额；超过抵免限额的部分，可以在以后 5 个年度内，用每年度抵免限额抵免当年应抵税额后的余额进行抵补。

（1）居民企业来源于中国境外的应税所得。

（2）非居民企业在中国境内设立机构、场所，取得发生在中国境外但与该机构、场所有实际联系的应税所得。

居民企业从其直接或者间接控制的外国企业分得的来源于中国境外的股息、红利等权益性投资收益，外国企业在境外实际缴纳的所得税额中属于该项所得负担的部分，可以作为该居民企业的可抵免境外所得税额，在税法规定的抵免限额内抵免。

直接控制，是指居民企业直接持有外国企业 20%以上股份。

间接控制，是指居民企业以间接持股方式持有外国企业 20%以上股份，具体认定办法由国务院财政、税务主管部门另行制定。

在境外实际缴纳的所得税额，是指企业来源于中国境外的所得依照中国境外税收法律以及相关规定应当缴纳并已经实际缴纳的企业所得税性质的税款。企业依照《企业所得税法》的规定抵免企业所得税额时，应当提供中国境外税务机关出具的税款所属年度的有关纳税凭证。

抵免限额，是指企业来源于中国境外的所得，依照企业所得税法和本条例的规定计算的应纳税额。除国务院财政、税务主管部门另有规定外，该抵免限额应当分国（地区）不分项计算，计算公式为：

抵免限额=中国境内、境外所得依照企业所得税法和条例规定计算的应纳税总额×来源于某国（地区）的应纳税所得额÷中国境内、境外应纳税所得总额

前述 5 个年度，是指从企业取得的来源于中国境外的所得，已经在中国境外缴纳的企业所得税性质的税额超过抵免限额的当年的次年起连续 5 个纳税年度。

案例 9-3

我国某公司 2011 年在境内应纳税所得额为 300 万元，适用 25%的所得税税率；在 A 国分支机构取得的应纳税所得额折算为人民币 200 万元，A 国所得税税率为 30%，已在 A 国缴纳 60 万元所得税税款。同时，在 B 国分支机构取得的应纳税所得额折算为人民币 100 万元，B 国所得税税率为 24%，已在 B 国缴纳 24 万元所得税税款。假设 A、B 两国分支机构按企业所得税法计算的应纳税所得额与国外的一致，请计算该公司 2011 年汇总在我国应缴纳的企业所得税额。

分　析

（1）该企业按我国税法计算的境内、境外所得的应纳税额：

应纳税额 =（300+200+100）×25% = 150（万元）

（2）计算 A、B 两国的扣除限额：

A 国扣除限额 = 150×［200÷（300+200+100）］= 50（万元）

B 国扣除限额 = 150×［100÷（300+200+100）］= 25（万元）

A 国分支机构实际缴纳 60 万元所得税税款，高于 50 万元扣除限额，只能抵免 50 万元，其超过扣除限额的部分 10 万元，当年不能扣除，可用以后年度该国税额扣除限额的余额补扣。B 国分支机构实际缴纳 24 万元所得税税款，低于 25 万元的扣除限额，可以全额如数扣除。

（3）汇总在我国应缴纳的所得税税款：

应纳税额= 150–50–24 = 76（万元）

三、居民企业核定征收应纳所得税额的计算

为了加强企业所得税的征收管理，我国对部分中小企业采取核定征收的办法，计算其应纳所得税额。

（一）核定征收企业所得税的适用范围

纳税人具有下列情形之一的，应采取核定征收方法征收企业所得税。

（1）依照法律、行政法规的规定可以不设置账簿的。

（2）依照法律、行政法规的规定应当设置但未设置账簿的。

（3）擅自销毁账簿或者拒不提供纳税资料的。

（4）虽设置账簿，但账目混乱或者成本资料、收入凭证、费用凭证残缺不全，难以查账的。

（5）发生纳税义务，未按照规定的期限办理纳税申报，经税务机关责令限期申报，逾期仍不申报的。

（6）申报的计税依据明显偏低，又无正当理由的。

（二）核定征收的办法

税务机关应根据纳税人具体情况，对核定征收企业所得税的纳税人，核定应税所得率或者核定应纳所得税额。

1. 核定应税所得率的情形

具有下列情形之一的，核定其应税所得率。

（1）能正确核算（查实）收入总额，但不能正确核算（查实）成本费用总额的。

（2）能正确核算（查实）成本费用总额，但不能正确核算（查实）收入总额的。

（3）通过合理方法，能计算和推定纳税人收入总额或成本费用总额的。

纳税人不属于以上情形的，核定其应纳所得税额。

2．税务机关核定征收企业所得税的方法

（1）参照当地同类行业或者类似行业中经营规模和收入水平相近的纳税人的税负水平核定。

（2）按照应税收入额或成本费用支出额定率核定。

（3）按照耗用的原材料、燃料、动力等推算或测算核定。

（4）按照其他合理方法核定。

采用上述所列一种方法不足以正确核定应纳税所得额或应纳税额的，可以同时采用两种以上的方法核定。采用两种以上方法测算的应纳税额不一致时，可按测算的应纳税额从高核定。

3．应用应税所得率方式对应纳所得税额的计算

采用应税所得率方式核定征收企业所得税的，应纳所得税额计算公式如下：

应纳所得税额=应纳税所得额×适用税率

应纳税所得额=应税收入额×应税所得率

或

应纳税所得额=成本（费用）支出额÷（1–应税所得率）×应税所得率

实行应税所得率方式核定征收企业所得税的纳税人，经营多业的，无论其经营项目是否单独核算，均由税务机关根据其主营项目确定适用的应税所得率。

主营项目应为纳税人所有经营项目中，收入总额或者成本（费用）支出额或者耗用原材料、燃料、动力数量所占比重最大的项目。

应税所得率的幅度标准如表 9-2 所示。

表 9-2　应税所得率的幅度标准

行　业	应税所得率（%）
农、林、牧、渔业	3～10
制造业	5～15
批发和零售贸易业	4～15
交通运输业	7～15
建筑业	8～20
饮食业	8～25
娱乐业	15～30
其他行业	10～30

纳税人的生产经营范围、主营业务发生重大变化，或者应纳税所得额或应纳所得税额增减变化达到 20%的，应及时向税务机关申报调整已确定的应纳税额或应税所得率。

四、非居民企业应纳税所得额的计算

对于在中国境内未设立机构、场所的，或者虽设立机构、场所，但取得的所得与其所设机构、场所没有实际联系的非居民企业，其取得的来源于中国境内的所得，按照下列方法计算应纳税所得额。

（1）股息、红利等权益性投资收益和利息、租金、特许权使用费所得，以收入全额为应纳税所得额。

（2）转让财产所得，以收入全额减除财产净值后的余额为应纳税所得额。财产净值，是指财产的计税基础减除已经按照规定扣除的折旧、折耗、摊销、准备金等后的余额。

（3）其他所得，参照前两项规定的方法计算应纳税所得额。

非居民企业在中国境内设立的机构、场所，就其中国境外总机构发生的与该机构、场所生产经营有关的费用，能够提供总机构出具的费用汇集范围、定额、分配依据和方法等证明文件并合理分摊的，准予扣除。

五、源泉扣缴

（一）扣缴义务人

对非居民企业在中国境内未设立机构、场所的，或者虽设立机构、场所，但取得的所得与其所设机构、场所没有实际联系的所得应缴纳的所得税实行源泉扣缴，以支付人为扣缴义务人。税款由扣缴义务人在每次支付或者到期应支付时，从支付或者到期应支付的款项中扣缴。

对非居民企业在中国境内取得工程作业和劳务所得应缴纳的所得税，税务机关可以指定工程价款或者劳务费的支付人为扣缴义务人。

（二）扣缴方法

扣缴义务人每次代扣的税款，应当自代扣之日起 7 日内缴入国库，并向所在地的税务机关报送扣缴企业所得税报告表。

扣缴义务人未依法扣缴或者无法履行扣缴义务的，由企业在所得发生地缴纳。企业未依法缴纳的，税务机关可以从该企业在中国境内其他收入项目的支付人应付的款项中，追缴该企业的应纳税款。税务机关在追缴该企业应纳税款时，应当将追缴理由、追缴数额、缴纳期限和缴纳方式等告知该纳税人。

六、特别纳税调整

（一）调整范围

特别纳税调整的范围，是指企业与其关联方之间的业务往来，不符合独立交易原则而减少企业或者其关联方应纳税收入或者所得额的，税务机关有权按照合理方法调整。企业与其关联方共同开发、受让无形资产，或者共同提供、接受劳务发生的成本，在计算应纳税所得额时应当按照独立交易原则进行分摊。

其中，独立交易原则，是指没有关联关系的交易各方，按照公平成交价格和营业常规进行业务往来遵循的原则。

（二）关联方的确认

关联方是指与企业有下列关联关系之一的企业、其他组织或者个人。

（1）在资金、经营、购销等方面存在直接或者间接的控制关系。

（2）直接或者间接地同为第三者控制。

（3）在利益上具有相关联的其他关系。

（三）调整方法

为了防止纳税人通过关联企业及其他关联关系，利用转让定价方式转移利润，进行避税，税法明确规定，纳税人与其关联企业之间的业务往来，应当按照独立企业之间的业务往来取得或者支付价款、费用。不按照独立企业之间的业务往来收取或者支付价款、费用，而减少其应纳税所得额的，税务机关有权进行合理调整。调整的顺序和确定的方法如下。

（1）可比非受控价格法，是指按照没有关联关系的交易各方进行相同或者类似业务往来的价格进行定价的方法。

（2）再销售价格法，是指按照从关联方购进商品再销售给没有关联关系的交易方的价格，减除相同或者类似业务的销售毛利进行定价的方法。

（3）成本加成法，是指按照成本加合理的费用和利润进行定价的方法。

（4）交易净利润法，是指按照没有关联关系的交易各方进行相同或者类似业务往来取得的净利润水平确定利润的方法。

（5）利润分割法，是指将企业与其关联方的合并利润或者亏损在各方之间采用合理标准进行分配的方法。

（6）其他符合独立交易原则的方法。

第六节　税收优惠

为了体现国家的经济政策，鼓励和扶持某些产业或企业的发展，《企业所得税法》规定了减免税优惠。除税法规定的减免税项目外，各级政府及各部门无权决定减免税。

一、免征与减征优惠

企业的下列所得，可以免征、减征企业所得税。企业如果从事国家限制和禁止发展的项目，不得享受企业所得税优惠。

（一）企业从事农、林、牧、渔业项目的所得

（1）企业从事下列项目的所得，免征企业所得税：① 蔬菜、谷物、薯类、油料、豆类、棉花、麻类、糖料、水果、坚果的种植。② 农作物新品种的选育。③ 中药材的种植。④ 林木的培育和种植。⑤ 牲畜、家禽的饲养。⑥ 林产品的采集。⑦ 灌溉、农产品初加工、兽医、农技推广、农机作业和维修等农、林、牧、渔服务业项目。⑧ 远洋捕捞。

（2）企业从事下列项目的所得，减半征收企业所得税：① 花卉、茶以及其他饮料作物和香料作物的种植。② 海水养殖、内陆养殖。

提示

企业从事国家限制和禁止发展的项目，不得享受本条规定的企业所得税优惠。

（二）从事国家重点扶持的公共基础设施项目投资经营的所得

国家重点扶持的公共基础设施项目，是指《公共基础设施项目企业所得税优惠目录》规定的港口码头、机场、铁路、公路、城市公共交通、电力、水利等项目。

企业从事国家重点扶持的公共基础设施项目的投资经营的所得，自项目取得第一笔生产经营收入所属纳税年度起，第1～3年免征企业所得税，第4～6年减半征收企业所得税。

企业承包经营、承包建设和内部自建自用本条规定的项目，不得享受本条规定的企业所得税优惠。

（三）从事符合条件的环境保护、节能节水项目的所得

企业从事符合条件的环境保护、节能节水项目的所得，自项目取得第一笔生产经营收入所属纳税年度起，第1～3年免征企业所得税，第4～6年减半征收企业所得税。

符合条件的环境保护、节能节水项目，包括公共污水处理、公共垃圾处理、沼气综合开发利用、节能减排技术改造、海水淡化等。项目的具体条件和范围由国务院财政、税务主管部门等制定，报国务院批准后公布施行。

依照上述（二）和（三）规定享受减免税优惠的项目，在减免税期限内转让的，受让方自受让之日起，可以在剩余期限内享受规定的减免税优惠；减免税期限届满后转让的，受让方不得就该项目重复享受减免税优惠。

（四）符合条件的技术转让所得

符合条件的技术转让所得免征、减征企业所得税，是指一个纳税年度内，居民企业技术转让所得不超过500万元的部分，免征企业所得税；超过500万元的部分，减半征收企业所得税。其计算公式为：

技术转让所得 = 技术转让收入−技术转让成本−相关税费

享受减免企业所得税优惠的技术转让应符合以下条件。

（1）享受优惠的技术转让主体是《企业所得税法》规定的居民企业。

（2）技术转让属于财政部、国家税务总局规定的范围。

（3）境内技术转让经省级以上科技部门认定。

（4）向境外转让技术经省级以上商务部门认定。

（5）国务院税务主管部门规定的其他条件。

享受技术转让所得减免企业所得税优惠的企业，应单独计算技术转让所得，并合理分摊企业的期间费用；没有单独计算的，不得享受技术转让所得企业所得税优惠。

二、小型微利企业优惠

小型微利企业减按20%的所得税税率征收企业所得税。小型微利企业的条件如下。

（1）工业企业，年度应纳税所得额不超过30万元，从业人数不超过100人，资产总额不超过3 000万元。

（2）其他企业，年度应纳税所得额不超过30万元，从业人数不超过80人，资产总额不超过1 000万元。

小型微利企业是指企业的全部生产经营活动产生的所得均负有我国企业所得税纳税义务的企业。仅就来源于我国所得负有我国纳税义务的非居民企业，不适用上述规定。

三、高新技术企业优惠

国家需要重点扶持的高新技术企业减按15%的所得税税率征收企业所得税。国家需要重点扶持的高新技术企业，是指拥有核心自主知识产权，并同时符合下列五方面条件的企业。

（1）产品（服务）属于《国家重点支持的高新技术领域》规定的范围。

（2）研究开发费用占销售收入的比例不低于规定比例。

（3）高新技术产品（服务）收入占企业总收入的比例不低于规定比例。

（4）科技人员占企业职工总数的比例不低于规定比例。

（5）高新技术企业认定管理办法规定的其他条件。

四、加计扣除优惠

加计扣除优惠包括以下两项内容。

1. 研究开发费用

研究开发费用，是指企业为开发新技术、新产品、新工艺发生的研究开发费用，未形成无形资产计入当期损益的，在按照规定据实扣除的基础上，按照研究开发费用的50%加计扣除；

形成无形资产的，按照无形资产成本的150%摊销。

2．企业安置残疾人员所支付的工资

企业安置残疾人员所支付工资费用的加计扣除，是指企业安置残疾人员的，在按照支付给残疾职工工资据实扣除的基础上，按照支付给残疾职工工资的100%加计扣除。残疾人员的范围适用《中华人民共和国残疾人保障法》的有关规定。企业安置国家鼓励安置的其他就业人员所支付的工资的加计扣除办法，由国务院另行规定。

五、创业投资企业优惠

创业投资企业从事国家需要重点扶持和鼓励的创业投资，可以按投资额的一定比例抵扣应纳税所得额。

创业投资企业优惠，是指创业投资企业采取股权投资方式投资于未上市的中小高新技术企业2年以上的，可以按照其投资额的70%在股权持有满2年的当年抵扣该创业投资企业的应纳税所得额；当年不足抵扣的，可以在以后纳税年度结转抵扣。

六、加速折旧优惠

企业的固定资产由于技术进步等原因，确需加速折旧的，可以缩短折旧年限或者采取加速折旧的方法。可采用以上折旧方法的固定资产是指：① 由于技术进步，产品更新换代较快的固定资产。② 常年处于强震动、高腐蚀状态的固定资产。

采取缩短折旧年限方法的，最低折旧年限不得低于《企业所得税法实施条例》规定折旧年限的60%；采取加速折旧方法的，可以采取双倍余额递减法或者年数总和法。

七、减计收入优惠

减计收入优惠，是指企业综合利用资源，生产符合国家产业政策规定的产品所取得的收入，可以在计算应纳税所得额时减计收入。

综合利用资源，是指企业以《资源综合利用企业所得税优惠目录》规定的资源作为主要原材料，生产国家非限制和禁止并符合国家和行业相关标准的产品取得的收入，减按90%计入收入总额。

八、税额抵免优惠

税额抵免，是指企业购置并实际使用《环境保护专用设备企业所得税优惠目录》、《节能节水专用设备企业所得税优惠目录》和《安全生产专用设备企业所得税优惠目录》规定的环境保护、节能节水、安全生产等专用设备的，该专用设备的投资额的 10%可以从企业当年的应纳税额中抵免；当年不足抵免的，可以在以后 5 个纳税年度结转抵免。

企业购置上述专用设备在 5 年内转让、出租的，应当停止享受企业所得税优惠，并补缴已经抵免的企业所得税税款。

九、民族自治地方的优惠

民族自治地方的自治机关对本民族自治地方的企业应缴纳的企业所得税中属于地方分享的部分，可以决定减征或者免征。自治州、自治县决定减征或者免征的，须报省、自治区、直辖市人民政府批准。

对民族自治地方内国家限制和禁止行业的企业，不得减征或者免征企业所得税。

十、非居民企业优惠

非居民企业在中国境内未设立机构、场所的，或者虽设立机构、场所但取得的所得与其所设机构、场所没有实际联系的，应当就其来源于中国境内的所得，减按 10%的税率征收企业所得税。该类非居民企业取得下列所得免征企业所得税。

（1）外国政府向中国政府提供贷款取得的利息所得。

（2）国际金融组织向中国政府和居民企业提供优惠贷款取得的利息所得。

（3）经国务院批准的其他所得。

知识库

民族自治地方，是指依照《中华人民共和国民族区域自治法》的规定，实行民族区域自治的自治区、自治州、自治县。

十一、专项优惠政策

根据国民经济和社会发展的需要，或者由于突发事件等原因对企业经营活动产生重大影响的，国务院可以制定企业所得税专项优惠政策，报全国人大常委会备案。

提示

企业同时从事适用不同企业所得税待遇项目的，其优惠项目应当单独计算所得，并合理分摊企业的期间费用；没有单独计算的，不得享受企业所得税优惠。

第七节 企业所得税的征收管理

一、企业所得税的纳税地点

（一）居民企业的纳税地点

除税收法律、行政法规另有规定外，居民企业以企业登记注册地为纳税地点；但登记注册地在境外的，以实际管理机构所在地为纳税地点。

（二）非居民企业的纳税地点

非居民企业在中国境内设立机构、场所的，以机构、场所所在地为纳税地点。非居民企业在中国境内设立两个或者两个以上机构、场所的，经税务机关审核批准，可以选择由其主要机构、场所汇总缴纳企业所得税。

在中国境内未设立机构、场所的，或者虽设立机构、场所，但取得的所得与其所设机构、场所没有实际联系的非居民企业，以扣缴义务人所在地为纳税地点。

二、企业所得税的纳税期限

企业所得税按年计征，分月或者分季预缴，年终汇算清缴，多退少补。

企业所得税的纳税年度，自公历每年1月1日起至12月31日止。企业在一个纳税年度的中间开业，或者由于合并、关闭等原因终止经营活动，使该纳税年度的实际经营期不足12个月的，应当以其实际经营期为一个纳税年度。企业清算时，应当以清算期间作为一个纳税年度。

自年度终了之日起5个月内，向税务机关报送年度企业所得税纳税申报表，并汇算清缴，结清应缴应退税款。

企业在年度中间终止经营活动的，应当自实际经营终止之日起60日内，向税务机关办理当期企业所得税汇算清缴。

三、企业所得税的纳税申报

企业所得税分月或者分季预缴，由税务机关具体核定。

企业应当自月份或者季度终了之日起15日内，向税务机关报送预缴企业所得税纳税申报表，预缴税款。企业分月或者分季预缴企业所得税时，应当按照月度或者季度的实际利润额预缴；按照月度或者季度的实际利润额预缴有困难的，可以按照上一纳税年度应纳税所得额的月度或者季度平均额预缴，或者按照经税务机关认可的其他方法预缴。预缴方法一经确定，该纳税年度内不得随意变更。

企业在纳税年度内无论盈利或者亏损，都应当依照规定期限，向税务机关报送预缴企业所得税纳税申报表、年度企业所得税纳税申报表、财务会计报告和税务机关规定应当报送的其他有关资料。企业应当自年度终了之日起 5 个月内，向税务机关报送年度企业所得税纳税申报表，并汇算清缴，结清应缴应退税款。

思考题

1. 企业所得税的纳税人有哪些？
2. 在计算应纳税所得额时，哪些收入应计入收入总额？
3. 在计算应纳税所得额时，哪些支出项目不得在税前直接扣除？
4.《企业所得税法实施条例》中规定，哪些固定资产不得计提折旧？
5. 企业所得税的应纳税额如何计算？

案例分析与计算题

1. 某化工企业为增值税一般纳税人，注册资本 1 000 万元，职工 1 000 人。2012 年相关生产、经营资料如下：

（1）当年销售化妆品取得不含税收入共计 6 000 万元。国债利息收入 20 万元。

（2）订立租赁合同一份，4 月 1 日将房产原值 200 万元的仓库出租给某商场存放货物，出租期限 1 年，共计租金 40 万元，签订合同时预收一个季度的租金 10 万元，其余的在租用期的当季收取。

（3）允许扣除的销售成本 2 200 万元；全年缴纳增值税 678.1 万元、营业税 1.5 万元、消费税 1 500 万元、城市维护建设税 152.57 万元、教育费附加 65.39 万元、其他可以扣除的税金共计 61.84 万元；发生销售费用 1 100 万元，其中含广告宣传费 950 万元；发生财务费用 200 万元，其中 1 月 1 日向关联企业签订生产性借款合同，记载借款金额 800 万元，借期 1 年，支付利息费用 64 万元，同期银行贷款利率为 5%；发生管理费用 700 万元，其中含业务招待费 35 万元、新产品开发费用 60 万元；全年计入成本、费用中的实发工资总额 1 100 万元，实际发生的职工工会经费 20 万元、职工福利费 154 万元和职工教育经费 25 万元，取得了缴纳工会会费的相关票据。

（4）2012 年 3 月发生意外事故，经税务机关核定库存材料损失 30 万元；5 月取得了保险公司赔款 10 万元；5 月 25 日直接向老年服务机构捐款 4 万元。

要求：计算该企业 2012 年应缴纳的企业所得税。

2. 某保险公司 2010 年度在中国境内实现的应纳税所得额为 3 000 万元，该公司在甲、乙两国设有分支机构。甲国分支机构当年应纳税所得额为 800 万元，其中生产经营所得为 600 万元，甲国税率为 40%；特许权使用费所得为 200 万元，甲国税率为 20%。乙国分支机构当年应纳税所得额为500万元，其中生产经营所得为300万元，乙国规定的税率为20%；租金所得为200万元，乙国规定税率为15%。2011年甲国税率调低为20%，乙国对生产经营所得减半征税，中国与乙国签订有避免双重征税协定，其他资料同2010年。

要求：计算该公司2010年和2011年在中国的应纳所得税额。

3. 某企业2011年度有关经营情况如下：

（1）取得产品销售收入600万元，房屋租金收入8万元；国债利息收入10万元。

（2）结转产品销售成本420万元，支付产品销售费用45万元。

（3）缴纳增值税8万元、消费税12万元、营业税0.4万元、城建税1.4万元、教育费附加0.6万元。

（4）发生管理费用30万元。

（5）改建和扩建厂房费用80万元，广告性赞助6万元，上交税务机关滞纳金3万元。

（6）意外事故损失原材料8万元，其中保险公司赔偿3万元。

（7）从联营企业分回税后利润42.5万元，联营企业适用15%的税率。

要求：计算该企业2011年应缴纳的企业所得税。

4. 某国有工业企业，2011年度生产经营情况如下：

（1）产品销售收入4 600万元，其他业务收入400万元。

（2）产品销售成本3 800万元，应缴纳增值税61万元，营业税14万元，城市维护建设税和教育费附加6万元。

（3）营业费用120万元，财务费用28万元，管理费用232万元，其中业务招待费50万元。

（4）营业外支出100万元；其中向主管部门捐款70万元，向技术监督部门缴纳罚款10万元。

（5）从联营企业分回税后利润17万元，联营企业适用15%的所得税税率。

（6）该企业全年实际发放的职工工资总额为320万元，发生的职工工会经费6万元、职工福利费40万元、职工教育经费8万元。

（7）截至年底，本年已预缴所得税200万元。

（8）该企业适用25%的企业所得税税率。

要求：调整计算该企业2011年度应缴纳的所得税额，汇算清缴应补缴或退回的税款。

5. 某企业2011年实现利润总额300万元，经检查部分资料如下：

（1）向主管部门支付流动资产贷款利息40万元，利率8%，列财务费用，经查银行同类同期贷款利率7%。

（2）以经营租赁方式租入大型设备一台，当年支付租赁费5万元，提取折旧3.25万元，列管理费用。

（3）将已缴纳营业税3万元、增值税45万元，列销售税金账户。

（4）金融债券利息收入9万元，列投资收益转本年利润账户。

（5）经核准，上年度未分配利润科目借方余额 12 万元。

（6）闲置未用的存放半成品的仓库一栋，设备两台，分别计提折旧 3 万元和 1.7 万元，列入管理费用。

（7）其他业务利润 50 万元，含技术转让收益 20 万元。

（8）投资收益里包括从设在上海浦东的联营企业分回的股息 10 万元，联营企业税率为 15%。

（9）该企业全年缴纳企业所得税 55 万元。

要求：计算该企业汇算清缴税款。

第十章　个人所得税法

本章学习目的和任务

通过本章的学习，学生应掌握个人所得税的纳税人、征税范围、税率、应纳税所得额的确定、应纳税额的计算和税收优惠；理解个人所得税的征收管理；了解个人所得税的概念和特点。

第一节　个人所得税概述

一、个人所得税的概念

个人所得税是以个人（自然人）取得的各项应税所得为征税对象而征收的一种所得税。

个人所得税法是指国家制定的用以调整个人所得税征收与缴纳之间权利及义务关系的法律规范。

相关链接

现行个人所得税的基本规范，是1980年9月10日第五届全国人民代表大会第三次会议制定、根据2011年6月30日第十一届全国人民代表大会常务委员会第二十一次会议决定修改的《中华人民共和国个人所得税法》(以下简称《个人所得税法》)，以及2011年7月19日修改的《中华人民共和国个人所得税法实施条例》(以下简称《个人所得税法实施条例》)。

二、个人所得税的特点

1. 实行分类所得税制

世界各国的个人所得税制一般有三种类型，即分类所得税制、综合所得税制和分类综合所得税制。根据我国目前纳税人的纳税意识和税务征管能力，我国目前实行的是分类所得税制，即把个人应税所得划分成11类，分别扣除不同的费用和适用不同的税率。

2. 多种税率形式并用

实行分类所得税制一方面有利于源泉扣缴方法的运用，另一方面又有利于体现不同的税收政策，采用不同的税率计征。同时，在分类征税条件下，由于个人税收负担不能直接依据某项所得水平的高低来确定，因此，我国个人所得税存在多种税率形式，如比例税率、累进税率和加成征收，形成了集多种税率形式和多种税率水平于一体的税率结构。

3．实行不同的费用扣除方式

个人所得税在征收时按分类所得税制的要求，就不同所得类型确定不同的费用扣除方式。目前，我国个人所得税的费用扣除方式采用定额扣除与定率扣除相结合的方法，并对消极所得采用不扣除费用的方式。其中消极所得是指投资、股息、利息、偶然所得等。

4．源泉课征和申报课征两种征税方法并用

对纳税人的应纳税额分别采取由支付单位源泉扣缴和纳税人自行申报两种方法。

5．计算简便

我国现行的个人所得税采取总额扣除法，免去了按个人实际生活费用支出项目逐项计算的麻烦，而且各种所得项目分类计算，各有明确的费用减除规定，减除项目及方法易于掌握，计算比较简单，符合税制简便原则。

相关链接

我国个人所得税制度的发展历史

从1949年新中国成立到1979年，因为广大职工平均工资很低，尚不具备纳税能力，所以个人所得税一直没有开征。对外开放、对内搞活后，我国出现了一批具有较高收入的人，他们的收入除了维持个人及家庭的再生产外，还有一定的剩余，这就为征收个人所得税提供了一定的税源。同时，为了调节收入水平的差距，1980年我国正式建立了个人所得税制度，充分体现了多得多征、公平税负的政策。至1999年8月30日，第九届全国人大常委会第十一次会议通过了个人所得税法修正案，把储蓄存款利息作为应税项目，并从1999年11月1日起开始征收个人所得税，使我国的个人所得税税法进一步完善。

第二节　个人所得税的纳税人和征税对象

一、个人所得税的纳税人

个人所得税的纳税人是指在中国境内有住所，或者虽无住所但在境内居住满1年，并取得应税所得的个人，以及在中国境内无住所又不居住或者无住所而在境内居住不满1年，但有从中国境内取得应税所得的个人。包括中国公民、个体工商户，以及在中国境内有所得的外籍人员（包括无国籍人员）和香港、澳门、台湾同胞。

上述纳税人依据住所和居住时间两个标准，区分为居民纳税人和非居民纳税人，分别承担不同的纳税义务。

(一) 居民纳税人

居民纳税人负无限纳税义务，其所取得的应纳税的所得，不论是来源于中国境内还是中国境外，都要在中国缴纳个人所得税。根据《个人所得税法》的规定，居民纳税人是指在中国境内有住所，或者无住所而在境内居住满 1 年的个人。

知识库

现行税法中的“中国境内”，是指中国大陆地区，目前还不包括香港、澳门和台湾地区。

在中国境内有住所是指因户籍、家庭、经济利益关系而在中国境内习惯性居住的个人。居住满 1 年是指在一个纳税年度（公历 1 月 1 日至 12 月 31 日止，下同）内，在中国境内居住满 365 日。计算居住天数时，对临时离境，即在一个纳税年度中一次离境不超过 30 日或多次离境累计不超过 90 日，也视同在中国境内居住，不扣减居住天数。

(二) 非居民纳税人

非居民纳税人承担有限纳税义务，仅就其来源于中国境内的所得，向中国缴纳个人所得税。

根据《个人所得税法》的规定，非居民纳税人包括在中国境内无住所又不居住或者无住所而在境内居住不满 1 年的个人。也就是说，非居民纳税人是指习惯性居住地不在中国境内，而且不在中国境内居住，或者在 1 个纳税年度内，在中国境内居住不满 1 年的个人。在现实生活中，习惯性居住地不在中国境内的个人，只有外籍人员、华侨或港、澳、台同胞。因此，非居民纳税人，实际上是在 1 个纳税年度内，没有在中国境内居住，或者在中国境内居住不满 1 年的外籍人员、华侨或港、澳、台同胞。

个人所得税的纳税人归纳如表 10-1 所示。

表 10-1 个人所得税的纳税人

两类纳税人	判定标准
居民纳税人（来源于中国境内、境外的所得均在我国缴纳个人所得税）	只要具备一个条件即为居民纳税人： ① 在中国境内有住所的个人； ② 中国境内无住所，而在中国境内居住满 1 年的个人
	类别：在中国境内定居的中国公民和外国侨民
非居民纳税人（仅就来源于中国境内的所得，在我国缴纳个人所得税）	只要具备一个条件即为非居民纳税人： ① 在中国境内无住所且不居住的个人； ② 在中国境内无住所且居住不满 1 年的个人

续表

两类纳税人	判定标准
非居民纳税人（仅就来源于中国境内的所得，在我国缴纳个人所得税）	类别：在中国境内居住不满 1 年，或没有在中国境内居住但有境内所得的外籍人员、华侨或港、澳、台同胞

二、个人所得税的征税范围

个人所得税的征税范围是个人取得的各种应税所得。现行个人所得税法列举的应税所得共 11 项。

> **提示**
>
> 个人取得的所得，难以界定应纳税所得项目的，由主管税务机关确定。

1．工资、薪金所得

工资、薪金所得，是指个人因任职或者受雇而取得的工资、薪金、奖金、年终加薪、劳动分红、津贴以及与任职或者受雇有关的其他所得。

工资、薪金所得免税项目有：① 独生子女补贴。② 执行公务员工资制度未纳入基本工资总额的补贴、津贴差额和家属成员的副食品补贴。③ 托儿补助费。④ 差旅费津贴、误餐补助。其中，误餐补助是指按照财政部规定，个人因公在城区、郊区工作，不能在工作单位或返回就餐的，根据实际误餐顿数，按规定的标准领取的误餐费。单位以误餐补助名义发给职工的补助、津贴不能包括在内。

2．个体工商户的生产、经营所得

个体工商的生产、经营所得具体包括如下几项。

（1）个体工商户从事工业、手工业、建筑业、交通运输业、商业、饮食业、服务业、修理业以及其他行业生产、经营取得的所得。

（2）个人经政府有关部门批准，取得执照，从事办学、医疗、咨询及其他有偿服务活动取得的所得。

（3）上述个体工商户和个人取得的与生产、经营有关的各项应纳税所得。

（4）个人因从事彩票代销业务而取得所得，应按照个体工商户的生产、经营所得项目计征个人所得税。

（5）从事个体出租车运营的出租车驾驶员取得的收入，按个体工商户的生产、经营所得项目缴纳个人所得税。

（6）个人独资企业、合伙企业的个人投资者以企业资金为本人、家庭成员及其相关人员支付与企业生产经营无关的消费性支出，以及购买汽车、住房等财产性支出，视为企业对个人投资者利润分配，并入投资者个人的生产经营所得，依照个体工商户的生产、经营所得项目计征个人所得税。

(7) 其他个人从事个体工商业生产、经营取得的所得。

3. 对企事业单位的承包经营、承租经营所得

对企事业单位的承包经营、承租经营所得，是指个人承包经营或承租经营，以及转包、转租取得的所得，包括个人按月或者按次取得的工资、薪金性质的所得。承包项目包括生产经营、采购、销售、建筑安装等，转包包括全部转包或部分转包。

4. 劳务报酬所得

劳务报酬所得，是指个人独立从事各种非雇用的劳务所取得的所得。包括个人从事设计、装潢、安装、制图、化验、测试、医疗、法律、会计、咨询、讲学、新闻、广播、翻译、审稿、书画、雕刻、影视、录音、演出、表演、广告、展览、技术服务、介绍服务、经纪服务、代办服务及其他劳务取得的所得。

5. 稿酬所得

稿酬所得，是指个人因其作品以图书、报刊形式出版、发表而取得的所得。将稿酬所得独立划归一个征税项目，而将不以图书、报刊形式出版、发表的翻译、审稿、书画所得归为劳务报酬所得，主要是考虑出版、发表作品的特殊性。

6. 特许权使用费所得

特许权使用费所得，是指个人提供专利权、商标权、著作权、非专利技术及其他特许权的使用权取得的所得；提供著作权的使用权取得的所得，不包括稿酬所得。

7. 利息、股息、红利所得

利息、股息、红利所得，是指个人拥有债权、股权而取得的利息、股息、红利所得。利息，是指个人拥有债权而取得的利息，包括存款利息、贷款利息和各种债券的利息。按税法规定，个人取得的利息所得，除国债和国家发行的金融债券利息外，应当依法缴纳个人所得税。股息、红利，指个人拥有股权取得的股息、红利。按照一定的比例对每股发给的息金叫股息，公司、企业应分配的利润按股份分配的叫红利。股息、红利所得，除另有规定外，都应当缴纳个人所得税。

除个人独资企业、合伙企业以外的其他企业的个人投资者，以企业资金为本人、家庭成员及其相关人员支付与企业生产经营无关的消费性支出，以及购买汽车、住房等财产性支出，视为企业对个人投资者的红利分配，依照利息、股息、红利所得项目计征个人所得税。企业的上述支出不允许在所得税前扣除。

8. 财产租赁所得

财产租赁所得，是指个人出租建筑物、土地使用权、机器设备、车船及其他财产取得的所得。

9．财产转让所得

财产转让所得，是指个人转让有价证券、股权、建筑物、土地使用权、机器设备、车船及其他财产取得的所得。目前，除对转让股票所得暂不征收个人所得税外，转让其他财产的所得，均应当依法缴纳个人所得税。

10．偶然所得

偶然所得，是指个人得奖、中奖、中彩及其他偶然性质的所得。其中，得奖是指参加各种有奖竞赛活动，取得名次获得的奖金；中奖、中彩，是指参加各种有奖活动，如有奖销售、有奖储蓄或购买彩票，经过规定程序，抽中、摇中号码而取得的奖金。偶然所得应缴纳的个人所得税税款，一律由发奖单位或机构代扣代缴。

11．经国务院财政部门确定征税的其他所得

除上述列举的各项个人应税所得外，其他确有必要征税的个人所得，由国务院财政部门确定。个人取得的所得，难以界定应纳税所得项目的，由主管税务机关确定。

第三节　个人所得税的税率

个人所得税的税率按所得项目不同分别确定如下。

一、工资、薪金所得适用税率

工资、薪金所得，适用 3%～45%的七级超额累进税率，具体如表 10-2 所示。

表 10-2　工资、薪金所得个人所得税税率

级　数	全月应纳税所得额	税率（%）	速算扣除数（元）
1	不超过 1 500 元的部分	3	0
2	超过 1 500 元至 4 500 元的部分	10	105
3	超过 4 500 元至 9 000 元的部分	20	555
4	超过 9 000 元至 35 000 元的部分	25	1 005
5	超过 35 000 元至 55 000 元的部分	30	2 755
6	超过 55 000 元至 80 000 元的部分	35	5 505
7	超过 80 000 元的部分	45	13 505

注：本表所称“全月应纳税所得额”是依照税法的规定，以每月收入额减除费用 3 500 元后的余额或者减除附加减除费用后的余额。

二、个体工商户的生产、经营所得和对企事业单位的承包经营、承租经营所得适用税率

个体工商户的生产、经营所得和对企事业单位的承包经营、承租经营所得，适用 5%～35%的五级超额累进税率，具体如表 10-3 所示。

表 10-3 个体工商户的生产、经营所得和对企事业单位的承包经营、承租经营所得个人所得税税率

级 数	全年应纳税所得额	税率（%）	速算扣除数（元）
1	不超过 15 000 元的部分	5	0
2	超过 15 000 元至 30 000 元的部分	10	750
3	超过 30 000 元至 60 000 元的部分	20	3 750
4	超过 60 000 元至 100 000 元的部分	30	9 750
5	超过 100 000 元的部分	35	14 750

注：本表所称“全年应纳税所得额”，对个体工商户的生产经营所得来源，是指以每一纳税年度的收入额减除成本、费用以及损失后的余额；对企事业单位的承包经营、承租经营所得来源，是指以每一纳税年度的收入总额，减除必要费用后的余额。

个人独资企业和合伙企业的生产经营所得，也适用 5%～35%的五级超额累进税率。

三、劳务报酬所得适用税率

劳务报酬所得，适用比例税率，税率为 20%。对劳务报酬所得一次收入畸高的，可以实行加成征收，具体办法由国务院规定。

根据《个人所得税法实施条例》的规定，劳务报酬所得一次收入畸高，是指个人一次取得劳务报酬，其应纳税所得额超过 20 000 元。对应纳税所得额超过 20 000 元至 50 000 元的部分，依照税法规定计算应纳税额后，再按照应纳税额加征五成；超过 50 000 元的部分，加征十成。因此劳务报酬所得实际上适用 20%、30%、40%的三级超额累进税率，具体如表 10-4 所示。

表 10-4 劳务报酬所得个人所得税税率

级 数	每次应纳税所得额	税率（%）	速算扣除数（元）
1	不超过 20 000 元的部分	20	0
2	超过 20 000 元至 50 000 元的部分	30	2 000
3	超过 50 000 元的部分	40	7 000

注：本表所称“每次应纳税所得额”，是指每次收入减除费用 800 元（每次收入不超过 4 000 元时）或者减除 20%的费用（每次收入超过 4 000 元时）后的余额。

四、稿酬所得适用税率

稿酬所得，适用比例税率，税率为20%，并按应纳税额减征30%，故其实际税率为14%。

五、特许权使用费所得，财产租赁所得，财产转让所得，利息、股息、红利所得，偶然所得和其他所得适用税率

特许权使用费所得，财产租赁所得，财产转让所得，股息、红利所得，偶然所得和其他所得，适用比例税率，税率为20%。从2007年8月15日起，居民储蓄利息税率调为5%。自2008年10月9日起暂免征收储蓄存款利息的个人所得税。对个人出租住房取得的所得减按10%的税率征收个人所得税。

另外，由于目前承包（租）经营的形式比较多，分配方式也不相同，因此，承包、承租人按照承包、承租经营合同（协议）规定取得所得的适用税率也不一致。根据国家税务总局1994年8月1日发出的《关于个人对企事业单位实行承包经营、承租经营取得所得征税问题的通知》的规定，其适用税率分别有以下两种情况。

（1）承包、承租人对企业经营成果不拥有所有权，仅是按合同（协议）规定取得一定所得的，其所得按工资、薪金所得项目征税，适用3%～45%的七级超额累进税率。

（2）承包、承租人按合同（协议）规定只向发包、出租方缴纳一定费用后，企业经营成果归其所有的，承包、承租人取得的所得，按对企事业单位的承包经营、承租经营所得项目征税，适用5%～35%的五级超额累进税率征税。

第四节　应纳税所得额的规定

由于个人所得税的应税项目不同，并且取得某项所得所需费用也不相同，因此，计算个人应纳税所得额，需按不同应税项目分项计算。

一、费用减除标准

（1）工资、薪金所得，以每月收入额减除费用3 500元后的余额，为应纳税所得额。

（2）个体工商户的生产、经营所得，以每一纳税年度的收入总额，减除成本、费用及损失后的余额，为应纳税所得额。成本、费用，是指纳税人从事生产、经营所发生的各项直接支出和分配计入成本的间接费用，以及销售费用、管理费用、财务费用；所说的损失，是指纳税人在生产、经营过程中发生的各项营业外支出。

从事生产、经营的纳税人未提供完整、准确的纳税资料，不能正确计算应纳税所得额的，由主管税务机关核定其应纳税所得额。

个人独资企业的投资者以全部生产经营所得为应纳税所得额；合伙企业的投资者按照合伙企业的全部生产经营所得和合伙协议约定的分配比例，确定应纳税所得额，合伙协议没有约定分配比例的，以全部生产经营所得和合伙人数量平均计算每个投资者的应纳税所得额。

（3）对企事业单位的承包经营、承租经营所得，以每一纳税年度的收入总额，减除必要费用后的余额，为应纳税所得额。每一纳税年度的收入总额，是指纳税人按照承包经营、承租经营合同规定分得的经营利润和工资、薪金性质的所得。减除必要费用，是指按月减除 3 500 元。

（4）劳务报酬所得、稿酬所得、特许权使用费所得、财产租赁所得，每次收入不超过 4 000 元的，减除费用 800 元；4 000 元以上的，减除 20%的费用，其余额为应纳税所得额。

（5）财产转让所得，以转让财产的收入额减除财产原值和合理费用后的余额，为应纳税所得额。合理费用是指卖出财产时按照规定支付的有关费用。财产原值是指：① 有价证券，为买入价及买入时按照规定缴纳的有关费用。② 建筑物，为建造费或者购进价格及其他有关费用。③ 土地使用权，为取得土地使用权所支付的金额，开发土地的费用及其他有关费用。④ 机器设备、车船，为购进价格、运输费、安装费及其他有关费用。⑤ 其他财产，参照以上方法确定。

（6）利息、股息、红利所得，偶然所得和其他所得，以每次收入额为应纳税所得额。自 2005 年 6 月 13 日起，个人从上市公司取得的股息、红利所得按以下规定处理。

1）对个人投资者从上市公司取得的股息、红利所得，自 2005 年 6 月 13 日起暂减按 50%计入个人应纳税所得额，依照现行税法规定计征个人所得税。

2）对证券投资基金从上市公司分配取得股息、红利所得，按照财税［2005］102 号文规定，扣缴义务人在代扣代缴个人所得税时，减按 50%计算应纳税所得额。

二、附加减除费用适用的范围和标准

上面讲到的计算个人应纳税所得额的费用减除标准，对所有纳税人都是普遍适用的。但是，考虑到外籍人员和在境外工作的中国公民的生活水平比国内公民要高，而且，我国汇率的变化情况对他们的工资、薪金所得也有一定的影响，为了不因征收个人所得税而加重他们的负担，现行税法对外籍人员和在境外工作的中国公民的工资、薪金所得增加了附加减除费用的照顾。

按照税法的规定，对在中国境内无住所而在中国境内取得工资、薪金所得的纳税人和在中国境内有住所而在中国境外取得工资、薪金所得的纳税人，可以根据其平均收入水平、生活水平及汇率变化情况确定附加减除费用，附加减除费用适用的范围和标准由国务院规定。

国务院在发布的《个人所得税法实施条例》中，对附加减除费用适用的范围做出了具体规定。

（1）附加减除费用适用的范围。

1）在中国境内的外商投资企业和外国企业中工作，取得工资、薪金所得的外籍人员。

2）应聘在中国境内的企业、事业单位、社会团体、国家机关中工作，取得工资、薪金所得的外籍专家。

3）在中国境内有住所而在中国境外任职或者受雇，取得工资、薪金所得的个人。

4）财政部确定的取得工资、薪金所得的其他人员。

（2）附加减除费用标准。上述适用范围内的人员每月工资、薪金所得在减除 3 500 元费用的基础上，再减除 1 300 元。

（3）华侨和香港、澳门、台湾同胞参照上述附加减除费用标准执行。

三、每次收入的确定

《个人所得税法》对纳税人取得的劳务报酬所得，稿酬所得，特许权使用费所得，利息、股息、红利所得，财产租赁所得，偶然所得和其他所得等七项所得，都是明确规定按次计算征税的。《个人所得税法实施条例》中对这七个项目的“次”做出了明确规定，具体如下。

（1）劳务报酬所得，根据不同劳务项目的特点，分别规定如下。

1）只有一次性收入的，以取得该项收入为一次。

2）属于同一事项连续取得收入的，以一个月内取得的收入为一次。

（2）稿酬所得，以每次出版、发表取得的收入为一次。具体又可细分如下。

1）同一作品再版取得的所得，应视作另一次稿酬所得计征个人所得税。

2）同一作品先在报刊上连载，然后再出版，或先出版，再在报刊上连载的，应视为两次稿酬所得征税。即连载作为一次，出版作为另一次。

3）同一作品在报刊上连载取得收入的，以连载完成后取得的所有收入合并为一次，计征个人所得税。

4）同一作品在出版和发表时，以预付稿酬或分次支付稿酬等形式取得的稿酬收入，应合并计算为一次。

5）同一作品出版、发表后，因添加印数而追加稿酬的，应与以前出版、发表时取得的稿酬合并计算为一次，计征个人所得税。

（3）特许权使用费所得，以某项使用权的一次转让所取得的收入为一次。如果该次转让取得的收入是分笔支付的，则应将各笔收入相加为一次的收入，计征个人所得税。

（4）财产租赁所得，以一个月内取得的收入为一次。

（5）利息、股息、红利所得，以支付利息、股息、红利时取得的收入为一次。

（6）偶然所得，以每次收入为一次。

（7）其他所得，以每次收入为一次。

四、应纳税所得额的其他规定

（1）个人将其所得通过中国境内的社会团体、国家机关向教育和其他社会公益事业及遭受严重自然灾害地区、贫困地区捐赠，捐赠额未超过纳税人申报的应纳税所得额30%的部分，可以从其应纳税所得额中扣除。

（2）个人通过非营利的社会团体和国家机关向农村义务教育的捐赠，准予在缴纳个人所得税前的所得额中全额扣除。

（3）个人的所得（不含偶然所得和经国务院财政部门确定征税的其他所得）用于资助非关联的科研机构和高等学校研究开发新产品、新技术、新工艺所发生的研究开发经费，经主管税务机关确定，可以全额在下月（工资、薪金所得）或下次（按次计征的所得）或当年（按年计征的所得）计征个人所得税时，从应纳税所得额中扣除，不足抵扣的，不得结转抵扣。

第五节　应纳税额的计算

依照税法规定的适用税率和费用扣除标准，各项所得的应纳税额，应分别计算。

一、工资、薪金所得应纳税额的计算

工资、薪金所得应纳税额的计算公式为：

应纳税额=应纳税所得额×适用税率–速算扣除数

或

应纳税额=（每月收入额–3 500元或4 800元）×适用税率–速算扣除数

工资、薪金所得适用的速算扣除数如表10-5所示。

表10-5　工资、薪金所得适用的速算扣除数

级　数	全月含税应纳税所得额	全月不含税应纳税所得额	税率（%）	速算扣除数（元）
1	不超过1 500元的部分	不超过1 455元的部分	3	0
2	超过1 500元至4 500元的部分	超过1 455元至4 155元的部分	10	105
3	超过4 500元至9 000元的部分	超过4 155元至7 755元的部分	20	555
4	超过9 000元至35 000元的部分	超过7 755元至27 255元的部分	25	1 005
5	超过35 000元至55 000元的部分	超过27 255元至41 255元的部分	30	2 755
6	超过55 000元至80 000元的部分	超过41 255元至57 505元的部分	35	5 505
7	超过80 000元的部分	超过57 505元的部分	45	13 505

案例10-1

某纳税人2012年4月工资8 000元，该纳税人不适用附加减除费用的规定。计算其4月应

纳个人所得税额。

分　析

（1）应纳税所得额=8 000–3 500 = 4 500（元）

（2）应纳税额=4 500×10%–105 = 345（元）

案例 10-2

在某外商投资企业中工作的美国专家（假设为非居民纳税人），2012 年 2 月取得由该企业发放的工资收入 10 500 元人民币。请计算其应纳个人所得税额。

分　析

（1）应纳税所得额=10 500–（3 500+1 300）=5 700（元）

（2）应纳税额=5 700×20%–555=585（元）

二、个体工商户的生产、经营所得应纳税额的计算

个体工商户的生产、经营所得应纳税额的计算公式为：

应纳税额=应纳税所得额×适用税率–速算扣除数

或

应纳税额=（全年收入总额–成本、费用及损失）×适用税率–速算扣除数

具体说明如下。

（1）自 2011 年 9 月 1 日起，个体工商户业主的费用扣除标准统一确定为 42 000 元 / 年，即 3 500 元 / 月。

（2）个体工商户向其从业人员实际支付的合理的工资、薪金支出，允许在税前据实扣除。

（3）个体工商户拨缴的工会经费、发生的职工福利费、职工教育经费支出分别在工资薪金总额 2%、14%、2.5%的标准内据实扣除。

（4）个体工商户每一纳税年度发生的广告费和业务宣传费用不超过当年销售（营业）收入 15%的部分，可据实扣除；超过部分，准予在以后纳税年度结转扣除。

（5）个体工商户每一纳税年度发生的与其生产经营业务直接相关的业务招待费支出，按照发生额的 60%扣除，但最高不得超过当年销售（营业）收入的 5‰。

（6）个体工商户在生产、经营期间借款利息支出，凡有合法证明的，不高于按金融机构同类、同期贷款利率计算的数额的部分，准予扣除。

（7）个体工商户和从事生产、经营的个人，取得与生产、经营活动无关的各项应税所得，应分别适用各应税项目的规定计算征收个人所得税。

个人独资企业、合伙企业所得的应纳税所得额的确定及计算比照个体工商户的做法。

三、对企事业单位的承包经营、承租经营所得应纳税额的计算

对企事业单位的承包经营、承租经营所得，其个人所得税应纳税额的计算公式为：

应纳税额=应纳税所得额×适用税率–速算扣除数

或

应纳税额=（纳税年度收入总额–必要费用）×适用税率–速算扣除数

具体说明如下。

（1）对企事业单位的承包经营、承租经营所得，以每一纳税年度的收入总额，减除必要费用后的余额为应纳税所得额。在一个纳税年度中，承包经营或者承租经营期限不足1年的，以其实际经营期为纳税年度。

（2）对企事业单位的承包经营、承租经营所得适用的速算扣除数，与个体工商户的生产、经营所得适用的速算扣除数相同。

案例 10-3

2012年1月1日，某个人与事业单位签订承包合同经营招待所，承包期为1年。2012年招待所实现承包经营利润130 000元，按合同规定承包人每年应从承包经营利润中上缴承包费35 000元。计算承包人2012年应纳个人所得税额。

分　析

（1）年应纳税所得额=承包经营利润–上交费用–每月必要费用扣减合计

= 130 000–35 000–（3 500×12）= 53 000（元）

（2）应纳税额=年应纳税所得额×适用税率–速算扣除数

= 53 000×20%–3 750 = 6 850（元）

四、劳务报酬所得应纳税额的计算

对劳务报酬所得，其个人所得税应纳税额的计算公式为：

（1）每次收入不超过4 000元。

应纳税额=应纳税所得额×适用税率

=（每次收入额–800）×20%

（2）每次收入在4 000元以上。

应纳税额=应纳税所得额×适用税率

=每次收入额×（1–20%）×20%

（3）每次收入的应纳税所得额超过20 000元。

应纳税额=应纳税所得额×适用税率–速算扣除数

=每次收入额×（1–20%）×适用税率–速算扣除数

案例 10-4

歌星柳某2012年1月26日一次取得表演收入28 000元，请计算其应纳个人所得税额。

分　析

应纳税额=每次收入额×（1–20%）×适用税率–速算扣除数

=28 000×（1–20%）×30%–2 000=4 720（元）

（4）为纳税人代付税款的计算方法。

如果单位或个人为纳税人代付税款，应当将单位或个人支付给纳税人的不含税支付额（或称纳税人取得的不含税收入额）换算为应纳税所得额，然后按规定计算应代付的个人所得税款。计算公式为：

1）不含税收入额不超过3 360元。

① 应纳税所得额=（不含税收入额–800）÷（1–税率）

② 应纳税额=应纳税所得额×适用税率

2）不含税收入额超过3 360元。

① 应纳税所得额=［（不含税收入额–速算扣除数）×（1–20%）］÷［1–税率×（1–20%）］

或

应纳税所得额=［（不含税收入额–速算扣除数）×（1–20%）］÷当级换算系数

② 应纳税额=应纳税所得额×适用税率–速算扣除数

上述1）中的公式①和2）中的公式①中的适用税率，是指不含税劳务报酬收入所对应的税率（见表10-6）；1）中的公式②和2）中的公式②中的适用税率，是指应纳税所得额按含税级距所对应的税率（见表10-4）。

表10-6　不含税劳务报酬收入适用税率

级　数	不含税劳务报酬收入额	税率（%）	速算扣除数（元）	换算系数（%）
1	未超过3 360元的部分	20	0	无
2	超过3 360元至21 000元的部分	20	0	84
3	超过21 000元至49 500元的部分	30	2 000	76
4	超过49 500元的部分	40	7 000	68

案例 10-5

高级工程师李某为爱华公司进行一项工程设计，按照合同规定，公司应支付李某的劳务报酬为49 000元，与其报酬相关的个人所得税由公司代付。不考虑其他税收的情况下，计算公司应代付的个人所得税额。

分　析

（1）代付个人所得税的应纳税所得额=［（49 000–2 000）×（1–20%）］÷76%=49 473.68（元）

（2）应代付个人所得税=49 473.68×30%–2 000=12 842.1（元）

五、稿酬所得应纳税额的计算

稿酬所得应纳税额的计算公式为：

（1）每次收入不超过4 000元。

应纳税额=应纳税所得额×适用税率×（1–30%）
　　　　=（每次收入额–800）×20%×（1–30%）

（2）每次收入在4 000元以上。

应纳税额=应纳税所得额×适用税率×（1–30%）
　　　　=每次收入额×（1–20%）×20%×（1–30%）

案例10-6

2012年6月某作家取得一次未扣除个人所得税的书稿稿酬收入20 000元，请计算其应缴纳的个人所得税额。

分　析

应纳税额=应纳税所得额×适用税率×（1–30%）
　　　　=20 000×（1–20%）×20%×（1–30%）=2 240（元）

六、特许权使用费所得应纳税额的计算

特许权使用费所得应纳税额的计算公式为：

（1）每次收入不超过4 000元。

应纳税额=应纳税所得额×适用税率=（每次收入额–800）×20%

（2）每次收入在4 000元以上的。

应纳税额=应纳税所得额×适用税率=每次收入额×（1–20%）×20%

七、利息、股息、红利所得应纳税额的计算

利息、股息、红利所得应纳税额的计算公式为：

应纳税额=应纳税所得额×适用税率=每次收入额×20%

八、财产租赁所得应纳税额的计算

（一）应纳税所得额

在确定财产租赁的应纳税所得额时，纳税人在出租财产过程中缴纳的税金和教育费附加，可持完税（缴款）凭证，从其财产租赁收入中扣除。准予扣除的项目除了规定费用和有关税、费外，还准予扣除能够提供有效、准确凭证，证明由纳税人负担的该出租财产实际开支的修缮费用。允许扣除的修缮费用，以每次800元为限。一次扣除不完的，准予在下一次继续扣除，直到扣完为止。

应纳税所得额的计算公式为：

（1）每次（月）收入不超过4 000元。

应纳税所得额=每次（月）收入额–准予扣除项目–修缮费用（800元为限）–800

（2）每次（月）收入超过4 000元。

应纳税所得额=［每次（月）收入额–准予扣除项目–修缮费用（800元为限）］×（1–20%）

（二）应纳税额的计算方法

财产租赁所得适用20%的比例税率。但对个人按市场价格出租的居民住房取得的所得，自2001年1月1日起暂减按10%的税率征收个人所得税。其应纳税额的计算公式为：

应纳税额=应纳税所得额×适用税率

案例10-7

柳某于2012年1月将其自有的四间面积为100平方米的房屋出租给张某全家居住，租期1年。柳某每月取得租金收入1 800元，全年租金收入21 600元。计算柳某全年租金收入应缴纳的个人所得税。

分　析

财产租赁收入以每月内取得的收入为一次，因此，柳某每月及全年应纳税额为：

（1）每月应纳税额 =（1 800–800）×10% = 100（元）

（2）全年应纳税额= 100×12 = 1 200（元）

假如本例中，当年4月因下水道堵塞找人修理，发生修理费用650元，有维修部门的正式收据，则4月和全年的应纳税额分别为：

（1）4月应纳税额=（1 800–650–800）×10%=35（元）

（2）全年应纳税额=100×11+35=1 135（元）

九、财产转让所得应纳税额的计算

财产转让所得应纳税额的计算公式为：

应纳税额=应纳税所得额×适用税率=（收入总额–财产原值–合理税费）×20%

案例 10-8

某人2012年3月建房一栋，造价60 000元，支付费用2 000元。该人2012年8月转让房屋，售价100 000元，在卖房过程中按规定支付交易费等有关费用3 000元，计算该人转让房屋应纳的个人所得税。

分 析

应纳个人所得税额为：

（1）应纳税所得额=财产转让收入–财产原值–合理费用

=100 000–（60 000+2 000）–3 000 = 35 000（元）

（2）应纳税额 = 35 000×20% = 7 000（元）

十、偶然所得应纳税额的计算

偶然所得应纳税额的计算公式为：

应纳税额=应纳税所得额×适用税率=每次收入额×20%

案例 10-9

黎某2012年2月在参加商场的有奖销售过程中，中奖所得共计价值24 000元。黎某领奖时告知商场，从中奖收入中拿出6 000元通过教育部门向某希望小学捐赠。按照规定，计算商场代扣代缴个人所得税后，黎某实际可得中奖金额。

分 析

（1）根据税法有关规定，黎某的捐赠额可以全部从应纳税所得额中扣除（因为6 000÷24 000 = 25%，小于捐赠扣除比例30%）。

（2）应纳税所得额=偶然所得–捐赠额= 24 000–6 000 = 18 000（元）

（3）应纳税额（商场代扣税款）= 应纳税所得额×适用税率= 18 000×20% = 3 600（元）

（4）陈某实际可得金额 = 24 000–6 000–3 600 = 14 400（元）

十一、其他所得应纳税额的计算

其他所得应纳税额的计算公式为：

应纳税额=应纳税所得额×适用税率=每次收入额×20%

十二、应纳税额计算中的特殊问题

（一）对个人取得全年一次性奖金等计算征收个人所得税的方法

全年一次性奖金是指行政机关、企事业单位等扣缴义务人根据其全年经济效益和对雇员全年工作业绩的综合考核情况，向雇员发放的一次性奖金。一次性奖金也包括年终加薪、实行年薪制和绩效工资办法的单位根据考核情况兑现的年薪和绩效工资。

纳税人取得全年一次性奖金，单独作为一个月工资、薪金所得计算纳税，自2005年1月1日起按以下计税办法，由扣缴义务人发放时代扣代缴：

（1）先将雇员当月内取得的全年一次性奖金，除以12个月，按其商数确定适用税率和速算扣除数。

如果在发放年终一次性奖金的当月，雇员当月工资薪金所得低于税法规定的费用扣除额，应将全年一次性奖金减除“雇员当月工资薪金所得与费用扣除额的差额”后的余额，按上述办法确定全年一次性奖金的适用税率和速算扣除数。

（2）将雇员个人当月内取得的全年一次性奖金，按上述第（1）条确定的适用税率和速算扣除数计算征税，计算公式如下：

1）如果雇员当月工资薪金所得高于（或等于）税法规定的费用扣除额的，适用公式为：

应纳税额=雇员当月取得全年一次性奖金×适用税率–速算扣除数

2）如果雇员当月工资薪金所得低于税法规定的费用扣除额的，适用公式为：

应纳税额=（雇员当月取得全年一次性奖金–雇员当月工资薪金所得与费用扣除额的差额）×适用税率–速算扣除数

（3）在一个纳税年度内，对每个纳税人，该计税办法只允许采用一次。

（4）实行年薪制和绩效工资的单位，个人取得年终兑现的年薪和绩效工资按上述第（2）条、第（3）条规定执行。

（5）雇员取得除全年一次性奖金以外的其他各种名目奖金，如半年奖、季度奖、加班奖、先进奖、考勤奖等，一律与当月工资、薪金收入合并，按税法规定缴纳个人所得税。

案例 10-10

假定中国公民冯某2012年在我国境内1~12月每月的绩效工资为3 000元，12月31日又一次性领取年终奖金（兑现的绩效工资）60 500 元。请计算冯某取得该笔奖金应缴纳的个人所得税。

分　析

（1）该笔奖金适用的税率和速算扣除数为：按 12 个月分摊后，每月的奖金为［60 500–（3 500–3000）］÷12 = 5 000 元，根据工资、薪金七级超额累进税率的规定，适用的税率和速算扣除数分别为 20%、555 元。

（2）应缴纳个人所得税为：

应纳税额=（奖金收入–当月工资与 3 500 元的差额）×适用的税率–速算扣除数
=［60 500–（3 500–3 000）］×20%–555
= 11 445（元）

（二）取得不含税全年一次性奖金收入个人所得税的计算方法

（1）按照不含税的全年一次性奖金收入除以 12 的商数，查找相应适用税率 A 和速算扣除数 A（A 为不含税应纳税所得额对应的税率和速算扣除数）。

（2）计算含税的全年一次性资金收入，计算公式为：

含税的全年一次性奖金收入=（不含税的全年一次性奖金收入–速算扣除数 A）÷（1–适用税率 A）

（3）按含税的全年一次性奖金收入除以 12 的商数，重新查找适用税率 B 和速算扣除数 B（B 为含税应纳税所得额对应的税率和速算扣除数）。

（4）计算应纳税额，计算公式为：

应纳税额=含税的全年一次性奖金收入×适用税率 B–速算扣除数 B。

如果纳税人取得不含税全年一次性奖金收入的当月工资薪金所得，低于税法规定的费用扣除额，应先将不含税全年一次性奖金减去当月工资薪金所得低于税法规定费用扣除额的差额部分后，再按照上述规定处理。

根据企业所得税和个人所得税的现行规定，企业所得税的纳税人、个人独资和合伙企业、个体工商户为个人支付的个人所得税款，不得在所得税前扣除。

（三）对在中国境内无住所的个人一次取得数月奖金或年终加薪、劳动分红（以下简称奖金，不包括应按月支付的奖金）的计税方法

对上述个人取得的奖金，可单独作为一个月的工资、薪金所得计算纳税。由于对每月的工资、薪金所得计税时已按月扣除了费用，因此，对上述奖金不再减除费用，全额作为应纳税所得额直接按适用税率计算应纳税款，并且不再按居住天数进行划分计算。上述个人应在取得奖金月份的次月 7 日内申报纳税。

（四）特定行业职工取得的工资、薪金所得的计税方法

为了照顾采掘业、远洋运输业、远洋捕捞业因季节、产量等因素的影响，职工的工资、薪金收入呈现较大幅度波动的实际情况，对这三个特定行业的职工取得的工资、薪金所得，可按月预缴，年度终了后30日内，合计其全年工资、薪金所得，再按12个月平均计算实际应纳的税款，多退少补。用公式表示为：

应纳所得税额=［（全年工资、薪金收入÷12–费用扣除标准）×税率–速算扣除数］×12

（五）在外商投资企业、外国企业和外国驻华机构工作的中方人员取得的工资、薪金所得的征税问题

（1）在外商投资企业、外国企业和外国驻华机构工作的中方人员取得的工资、薪金收入，凡是由雇用单位和派遣单位分别支付的，支付单位应按税法规定代扣代缴个人所得税。同时，按税法规定，纳税人应以每月全部工资、薪金收入减除规定费用后的余额为应纳税所得额。为了有利于征管，对雇用单位和派遣单位分别支付工资、薪金的，采取由支付者中的一方减除费用的方法，即只由雇用单位在支付工资、薪金时，按税法规定减除费用，计算扣缴个人所得税；派遣单位支付的工资、薪金不再减除费用，以支付金额直接确定适用税率，计算扣缴个人所得税。

上述纳税人，应持两处支付单位提供的原始明细工资、薪金单（书）和完税凭证原件，选择并固定到一地税务机关申报每月工资、薪金收入，汇算清缴其工资、薪金收入的个人所得税，多退少补。具体申报期限，由各省、自治区、直辖市税务机关确定。

案例10-11

汪某为某外商投资企业雇用的中方人员，2012年2月，该外商投资企业支付给汪某的薪金为9 000元，同月，汪某还收到其所在派遣单位发给的工资1 800元。该外商投资企业、派遣单位应如何扣缴汪某个人所得税？汪某实际应缴多少个人所得税？

分　析

（1）外商投资企业应为汪某扣缴的个人所得税为：

扣缴税额=（月收入额–3 500）×适用税率–速算扣除数

=（9 000–3 500）×20%–555 = 545（元）

（2）派遣单位应为汪某扣缴的个人所得税为：

扣缴税额=每月收入额×适用税率–速算扣除数

= 1 800×10%–105 = 75（元）

（3）汪某实际应缴的个人所得税为：

应纳税额=（每月收入额−3 500）×适用税率−速算扣除数

=（9 000+1 800−3 500）×20%−555 = 905（元）

因此，在汪某到某税务机关申报时，还应补缴 285 元（905−545−75）。

（2）对外商投资企业、外国企业和外国驻华机构发放给中方工作人员的工资、薪金所得，应全额征税。但对可以提供有效合同或有关凭证，能够证明其工资、薪金所得的一部分按照有关规定上缴派遣（介绍）单位的，可扣除其实际上缴的部分，按其余额计征个人所得税。

（六）两个或两个以上的纳税人共同取得同一项所得的计税问题

两个或两个以上的纳税人共同取得同一项所得的（如共同写作一部著作而取得稿酬所得），可以对每个人分得的收入分别减除费用，并计算各自应纳的税款。

案例 10-12

甲、乙两个人合著一本书，共得稿费收入 1 600 元。请计算两人需缴纳的个人所得税。

分　析

若两人平分，即每人各得 800 元，那么，两人分别减除费用 800 元后，没有余额，也就不用纳税。若甲分得 900 元，乙分得 700 元，则甲需纳税 14 元［（900−800）×20%×（1−30%）］，而乙则不用缴纳个人所得税。

（七）关于个人取得公务交通、通信补贴收入的计税问题

个人因公务用车和通信制度改革而取得的公务用车、通信补贴收入，扣除一定标准的公务费用后，按照工资、薪金所得项目计征个人所得税。按月发放的，并入当月工资、薪金所得计征个人所得税；不按月发放的，分解到所属月份并与该月工资、薪金所得合并后计征个人所得税。

（八）关于失业保险费（金）的计税问题

城镇企业事业单位及其职工个人按照《失业保险条例》规定的比例，实际缴付的失业保险费，均不计入职工个人当期工资、薪金收入，免予征收个人所得税；超过《失业保险条例》规定的比例缴付失业保险费的，应将其超过规定比例缴付的部分计入职工个人当期的工资、薪金收入，依法计征个人所得税。

具备《失业保险条例》规定条件的失业人员，领取的失业保险金，免予征收个人所得税。

十三、境外所得已纳税款的扣除

为避免国际重复征税，同时维护国家的税收权益，税法规定，纳税人从中国境外取得的所得，准予其在应纳税额中扣除已在境外缴纳的个人所得税额。但扣除额不得超过该纳税人境外所得依照我国税法规定计算的应纳税额。

（1）已在境外缴纳的个人所得税额，是指纳税人从中国境外取得的所得，依照该所得来源国家或者地区的法律应当缴纳并且实际已经缴纳的税额。

（2）依照我国税法规定计算的应纳税额，是指纳税人从中国境外取得的所得，区别不同国家或者地区和不同应税项目，依照我国税法规定的费用减除标准和适用税率计算的应纳税额；同一国家或者地区内不同应税项目，依照我国税法计算的应纳税额之和，为该国家或者地区的扣除限额。

（3）纳税人在中国境外一个国家或者地区实际已经缴纳的个人所得税额，低于依照上述规定计算出的该国家或者地区扣除限额的，应当在中国缴纳差额部分的税款；超过该国家或者地区扣除限额的，其超过部分不得在本纳税年度的应纳税额中扣除，但是可以在以后纳税年度的该国家或者地区扣除限额的余额中补扣，补扣期限最长不得超过 5 年。

案例 10-13

某中国居民王某在 2012 年，从 A、B 两国取得应税收入。其中：在 A 国某公司任职，取得工资、薪金收入 78 000 元（人民币，下同）（平均每月 6 500 元）；提供一项专利技术使用权，一次取得特许权使用费收入 40 000 元。该两项收入在 A 国缴纳个人所得税 5 500 元。因在 B 国出版著作，获得稿酬收入 15 000 元，并在 B 国缴纳该项收入的个人所得税 1 730 元。请计算王某应补缴的个人所得税额是多少。

分　析

1. A 国所纳个人所得税的抵减

按照我国税法规定的费用减除标准和税率，计算该纳税人从 A 国取得的应税所得应纳税额，该应纳税额即为抵减限额。

（1）工资、薪金所得。

该纳税人从 A 国取得的工资、薪金收入，应每月减除费用 4 800 元，其余额按七级超额累进税率表的适用税率计算应纳税额。

每月应纳税额=（6 500–4 800）×10%–105 =65（元）

全年应纳税额=65×12 =780（元）

（2）特许权使用费所得。

该纳税人从 A 国取得的特许权使用费收入，应减除 20%的费用，其余额按 20%的比例税率计算应纳税额，应为：

应纳税额=40 000×（1–20%）×20% =6 400（元）

根据计算结果，该纳税人从 A 国取得应税所得在 A 国缴纳的个人所得税额的抵减限额为 7 180 元（780+6 400）。其在 A 国实际缴纳个人所得税 5 500 元，低于抵减限额，可以全额抵扣，并需在中国补缴差额部分的税款，计 1 680 元（7 180–5 500）。

2. B 国所纳个人所得税的抵减

按照我国税法的规定，该纳税人从 B 国取得的稿酬收入，应减除 20%的费用，就其余额按 20%的税率计算应纳税额并减征 30%，计算结果为：

应纳税额=［15 000×（1–20%）×20%］×（1–30%）=1 680（元）

即其抵扣限额为 1 680 元。该纳税人稿酬所得在 B 国实际缴纳个人所得税 1 730 元，超出抵减限额 50 元，不能在本年度扣除，但可以在以后 5 个纳税年度的该国抵减限额的余额中补减。

综合上述计算结果，该纳税人在本纳税年度中的境外所得，应在中国补缴个人所得税 1 680 元。其在 B 国缴纳的个人所得税未抵减完的 50 元，可在我国税法规定前提条件下补减。

第六节　税收优惠

一、免征个人所得税的优惠

（1）省级人民政府、国务院部委和中国人民解放军军以上单位，以及外国组织颁发的科学、教育、技术、文化、卫生、体育、环境保护等方面的奖金。

（2）国债利息和国家发行的金融债券利息。这里所说的国债利息，是指个人持有中华人民共和国财政部发行的债券而取得的利息所得；国家发行的金融债券利息，是指个人持有经国务院批准发行的金融债券而取得的利息所得。

（3）按照国家统一规定发给的补贴、津贴。这里所说的按照国家统一规定发给的补贴、津贴，是指按照国务院规定发给的政府特殊津贴和国务院规定免纳个人所得税的补贴、津贴。如中国科学院资深院士和中国工程院资深院士每人每年 1 万元的资深院士津贴免予征收个人所得税。

（4）福利费、抚恤金、救济金。这里所说的福利费，是指根据国家有关规定，从企业、事业单位、国家机关、社会团体提留的福利费或者工会经费中支付给个人的生活补助费；所说的救济金，是指国家民政部门支付给个人的生活困难补助费。

（5）保险赔款。

（6）军人的转业费、复员费。

（7）按照国家统一规定发给干部、职工的安家费、退职费、退休工资、离休工资、离休生活补助费。

（8）依照我国有关法律规定应予免税的各国驻华使馆、领事馆的外交代表、领事官员和其他人员的所得。

（9）中国政府参加的国际公约及签订的协议中规定免税的所得。

（10）乡、镇（含乡、镇）以上人民政府或经县（含县）以上人民政府主管部门批准成立的有机构、有章程的见义勇为基金或者类似性质的组织，奖励见义勇为者的奖金或奖品，经主管税务机关核准，免征个人所得税。

（11）企业和个人按照省级以上人民政府规定的比例提取并缴付的住房公积金、医疗保险金、基本养老保险金、失业保险金，不计入个人当期的工资、薪金收入，免予征收个人所得税。超过规定的比例缴付的部分计征个人所得税。

个人领取原提存的住房公积金、医疗保险金、基本养老保险金时，免予征收个人所得税。

（12）对个人取得的教育储蓄存款利息所得及国务院财政部门确定的其他专项储蓄存款或者储蓄性专项基金存款的利息所得，免征个人所得税。

（13）储蓄机构内从事代扣代缴工作的办税人员取得的扣缴利息税手续费所得，免征个人所得税。

（14）经国务院财政部门批准免税的所得。

二、减征个人所得税的优惠

（1）残疾、孤老人员和烈属的所得。

（2）因严重自然灾害造成重大损失的。

（3）其他经国务院财政部门批准减税的。

三、暂免征收个人所得税的优惠

（1）外籍个人以非现金形式或实报实销形式取得的住房补贴、伙食补贴、搬迁费、洗衣费。

（2）外籍个人按合理标准取得的境内、外出差补贴。

（3）外籍个人取得的探亲费、语言训练费、子女教育费等，经当地税务机关审核批准为合理的部分。可以享受免征个人所得税优惠的探亲费，仅限于外籍个人在我国的受雇地与其家庭所在地（包括配偶或父母居住地）之间搭乘交通工具，且每年不超过两次的费用。

（4）个人举报、协查各种违法、犯罪行为而获得的奖金。

（5）个人办理代扣代缴税款手续，按规定取得的扣缴手续费。

（6）个人转让自用达5年以上并且是唯一的家庭居住用房取得的所得。

（7）对延长离休、退休年龄的高级专家在延长离休、退休期间的工资、薪金所得，视同退休工资、离休工资，免征个人所得税。

（8）外籍个人从外商投资企业取得的股息、红利所得。

（9）符合条件的外籍专家取得的工资、薪金所得。

（10）股权分置改革中非流通股股东通过对价方式向流通股股东支付的股份、现金等收入，暂免征收流通股股东应缴纳的个人所得税。

（11）对被拆迁人按照国家有关城镇房屋拆迁管理办法规定的标准取得的拆迁补偿款，免征个人所得税。

（12）个人取得单张有奖发票奖金所得不超过 800 元（含 800 元）的，暂免征收个人所得税；个人取得单张有奖发票奖金所得超过 800 元的，应全额按照个人所得税法规定的偶然所得项目征收个人所得税。

（13）自 2006 年 6 月 1 日起，对保险营销员佣金中的展业成本，免征个人所得税；对佣金中的劳务报酬部分，扣除实际缴纳的营业税及附加后，依照税法有关规定计算征收个人所得税。保险营销员的佣金由展业成本和劳务报酬构成，所谓“展业成本”即营销费。根据目前保险营销员展业的实际情况，佣金中展业成本的比例暂定为 40%。

（14）第二届高等学校教学名师奖奖金，免予征收个人所得税；第二届高等学校教学名师奖获奖人数为 100 人，每人奖金 2 万元。

第七节　个人所得税的征收管理

个人所得税的纳税办法有自行申报纳税和代扣代缴纳税两种。

一、自行申报纳税

自行申报纳税，是由纳税人自行在税法规定的纳税期限内，向税务机关申报取得的应税所得项目和数额，如实填写《个人所得税纳税申报表》，并按照税法规定计算应纳税额，据此缴纳个人所得税的一种方法。

1．自行申报纳税的纳税人

（1）自 2006 年 1 月 1 日起，年所得 12 万元以上的。

（2）从中国境内两处或者两处以上取得工资、薪金所得的。

（3）从中国境外取得所得的。

（4）取得应税所得，没有扣缴义务人的。

（5）国务院规定的其他情形。

其中，年所得 12 万元以上的纳税人，无论取得的各项所得是否已足额缴纳了个人所得税，均应当按照自行申报纳税管理办法的规定，于纳税年度终了后向主管税务机关办理纳税申报；其他情形的纳税人，均应当按照自行申报纳税管理办法的规定，于取得所得后向主管税务机关办理纳税申报。同时需注意的是，年所得 12 万元以上的纳税人，不包括在中国境内无住所，且在一个纳税年度中在中国境内居住不满 1 年的个人；从中国境外取得所得的纳税人，是指在中国境内有住所，或者无住所而在一个纳税年度中在中国境内居住满 1 年的个人。

2. 自行申报纳税的内容

年所得 12 万元以上的纳税人，在纳税年度终了后，应当填写《个人所得税纳税申报表（适用于年所得 12 万元以上的纳税人申报）》，并在办理纳税申报时报送主管税务机关，同时报送个人有效身份证件复印件，以及主管税务机关要求报送的其他有关资料。

（1）构成 12 万元的所得包括以下各项：工资、薪金所得；个体工商户的生产、经营所得；对企事业单位的承包经营、承租经营所得；劳务报酬所得；稿酬所得；特许权使用费所得；利息、股息、红利所得；财产租赁所得；财产转让所得；偶然所得；经国务院财政部门确定征税的其他所得。

（2）不包含在 12 万元中的所得。

1）免税所得。即省级人民政府、国务院部委、中国人民解放军军以上单位，以及外国组织、国际组织颁发的科学、教育、技术、文化、卫生、体育、环境保护等方面的奖金；国债利息和国家发行的金融债券利息；按照国家统一规定发给的补贴、津贴，即《个人所得税法实施条例》第十三条规定的按照国务院规定发放的政府特殊津贴、院士津贴、资深院士津贴，以及国务院规定免征个人所得税的其他补贴、津贴；福利费、抚恤金、救济金；保险赔款；军人的转业费、复员费；按照国家统一规定发给干部、职工的安家费、退职费、退休工资、离休工资、离休生活补助费。

2）暂免征税所得，即依照我国有关法律规定应予免税的各国驻华使馆、领事馆的外交代表、领事官员和其他人员的所得；中国政府参加的国际公约、签订的协议中规定免税的所得。

3）可以免税的来源于中国境外的所得，如按照国家规定单位为个人缴付和个人缴付的基本养老保险费、基本医疗保险费、失业保险费、住房公积金。

（3）各项所得的年所得的计算方法。

1）工资、薪金所得，按照未减除费用及附加减除费用的收入额计算。

2）劳务报酬所得、特许权使用费所得，不得减除纳税人在提供劳务或让渡特许权使用权过程中缴纳的有关税费。

3）财产租赁所得，不得减除纳税人在出租财产过程中缴纳的有关税费；对于纳税人一次取得跨年度财产租赁所得的，全部视为实际取得所得年度的所得。

4）个人转让房屋所得，采取核定征收个人所得税的，按照实际征收率（1%、2%、3%）分别换算为应税所得率（5%、10%、15%），据此计算年所得。

5）个人储蓄存款利息所得、企业债券利息所得，全部视为纳税人实际取得所得年度的所得。

6）对于个体工商户、个人独资企业投资者，按照征收率核定个人所得税的，将征收率换算为应税所得率，据此计算应纳税所得额。合伙企业投资者按照上述方法确定应纳税所得额后，合伙人应根据合伙协议规定的分配比例确定其应纳税所得额，合伙协议未规定分配比例的，按合伙人数平均分配确定其应纳税所得额。对于同时参与两个以上企业投资的，合伙人应将其投资所有企业的应纳税所得额相加后的总额作为年所得。

7）股票转让所得，以 1 个纳税年度内，个人股票转让所得与损失盈亏相抵后的正数为申报所得数额，盈亏相抵为负数的，此项所得按“零”填写。

3. 自行申报纳税的申报期限

（1）年所得 12 万元以上的纳税人，在纳税年度终了后 3 个月内向主管税务机关办理纳税申报。

（2）个体工商户和个人独资、合伙企业投资者取得的生产、经营所得应纳的税款，分月预缴的，纳税人在每月终了后 7 日内办理纳税申报；分季预缴的，纳税人在每个季度终了后 7 日内办理纳税申报；纳税年度终了后，纳税人在 3 个月内进行汇算清缴。

（3）纳税人年终一次性取得对企事业单位的承包经营、承租经营所得的，自取得所得之日起 30 日内办理纳税申报；在 1 个纳税年度内分次取得承包经营、承租经营所得的，在每次取得所得后的次月 7 日内申报预缴；纳税年度终了后 3 个月内汇算清缴。

（4）从中国境外取得所得的纳税人，在纳税年度终了后 30 日内向中国境内主管税务机关办理纳税申报。

（5）除以上规定的情形外，纳税人取得其他各项所得须申报纳税的，在取得所得的次月 7 日内向主管税务机关办理纳税申报。

（6）纳税人不能按照规定的期限办理纳税申报，需要延期的，按照《中华人民共和国税收征收管理法》第二十七条和《中华人民共和国税收征收管理法实施细则》第三十七条的规定办理。

4. 自行申报纳税的申报方式

纳税人可以采取数据电文、邮寄等方式申报，也可以直接到主管税务机关申报，或者采取符合主管税务机关规定的其他方式申报。纳税人采取邮寄方式申报的，以邮政部门挂号信函收据作为申报凭据，以寄出的邮戳日期为实际申报日期。

纳税人也可以委托有税务代理资质的中介机构或者他人代为办理纳税申报。

5. 自行申报纳税的申报地点

（1）在中国境内有任职、受雇单位的，向任职、受雇单位所在地主管税务机关申报。

（2）在中国境内有两处或者两处以上任职、受雇单位的，选择并固定向其中一处单位所在地主管税务机关申报。

（3）在中国境内无任职、受雇单位，年所得项目中有个体工商户的生产、经营所得或者对企事业单位的承包经营、承租经营所得（以下统称生产、经营所得）的，向其中一处实际经营所在地主管税务机关申报。

（4）在中国境内无任职、受雇单位，年所得项目中无生产、经营所得的，向户籍所在地主管税务机关申报。在中国境内有户籍，但户籍所在地与中国境内经常居住地不一致的，选择并固定向其中一地主管税务机关申报。在中国境内没有户籍的，向中国境内经常居住地主管税务机关申报。

（5）其他所得的纳税人，纳税申报地点分别列举如下。

1）从两处或者两处以上取得工资、薪金所得的，选择并固定向其中一处单位所在地主管税务机关申报。

2）从中国境外取得所得的，向中国境内户籍所在地主管税务机关申报。在中国境内有户籍，但户籍所在地与中国境内经常居住地不一致的，选择并固定向其中一地主管税务机关申报。在中国境内没有户籍的，向中国境内经常居住地主管税务机关申报。

3）个体工商户向实际经营所在地主管税务机关申报。

4）个人独资、合伙企业投资者兴办两个或两个以上企业的，区分不同情形确定纳税申报地点：兴办的企业全部是个人独资性质的，分别向各企业的实际经营管理所在地主管税务机关申报；兴办的企业中含有合伙性质的，向经常居住地主管税务机关申报；兴办的企业中含有合伙性质，个人投资者经常居住地与其兴办企业的经营管理所在地不一致的，选择并固定向其参与兴办的某一合伙企业的经营管理所在地主管税务机关申报；除以上情形外，纳税人应当向取得所得所在地主管税务机关申报。

纳税人不得随意变更纳税申报地点，因特殊情况变更纳税申报地点的，须报原主管税务机关备案。

6．自行申报纳税的申报管理

（1）主管税务机关应当将各类申报表登载到税务机关的网站上，或者摆放到税务机关受理纳税申报的办税服务厅，免费供纳税人随时下载或取用。

（2）主管税务机关应当在每年法定申报期间，通过适当方式，提醒年所得12万元以上的纳税人办理自行纳税申报。

（3）受理纳税申报的主管税务机关根据纳税人的申报情况，按照规定办理税款的征、补、退、抵手续。

（4）主管税务机关按照规定为已经办理纳税申报并缴纳税款的纳税人开具完税凭证。

（5）税务机关依法为纳税人的纳税申报信息保密。

（6）纳税人变更纳税申报地点，并报原主管税务机关备案的，原主管税务机关应当及时将纳税人变更纳税申报地点的信息传递给新的主管税务机关。

（7）主管税务机关对已办理纳税申报的纳税人建立纳税档案，实施动态管理。

二、代扣代缴纳税

代扣代缴，是指按照税法规定，负有扣缴税款义务的单位或者个人，在向个人支付应纳税所得时，计算应纳税额，从其所得中扣出并缴入国库，同时向税务机关报送扣缴个人所得税报告表。这种方法有利于控制税源，防止漏税和逃税。

1．扣缴义务人

凡支付个人应纳税所得的企业（公司）、事业单位、机关、社团组织、军队、驻华机构、个体户等单位或者个人，为个人所得税的扣缴义务人。这里所说的驻华机构，不包括外国驻华使领馆和联合国及其他依法享有外交特权和豁免的国际组织驻华机构。

2．代扣代缴的范围

扣缴义务人向个人支付下列所得，应代扣代缴个人所得税。

（1）工资、薪金所得。

（2）对企事业单位的承包经营、承租经营所得。

（3）劳务报酬所得。

（4）稿酬所得。

（5）特许权使用费所得。

（6）利息、股息、红利所得。

（7）财产租赁所得。

（8）财产转让所得。

（9）偶然所得。

（10）经国务院财政部门确定征税的其他所得。

扣缴义务人向个人支付应纳税所得（包括现金、实物和有价证券）时，无论纳税人是否属于本单位人员，均应代扣代缴其应纳的个人所得税税款。

这里所说的支付，包括现金支付、汇拨支付、转账支付和以有价证券、实物及其他形式的支付。

3．扣缴义务人的义务及应承担的责任

扣缴义务人应指定支付应纳税所得的财务会计部门或其他有关部门的人员为办税人员，由办税人员具体办理个人所得税的代扣代缴工作。

代扣代缴义务人的有关领导要对代扣代缴工作提供便利，支持办税人员履行义务；确定办税人员或办税人员发生变动时，应将名单及时报告主管税务机关。

扣缴义务人对纳税人的应扣未扣的税款，其应纳税款仍然由纳税人缴纳，扣缴义务人应承担应扣未扣税款50%以上至3倍的罚款。

4．代扣代缴期限

扣缴义务人每月所扣的税款，应当在次月7日内缴入国库，并向主管税务机关报送《扣缴

个人所得税报告表》、代扣代收税款凭证和包括每个纳税人姓名、单位、职务、收入、税款等内容的支付个人收入明细表，以及税务机关要求报送的其他有关资料。

扣缴义务人违反上述规定不报送或者报送虚假纳税资料的，一经查实，其未在支付个人收入明细表中反映的向个人支付的款项，在计算扣缴义务人应纳税所得额时不得作为成本费用扣除。

扣缴义务人因有特殊困难不能按期报送《扣缴个人所得税报告表》及其他有关资料的，经县级税务机关批准，可以延期申报。

思考题

1. 个人所得税的征税范围包括哪些内容？
2. 简述个人所得税确定居民纳税人的标准。
3. 个人所得税计税依据及应纳税额如何确定？
4. 简述个人所得税的征收方法。

案例分析与计算题

1. 谭某为中国公民，2012 年共取得如下收入：

（1）工资收入 48 000 元，年终一次取得全年奖金 5 000 元。

（2）1～5 月，每月参加文艺演出一次，每次收入 20 000 元。

（3）在 A 国出版图书取得稿酬 250 000 元（人民币），在 B 国参加演出取得收入 10 000 元（人民币），已分别按收入来源国税法缴纳个人所得税 31 000 元（人民币）和 1 500 元（人民币）；

（4）取得中彩收入 50 000 元，当场通过社会团体向教育机构捐赠 30 000 元。

（5）取得国债利息收入 4 000 元。

（6）取得保险赔款 21 000 元。

（7）5 月取得一年期银行存款利息收入 8 000 元。

要求：计算谭某 2012 年应缴纳的个人所得税额。

2. 谭某是某单位职工，假如于 2012 年 1 月取得如下收入：

（1）月工资 3 000 元，奖金 280 元。

（2）为某单位进行工程设计，收入 20 000 元；同时拿出 10 000 元通过希望工程基金会捐赠给某希望小学。

（3）取得省政府颁发的科技奖 6 000 元；因检举、揭发某人违法犯罪行为，获得政府部门颁发奖金 2 000 元。

（4）在 A 国取得特许权使用费收入 8 000 元（人民币），已在 A 国缴纳个人所得税 1 274 元

（人民币）；在B国取得稿酬收入3 000元（人民币），已在B国缴纳个人所得税385元（人民币）。

要求：计算谭某1月应缴纳的个人所得税额。

3. 谭某系国内某单位职工，被派到某外资企业工作。该人2012年1月有关收入情况如下：

（1）外资企业每月付给谭某工资6 000元，原单位每月支付工资1 000元。

（2）与人合著一本书，稿酬共计8 000元，其中谭某应得稿酬5 000元，另一作者应得稿酬3 000元。

（3）参与电视台举办的有奖竞猜活动，中奖金额为400元。

要求：请根据税法规定，计算谭某应由支付单位代扣代缴或自行申报缴纳的个人所得税额。

4. 某高级工程师（中国公民）2012年度取得收入情况如下：

（1）每月工资3 900元，12月取得年终奖金30 000元。

（2）与其同事合作出版业务书一本，稿酬共计9 000元，该工程师分得3 000元。

（3）为其他单位提供一次工程设计，取得劳务报酬收入25 000元，将其中10 000元通过民政单位捐赠给了贫困地区的希望小学。

（4）取得银行存款利息收入2 500元、国家发行的金融债券利息收入2 400元、本单位集资的利息收入3 000元。

（5）取得股息5 000元。

（6）在境外某杂志上刊登论文一篇，取得稿酬3 200元（人民币），已在境外缴纳了个人所得税300元（人民币）。

（7）将自有私房出租，每月租金收入1 500元。

（8）私有财产受损，取得保险公司赔款3 500元。

除境外所得已在境外缴纳税款外，其他所得均由自己申报纳税。

要求：根据该工程师的收入情况计算应缴纳的个人所得税。

第五篇

税收征收管理法律制度

本篇主要根据《中华人民共和国税收征收管理法》的基本内容，明确了税收征管的目的，叙述了从办理税务登记、纳税申报、税款征收到税务检查的各道税收征纳程序及其账簿、凭证、报表管理制度，阐述了纳税人合法权益的保护、税务争议的解决和法律责任等问题，从而保护纳税人、扣缴义务人、税收担保人及相关人的合法权益，并为税务行政机关、税务人员的执法活动提供法律保障。税收征收管理法律制度具有重要的理论和实际意义，对建立和完善我国税收法律制度极为重要。

第十一章　税收征收管理法

本章学习目的和任务

通过本章的学习，学生应掌握税收征收管理法的概念、税务管理的内容、税款征收的方式、税款征收的措施；理解税务检查的内容，违反税收征收管理法应承担的法律责任；了解税收征收管理的概念、税收征管法的适用范围。

第一节　税收征收管理法概述

一、税收征收管理及税收征收管理法的概念

税收征收管理是国家征税机关依据税法指导纳税人正确履行纳税义务，并对征、纳税过程进行组织、管理、监督、检查等一系列工作的总称。它是整个税收管理的重要组成部分。税收征收管理制度是对征纳过程进行组织、管理、监督、检查等制度的总称，是征纳双方共同遵守的业务规范。它是税收管理工作的核心，也是税务机关进行税务管理工作的必要条件和重要保证。

税收征收管理法是有关税收征收管理等规定的法律规范的总称，包括《中华人民共和国税收征收管理法》及其实施细则、《中华人民共和国发票管理办法》及其实施细则等法律文件。此外，《中华人民共和国刑法》（以下简称《刑法》）中有关危害税收征管罪的有关规定，也是税收征收管理法的有机组成部分。

相关链接

《中华人民共和国税收征收管理法》于1992年9月4日第七届全国人民代表大会常务委员会第二十七次会议通过，1993年1月1日起施行，1995年2月28日第八届全国人民代表大会常务委员会第十二次会议修正。2001年4月28日，第九届全国人民代表大会常务委员会第二十一次会议通过了修订后的《中华人民共和国税收征收管理法》（以下简称《征管法》），并于2001年5月1日起施行。

二、《征管法》的主要内容及适用范围

（一）《征管法》的主要内容

《征管法》共六章，即总则、税务管理、税款征收、税务检查、法律责任和附则。该法对税务机关在税收征管过程中的征、管、查、处等职权，征纳双方的基本权利和义务，办税程序方面的行为规范等问题，都做出了比较明确、具体的规定。《征管法》及其实施细则统一了税收征管制度，提高了税收征管法律规范的效力等级。

（二）《征管法》的适用范围

《征管法》第二条规定：“凡依法由税务机关征收的各种税收的征收管理，均适用本法。”这就明确界定了《征管法》的适用范围。

我国税收的征收机关有税务、海关、财政等部门，税务机关征收各种工商税收，海关征收关税。《征管法》只适用于由税务机关征收的各种税收的征收管理。

提示

财政机关负责征收的耕地占用税、契税的征收管理，由国务院另行规定；海关征收的关税及代征增值税、消费税，适用其他法律法规的规定。

目前，还有一部分费由税务机关征收，如教育费附加。这些费不适用《征管法》，不能采用《征管法》规定的措施，其具体管理办法由各种费的条例和规章决定。

第二节　税务管理

税务管理，是税收征收管理机关依据税收法律、行政法规对税务活动所进行的决策、计划、组织、协调和监督检查等一系列活动的总称。税务管理是税收征收管理的重要内容，是税款征收的前提和基础，主要包括税务登记管理、账簿和凭证管理、发票的管理和使用、纳税申报管理。

一、税务登记管理

税务登记是税务机关对纳税人的生产、经营活动进行登记并据此对纳税人实施税务管理的一系列法定制度的总称。税务登记是税收管理工作的首要环节，是征纳双方法律关系成立的依据和证明，也是纳税人必须依法履行的义务。税务登记包括开业税务登记，变更税务登记，停业、复业登记，注销税务登记，外出经营报验登记。

（一）开业税务登记

1. 开业税务登记的含义

开业税务登记，是指从事生产经营的纳税人，经国家工商行政管理部门批准开业后办理的纳税登记。

2. 开业税务登记的对象和时间

（1）企业，企业在外地设立的分支机构和从事生产、经营的场所，以及个体工商户和从事生产、经营的事业单位（以下统称从事生产、经营的纳税人），应当自领取营业执照之日起 30 日内，持有关证件，向所在地税务机关申请办理税务登记。

（2）其他纳税人应当自依照税收法律、行政法规规定成为纳税人之日起 30 日内向所在地税务机关申报办理税务登记。

3. 开业税务登记的程序

纳税人必须按照法定的期限向主管税务机关及时申报办理税务登记，如实填写税务登记表。纳税人申报办理税务登记时，应当相应出示以下证件和资料：① 营业执照或其他核准执业证件。② 有关合同、章程、协议书。③ 法定代表人和董事会成员名单。④ 法定代表人（负责人）或业主居民身份证、护照或者其他证明身份的合法证件。⑤ 组织机构统一代码证书。⑥ 其他需要提供的有关证件。另外，属于享受税收优惠政策的企业，应当提供相应的证明、资料。

税务机关对于纳税人填报的登记表格、提供的证件和资料，应当自受理之日起 30 日内审核完毕；符合规定的，予以登记，发给税务登记证或注册税务登记证及其副本，并分税种填制税种登记表，确定纳税人所适用的税种、税目、税率、报缴税款的期限和征收方式及缴库方式等，逐户建立档案。

4. 开业税务登记的内容

税务登记的内容包括以下各项。

（1）单位名称、法定代表人或业主姓名及其居民身份证、护照或者其他证明身份的合法证件。

（2）住所、经营地点。

（3）登记注册类型及所属主管单位。

（4）核算方式。

（5）行业、经营范围、经营方式。

（6）注册资金、投资总额、开户银行及账号。

（7）经营期限、从业人数、营业执照号码。

（8）财务负责人、办税人员。

（9）国家税务总局确定的其他事项。

(二）变更税务登记

(1）变更税务登记，是指纳税人在办理税务登记后，原税务登记内容发生重要变化时向原税务机关申报办理的一种税务登记手续。

(2）纳税人办理税务登记后，如发生下列情形之一，应当办理变更税务登记：发生改变名称、改变法定代表人、改变经济性质或经济类型、改变住所和经营地点（不涉及主管税务机关变动的）、改变生产经营或经营方式、增减注册资金（资本）、改变隶属关系、改变生产经营期限、改变或增减银行账号、改变生产经营权属，以及改变其他税务登记内容的。

纳税人税务登记内容发生变化的，应当自工商行政管理机关或者其他机关办理变更登记之日起30日内，持有关证件向原税务登记机关申报办理变更税务登记。

纳税人税务登记内容发生变化，不需要到工商行政管理机关或者其他机关办理变更登记的，应当自发生变化之日起30日内，持有关证件向原税务登记机关申报办理变更税务登记。

(三）停业、复业登记

(1）停业登记。停业登记是指实行定期定额征收方式的纳税人，在营业执照核准的经营期限内需要停业的，依法向主管税务机关申请办理的一项登记手续。纳税人在申请办理停业登记时，应如实填写申请停业登记表，说明停业的理由、时间、停业前的纳税情况和发票的领、用、存情况，并结清应纳税款、滞纳金及罚款。税务机关应收存其税务登记证件及副本、发票领购簿、未使用完的发票和其他税务证件，办理停业登记。纳税人停业期间发生纳税义务的，应当及时向主管税务机关申报，依法补缴应纳税款。

(2）复业登记。纳税人应当于恢复生产、经营之前，向税务机关提出复业登记申请，经确认后，办理复业登记，领回或启用税务登记证件和发票领购簿及其领购的发票，恢复正常管理。

(3）纳税人停业期满不能及时恢复生产、经营的，应当在停业期满前向税务机关提出延长停业登记申请。纳税人停业期满未按期复业又不申请延长停业的，税务机关应当视为已恢复营业，实施正常的税收征收管理。

提示

纳税人停业期满未按期复业又不申请延长停业的，税务机关应当视为已恢复营业，实施正常税收征收管理。

(四）注销税务登记

(1）注销税务登记，是指纳税人发生停业、破产、解散、撤销及依法应当终止履行纳税义务的其他情形时，向原登记税务机关申请办理的登记。

(2）纳税人发生停业、破产、解散、撤销及依法应当终止履行纳税义务的，应在申报办理注销工商登记前，先向原税务登记机关申报办理注销税务登记；按照规定不需要在工商管理机关办理注销登记的，应当自有关机关批准或者宣告终止之日起15日内，持有关证件向原税务登记管理机关申报办理注销税务登记。

(3）纳税人被工商行政管理机关吊销营业执照或者被其他机关予以撤销登记的，应当自营业执照被吊销或者被撤销登记之日起15日内，向原税务登记机关申报办理注销税务登记。

（4）纳税人因住所、经营地点变动，涉及改变税务登记机关的，应当在向工商行政管理机关或者其他机关申请办理变更、注销登记前，或者住所、经营地点变动前，持有关证件和资料，向原税务登记机关申报办理注销税务登记，并自注销税务登记之日起30日内向迁达地税务机关申报办理税务登记。

（五）外出经营报验登记

（1）外出经营报验登记，是指纳税人到外县（市）临时从事生产经营活动，须持《外出经营活动税收管理证明》（以下简称《外管证》）向临时生产经营地税务机关报验办理登记的一种手续。

（2）纳税人到外县（市）临时从事生产经营活动的，应当在外出生产经营以前，持税务登记证向主管税务机关申请开具《外管证》。税务机关按照一地一证的原则，核发《外管证》，《外管证》的有效期限一般为30日，最长不得超过180日。

（3）纳税人外出经营活动结束，应当向经营地税务机关填报《外出经营活动情况申报表》，并结清税款、缴销发票。

（4）纳税人应当在《外管证》有效期届满后10日内，持《外管证》回原税务登记地税务机关办理《外管证》缴销手续。

（六）非正常户处理

（1）已办理税务登记的纳税人未按照规定的期限申报纳税，在税务机关责令其限期改正后，逾期不改正的，税务机关应当派员实地检查，查无下落并且无法强制其履行纳税义务的，由检查人员制作非正常户认定书，存入纳税人档案，税务机关暂停其税务登记证件、发票领购簿和发票的使用。

（2）纳税人被列为非正常户超过3个月的，税务机关可以宣布其税务登记证件失效，其应纳税款的追征仍按《征管法》及《中华人民共和国税收征收管理法实施细则》（以下简称《征管法实施细则》）的规定执行。

二、账簿和凭证管理

账簿、凭证是记录和反映纳税人经营活动的基本材料之一，也是税务机关对纳税人、扣缴义务人计征税款以及确认其是否正确履行纳税义务的重要依据。纳税人、扣缴义务人应当按照有关法律、行政法规和国务院财政、税务主管部门的规定设置账簿，根据合法、有效凭证记账，进行核算。

（一）设置账簿的范围

（1）凡从事生产、经营的纳税人、扣缴义务人，应自领取营业执照之日起15日内按照有关法律、行政法规和国务院财政、税务主管部门的规定设置账簿，根据合法、有效凭证记账，进行核算。

（2）扣缴义务人应在法定扣缴义务发生之日起 10 日内，按所代扣、代收的税种，分别设置代扣代缴、代收代缴账簿。

（3）生产、经营规模小又确无建账能力的纳税人，可以聘请经批准从事会计代理记账业务的专业机构或者经税务机关认可的财会人员代为建账和办理账务；聘请上述机构或者人员有实际困难的，经县以上税务机关批准，可以按照税务机关的规定，建立收支凭证粘贴簿、进货销货登记簿或者使用税控装置。

（4）对会计核算的要求。根据《征管法》第十九条的有关规定，所有纳税人和扣缴义务人都必须根据合法、有效的凭证进行账务处理。

纳税人建立的会计电算化系统应当符合国家有关规定，并能正确、完整核算其收入或者所得。

纳税人使用计算机记账的，应当在使用前将会计电算化系统的会计核算软件、使用说明书及有关资料报送主管税务机关备案。

纳税人、扣缴义务人会计制度健全，能够通过计算机正确、完整计算其收入和所得或者代扣代缴、代收代缴税款情况的，其计算机输出的完整的书面会计记录，可视同会计账簿。

纳税人、扣缴义务人会计制度不健全，不能通过计算机正确、完整计算其收入和所得或者代扣代缴、代收代缴税款情况的，应当建立总账及与纳税或者代扣代缴、代收代缴税款有关的其他账簿。

账簿、会计凭证和报表，应当使用中文。民族自治地方可以同时使用当地通用的一种民族文字。外商投资企业和外国企业可以同时使用一种外国文字。如外商投资企业、外国企业的会计记录不使用中文的，应按照《征管法》第六十一条“未按照规定设置、保管账簿或者保管记账凭证和有关资料”的规定处理。

（二）对财务会计制度及其处理办法的规定

（1）备案制度。根据《征管法》第二十条和《征管法实施细则》第二十四条的有关规定，凡从事生产、经营的纳税人，必须将所采用的财务、会计制度和具体的财务、会计处理办法，按税务机关的规定，自领取税务登记证件之日起 15 日内，及时报送主管税务机关备案。

（2）财务会计制度、办法与税收规定相抵触的处理办法。根据《征管法》第二十条的有关规定，当从事生产、经营的纳税人、扣缴义务人所使用的财务会计制度和具体的财务、会计处理办法与国务院和财政部、国家税务总局有关税收方面的规定相抵触时，纳税人、扣缴义务人必须按照国务院制定的税收法规的规定或者财政部、国家税务总局制定的有关税收的规定计缴税款。

（三）关于账簿、凭证的保管

《征管法》第二十四条规定：“从事生产经营的纳税人、扣缴义务人必须按照国务院财政、税务主管部门规定的保管期限保管账簿、记账凭证、完税凭证及其他有关资料。账簿、记账凭证、完税凭证及其他有关涉税资料不得伪造、变造或者擅自损毁。”

账簿、记账凭证、报表、完税凭证、发票、出口凭证及其他有关涉税资料的保管期限，根据《征管法实施细则》第二十九条，除另有规定者外，应当保存 10 年。

三、发票的管理和使用

《征管法》第二十一条规定：“税务机关是发票的主管机关，负责发票的印制、领购、开具、取得、保管、缴销的管理和监督。”

（一）发票与发票管理的概念

发票是指在购销商品、提供或者接受劳务和其他经营活动中，记录往来业务内容，凭以收付款项或证明资金转移的书面商事证明，是财务收支的合法凭证、会计核算的原始依据，也是税务稽查的重要依据。发票管理是国家税务机关依法对发票的印制、领购、使用等全过程进行的组织、协调和控制等各项活动的总称。发票管理是税收征收管理的重要组成部分。加强发票管理是进行财务监督的有效措施，是税务机关控制税收流失、堵塞漏洞的有力手段，也是维护国家经济秩序，打击发票违法犯罪活动的必要保障。

发票一般分为存根联、发票联、记账联三个联次。发票的基本内容一般包括发票的名称、字轨号码、联次和用途、客户名称、开户银行和账号、商品名称或经营项目、计量单位、数量、单价、金额、开票人、开票日期、开票单位名称等。

（二）发票的印制管理

增值税专用发票由国务院税务主管部门指定的企业印制；其他发票按照国务院税务主管部门的规定，分别由省、自治区、直辖市国家税务局、地方税务局指定企业印制。

（三）发票的领购

依法办理税务登记的单位和个人，在领取税务登记证后，向主管税务机关申请领购发票。对无固定经营场地或者财务制度不健全的纳税人申请领购发票的，主管税务机关有权要求其提供担保人，不能提供担保人的，可以视其情况，要求其提供保证金，并限期缴销发票。对发票保证金应设专户储存，不得挪作他用。纳税人可以根据自己的需要申请领购普通发票。增值税专用发票只限于增值税一般纳税人领购使用。

（四）发票开具、使用、取得的管理

单位、个人在购销商品、提供或者接受服务以及从事其他经营活动中，应当按照规定开具、使用、取得发票。普通发票开具、使用、取得的管理，应注意以下几点（增值税专用发票开具、使用、取得的管理，按增值税有关规定办理）。

（1）销货方按规定填开发票。

（2）购买方按规定索取发票。

（3）纳税人进行电子商务必须开具或取得发票。

（4）发票要全联一次填写。

（5）发票不得跨省、直辖市、自治区使用。发票限于领购单位和个人在本省、自治区、直辖市内开具。发票领购单位未经批准不得跨规定使用区域携带、邮寄、运输空白发票，禁止携带、邮寄或者运输空白发票出入境。

（6）开具发票要加盖财务印章或发票专用章。

（7）开具发票后，如发生销货退回需开红字发票的，必须收回原发票并注明“作废”字样或取得对方有效证明；发生销售折让的，在收回原发票并证明“作废”后，重新开具发票。

（五）发票的保管

根据发票管理的要求，发票保管分为税务机关保管和用票单位、个人保管两个层次，都必须建立严格的发票保管制度，包括专人保管制度、专库保管制度、专账登记制度、保管交接制度和定期盘点制度。

（六）发票缴销管理

发票缴销包括发票收缴和发票销毁。发票收缴是指用票单位和个人按照规定向税务机关上缴已经使用或者未使用的发票；发票销毁是指由税务机关统一将自己或者他人已使用或者未使用的发票进行销毁。发票收缴与发票销毁既有联系又有区别，发票销毁首先必须收缴，但收缴的发票不一定都要销毁，一般都要按照法律法规保存一定时期后才能销毁。

（七）税控管理

税控管理是税收征收管理的一个重要组成部分，也是近期提出的一个崭新的概念。它是税务机关利用税控装置对纳税人的生产经营情况进行监督和管理，以保障国家税收收入，防止税款流失，提高税收征管工作效率，降低征收成本的各项活动的总称。

《征管法》第二十三条规定：“国家根据税收征收管理的需要，积极推广使用税控装置。纳税人应当按照规定安装、使用税控装置，不得损毁或者擅自改动税控装置。”同时还在第六十条中增加了一款，规定未按照规定安装、使用税控装置，或者损毁或擅自改动税控装置的，由税务机关责令限期改正，可以处以2 000元以下的罚款，情节严重的，处2 000元以上1万元以下的罚款。这样不仅使推广使用税控装置有法可依，而且可以打击推广使用税控装置过程中的各种违法犯罪活动。

四、纳税申报管理

（一）纳税申报的概念

纳税申报是纳税人按照税法规定的期限和内容，向税务机关提交有关纳税事项书面报告的法律行为，是纳税人履行纳税义务、界定纳税人法律责任的主要依据，是税务机关税收管理信息的主要来源和税务管理的重要制度。

（二）纳税申报的对象

纳税申报的对象为纳税人和扣缴义务人。纳税人在纳税期内没有应纳税款的，也应当按照规定办理纳税申报。纳税人享受减税、免税待遇的，在减税、免税期间应当按照规定办理纳税申报。

（三）纳税申报的内容

纳税申报的内容，主要在各税种的纳税申报表和代扣代缴、代收代缴税款报告表中体现，还有的在随纳税申报表附报的财务报表和有关纳税资料中体现。纳税人和扣缴义务人的纳税申报表和代扣代缴、代收代缴税款报告表的主要内容包括税种、税目，应纳税项目或者应代扣代缴、代收代缴税款项目，计税依据，扣除项目及标准，适用税率或者单位税额，应退税项目及税额、应减免税项目及税额，应纳税额或者应代扣代缴、代收代缴税额，税款所属期限、延期缴纳税款、欠税、滞纳金等。

（四）纳税申报的时限

《征管法》规定纳税人和扣缴义务人都必须按照法定的期限办理纳税申报。申报期限有两种，一种是法律、行政法规明确规定的；另一种是税务机关按照法律、行政法规的原则规定，结合纳税人生产经营的实际情况及其所应缴纳的税种等相关问题予以确定的。两种期限具有同等的法律效力。

（五）纳税申报的要求

纳税人办理纳税申报时，应当如实填写纳税申报表，并根据不同的情况相应报送下列有关证件、资料：财务会计报表及其说明材料，与纳税有关的合同、协议书及凭证，税控装置的电子报税资料，外出经营活动税收管理证明和异地完税凭证，境内或者境外公证机构出具的有关证明文件，税务机关规定应当报送的其他有关证件、资料。扣缴义务人办理代扣代缴、代收代缴税款报告表时，应当如实填写代扣代缴、代收代缴税款报告表，并报送代扣代缴、代收代缴税款的合法凭证及税务机关规定的其他有关证件、资料。

（六）纳税申报的方式

纳税人、扣缴义务人办理申报时，可以直接到税务机关办理纳税申报或者报送代扣代缴、代收代缴税款报告表。纳税人到税务机关办理纳税申报有困难的，经税务机关批准，也可按照规定采取邮寄、数据电文或者其他方式办理纳税申报、报送事项。

（1）直接申报。直接申报，是指纳税人自行到税务机关办理纳税申报。这是一种传统申报方式。

（2）邮寄申报。邮寄申报是指经税务机关批准的纳税人使用统一规定的纳税申报特快专递专用信封，通过邮政部门办理交寄手续，并向邮政部门索取收据作为申报凭据的方式。

（3）数据电文。数据电文是指经税务机关确定的电话语音、电子数据交换和网络传输等电子方式。如目前纳税人的网上申报，就是数据电文申报方式的一种形式。

除上述方式外，实行定期定额缴纳税款的纳税人，可以实行简易申报、简并征期等申报纳税方式。简易申报，是指实行定期定额缴纳税款的纳税人在法律、行政法规规定的期限内或税务机关依据法规的规定确定的期限内缴纳税款的，税务机关可以视同申报；简并征期，是指实行定期定额缴纳税款的纳税人，经税务机关批准，可以采取将纳税期限合并为按季、半年、年的方式缴纳税款。

（七）延期申报管理

延期申报是指纳税人、扣缴义务人不能按照税法规定的期限办理纳税申报或报送扣缴税款报告表。

根据《征管法》和《征管法实施细则》及有关法规的规定，纳税人因有特殊情况，不能按期进行纳税申报的，经县以上税务机关核准，可以延期申报。但应当在规定的期限内向税务机关提出书面延期申请，经税务机关核准，在核准的期限内办理。如纳税人、扣缴义务人因不可抗力，不能按期办理纳税申报或者报送代扣代缴、代收代缴税款报告表的，可以延期办理，但应当在不可抗力情形消除后立即向税务机关报告。

第三节　税款征收

税款征收是税务机关依照税收法律、法规规定，将纳税人应当缴纳的税款组织征收入库的一系列活动的总称。税款征收是税收征收管理工作的中心环节，是税务登记、账簿票证管理、纳税申报等税务管理工作的目的和归宿。

一、税款征收方式

税款征收方式，是指税务机关依照税法规定和纳税人生产经营、财务管理情况及便于征收和保证国家税款及时足额入库的原则而采取的具体组织税款入库的方法。税款征收方式主要有以下几种。

1. 查账征收

查账征收，是指税务机关按照纳税人提供的账表所反映的经营情况，依照适用税率计算缴纳税款的方式。这种方式一般适用于财务会计制度较为健全，能够认真履行纳税义务的纳税单位。

2. 查定征收

查定征收，是指由税务机关根据纳税人的从业人员、生产设备、原材料消耗等因素，在正常生产经营条件下，对其生产的应税产品查实核定产量、销售额并据以征收税款的一种方式。这种方式一般适用于账册不够健全，但是能够控制原材料或进销货的纳税单位。

3. 查验征收

查验征收，是指由税务机关对纳税人应税商品，通过查验数量，按市场一般销售单价计算其销售收入并据以征税的方式。这种方式一般适用于经营品种比较单一，经营地点、时间和商品来源不固定的纳税单位。

4. 定期定额征收

定期定额征收，是指税务机关通过典型调查，逐户确定营业额和所得额并据以征税的方式。这种方式一般适用于无完整考核依据的小型纳税单位。

5. 代扣代缴

代扣代缴，是指支付纳税人收入的单位和个人从所支付的纳税人收入中扣缴其应纳税款并向税务机关解缴的行为。这种方式有利于对零星分散税源实行控制。

6. 代收代缴

代收代缴，是指与纳税人有经济往来关系的单位和个人借助经济往来关系向纳税人收取其应纳税款并向税务机关解缴的行为。这种征收方式适用于税源零星分散、不易控管的纳税人。

7. 委托代征

委托代征，是指税务机关委托代征人以税务机关的名义征收税款，并将税款缴入国库的方式。这种征收方式适用于小额、零星税源的征收。

8. 邮寄纳税

邮寄纳税是一种新的纳税方式。这种方式主要适用于那些有能力按期纳税，但采用其他方式纳税又不方便的纳税人。

9. 其他方式

如利用网络申报、用 IC 卡纳税等方式。

二、税款征收措施

税款征收措施，是指为了保证税款及时征收入库所采取的措施，主要有加收滞纳金、核定应纳税额、税收保全措施、强制执行措施、出境清税、税款的退还和追征等。还要注意特殊情况下的延期纳税和减免税制度。

（一）延期纳税

纳税人和扣缴义务人必须在税法规定的期限内缴纳、解缴税款。但纳税人因有特殊困难，不能按期缴纳税款的，经省、自治区、直辖市国家税务局、地方税务局批准，可以延期缴纳税款，但最长不得超过3个月。同一笔税款不得滚动审批，批准延期内免予加收滞纳金。

特殊困难的主要内容是：① 因不可抗力，导致纳税人发生较大损失，正常生产经营活动受到较大影响的。② 当期货币资金在扣除应付职工工资、社会保险费后，不足以缴纳税款的。

（二）加收滞纳金

纳税人未按照规定期限缴纳税款的，以及扣缴义务人未按照规定期限解缴税款的，税务机关除责令限期缴纳外，从滞纳税款之日起，按日加收滞纳税款万分之五的滞纳金。加收滞纳金的起止时间为法律、行政法规规定或者税务机关依照法律、行政法规的规定确定的税款缴纳期限届满次日起至纳税人、扣缴义务人实际缴纳或者解缴税款之日止。

（三）减免税制度

根据《征管法》规定，办理减税免税应注意下列事项。

（1）减免税必须有法律、行政法规的明确规定（具体规定在税收实体法中体现）。地方各级人民政府、各级人民政府主管部门、单位和个人违反法律、行政法规规定，擅自做出的减税、免税决定无效，税务机关不得执行，并向上级税务机关报告。

（2）纳税人申请减免税，应向主管税务机关提出书面申请，并按规定附送有关资料。

（3）减免税的申请须经法律、行政法规规定的减税、免税审查批准机关审批。

（4）纳税人享受减税、免税的条件发生变化时，应当自发生变化之日起15日内向税务机关报告，经税务机关审核后，停止其减税、免税；对不报告的，又不再符合减税、免税条件的，税务机关有权追回已减免的税款。

> **提示**
>
> 纳税人在享受减免税待遇期间，仍应按规定办理纳税申报。

（5）减税、免税期满，纳税人应当自期满次日起恢复纳税。

（6）纳税人同时从事减免税项目与非减免税项目的，应分别核算，独立计算减免税项目的计税依据及减免税额度。不能分别核算的，不能享受减免税；核算不清的，由税务机关按合理方法核定。

（四）核定应纳税额

1．税务机关核定应纳税额必须具备的条件

根据《征管法》第三十五条的规定，纳税人有下列情形之一的，税务机关有权核定其应纳税额。

（1）依照法律、行政法规的规定可以不设置账簿的。

（2）依照法律、行政法规的规定应当设置但未设置账簿的。

（3）擅自销毁账簿或者拒不提供纳税资料的。

（4）虽设置账簿，但账目混乱或者成本资料、费用凭证等残缺不全，难以查账的。

（5）发生纳税义务，未按照规定的期限办理纳税申报，经税务机关责令限期申报，逾期仍不申报的。

（6）纳税人申报的计税依据明显偏低，又无正当理由的。

2．税务机关核定应纳税额的方法

（1）参照当地同类行业或者类似行业中，经营规模和收入水平相近的纳税人的收入额和利润率核定。

（2）按照成本加合理费用和利润的方法核定。

（3）按照耗用的原材料、燃料、动力等推算或者测算核定。

（4）按照其他合理的方法核定。

采用以上一种方法不足以正确核定应纳税额时，可以同时采用两种以上的方法核定。

纳税人对税务机关采取规定的方法核定的应纳税额有异议的，应当提供相关证据，经税务机关认定后，调整应纳税额。

3．税收调整制度

企业或者外国企业在中国境内设立的从事生产、经营的机构、场所与其关联企业之间的业务往来，应当按照独立企业之间的业务往来收取或者支付价款、费用；不按照独立企业之间的业务往来收取或者支付价款、费用，而减少其应纳税的收入或者所得额的，税务机关有权进行合理调整。

（1）纳税人与其关联企业之间的业务往来有下列情形之一的，税务机关可调整其应纳税额：① 购销业务未按照独立企业之间的业务往来作价。② 融通资金所支付或者收取的利息超过或者低于没有关联关系的企业之间所能同意的数额，或者利率超过或者低于同类业务的正常利率。③ 提供劳务，未按照独立企业之间的业务往来收取或者支付劳务费用。④ 转让财产、提供财产使用权等业务往来，未按照独立企业之间的业务往来作价或者收取、支付费用。⑤ 未按照独立企业之间的业务往来作价的其他情形。

（2）纳税人有上述所列情形之一的，税务机关可以按照下列方法调整计税收入额或所得额：① 按照独立企业之间进行的相同或者类似业务活动的价格。② 按照再销售给无关联关系的第三者的价格所应取得的收入和利润水平。③ 按照成本加合理的费用和利润。④ 按照其他合理的方法。

（3）纳税人与其关联企业未按照独立企业之间的业务往来支付价款、费用的，税务机关自该业务往来发生的纳税年度起 3 年内进行调整；有特殊情况的，可以自该业务往来发生的纳税年度起 10 年内进行调整。

（五）税收保全措施

税收保全措施，是指税务机关对可能由于纳税人的行为或者某种客观原因，致使以后税款的征收不能保证或难以保证的案件，采取限制纳税人处理或转移商品、货物或其他财产的措施。

1．责令限期纳税

税务机关有根据认为从事生产、经营的纳税人有逃避纳税义务行为的，可以在规定的纳税期之前，责令限期缴纳税款。

2．责令提供纳税担保

在限期内发现纳税人有明显的转移、隐匿其应纳税的商品、货物及其他财产迹象的，税务机关应责令其提供纳税担保。

3．采取税收保全措施

如果纳税人不能提供纳税担保，经县以上税务局（分局）局长批准，税务机关可以采取下列税收保全措施。

（1）书面通知纳税人开户银行或其他金融机构冻结纳税人的金额相当于应纳税款的存款。

（2）扣押、查封纳税人的价值相当于应纳税款的商品、货物或者其他财产。其他财产包括纳税人的房地产、现金、有价证券等不动产和动产。

（3）纳税人限期期满仍未缴纳税款的，经县以上税务局（分局）局长批准，税务机关可以书面通知纳税人开户银行或者其他金融机构，从其冻结的存款中扣缴税款，或者依法拍卖或者变卖所扣押、查封的商品、货物或者其他财产，以拍卖或者变卖所得抵缴税款。

（4）采取税收保全措施不当，或者纳税人在限期内已缴纳税款，税务机关未立即解除税收保全措施，使纳税人的合法利益遭受损失的，税务机关应当承担赔偿责任。

税收保全措施必须由法定的税务机关行使，不得由法定的税务机关以外的单位和个人行使。税务机关采取税收保全措施必须依法定权限和法定程序，不得查封、扣押纳税人个人及其所扶养的家属维持生活所必需的住房和用品。税务机关滥用职权采取税收保全措施，或者采取税收保全措施不当，使纳税人、扣缴义务人或者纳税担保人的合法权益遭受损失的，应当依法承担赔偿责任。

（六）强制执行措施

税收强制执行措施，是指当事人不履行法律、行政法规规定的义务，有关国家机关采用法定的强制手段，强迫当事人履行义务的行为。

从事生产、经营的纳税人、扣缴义务人未按照规定的期限缴纳或者解缴税款，纳税担保人未按照规定的期限缴纳所担保的税款，由税务机关责令限期缴纳，逾期仍未缴纳的，经县以上税务局（分局）局长批准，税务机关可以采取下列强制执行措施。

（1）书面通知其开户银行或者其他金融机构从其存款中扣缴税款。

（2）扣押、查封、依法拍卖或者变卖其价值相当于应纳税款的商品、货物或者其他财产，以拍卖或者变卖所得抵缴税款。

税务机关采取强制执行措施时，对上款所列纳税人、扣缴义务人、纳税担保人未缴纳的滞纳金同时强制执行。纳税人、扣缴义务人和其他当事人因偷税或少缴的税款或者骗取的出口退税款，税务部门除可以无限期追征税款外，还可以采取税收强制执行措施。

税收强制执行措施必须由法定的税务机关行使，不得由法定的税务机关以外的单位和个人行使。税务机关采取税收强制执行措施必须依法定权限和法定程序，不得查封、扣押纳税人个人及其所扶养的家属维持生活所必需的住房和用品。税务机关滥用职权采取税收强制执行措施，或者采取税收强制执行措施不当，使纳税人、扣缴义务人或者纳税担保人的合法权益遭受损失的，应当依法承担赔偿责任。

（七）出境清税

出境清税，是指欠缴税款的纳税人及其法定代表人需要出境的，应当在出境前向税务机关结清应纳税款或者提供担保。未结清税款，又不提供担保的，税务机关可以通知出境管理机关阻止其出境。出境清税的目的，在于防止欠缴税款的纳税人利用国际司法管辖和行政管辖在空间上的局限逃避纳税，打击损害国家利益的税收违法行为。

（八）税款的退还和追征

1. 税款的退还

纳税人超过应纳税额缴纳的税款，税务机关发现后应当立即退还；纳税人自结算缴纳税款之日起3年内发现的，可以向税务机关要求退还多缴的税款并加算银行同期存款利息，税务机关及时查实后应当立即退还；涉及从国库中退库的，依照法律、行政法规有关国库管理的规定退还。

2. 税款的补缴和追征

（1）因税务机关责任，致使纳税人、扣缴义务人未缴或者少缴税款的，税务机关在3年内可要求纳税人、扣缴义务人补缴税款，但是不得加收滞纳金。

（2）因纳税人、扣缴义务人计算等失误，未缴或者少缴税款的，税务机关在3年内可以追征税款、滞纳金；累计税额在10万元以上的，追征期可以延长到5年。

（3）对偷税、抗税、骗税的，税务机关追征其未缴或者少缴的税款、滞纳金或者所骗取的税款，不受前款规定期限的限制。

（4）补缴和追征税款的期限，应自纳税人、扣缴义务人应缴未缴或少缴税款之日起计算。

（九）其他有关税款征收的规定

（1）税务机关征收税款、税收优先于无担保债权，法律另有规定的除外；纳税人欠缴的税款发生在纳税人以其财产设定抵押、质押或者纳税人的财产被留置之前的，税收应当先于抵押权、质权、留置权执行。

（2）纳税人欠缴税款，同时又被行政机关决定处以罚款、没收违法所得的，税收优先于罚款、没收违法所得。

（3）欠缴税款的纳税人因怠于行使到期债权，或者放弃到期债权、无偿转让财产、以明显不合理的低价转让财产而受让人知道该情形，对国家税收造成损害的，税务机关可以依照《中华人民共和国合同法》的有关规定行使代位权、撤销权。税务机关依法行使代位权、撤销权的，不免除欠缴税款的纳税人尚未履行的纳税义务和应承担的税收法律责任。

（4）纳税人有合并、分立情形的，应当向税务机关报告，并依法缴清税款。纳税人合并时未缴清税款的，应当由合并后的纳税人继续履行未履行的纳税义务；纳税人分立时未缴清税款的，分立后的纳税人对未履行的纳税义务应当承担连带责任。

第四节　税务检查

税务检查是税务机关以国家税收法律、行政法规为依据，对纳税人、扣缴义务人履行纳税义务的情况进行的审核监督活动的总称。

一、税务检查的范围

根据《征管法》及其实施细则的规定，税务机关有下列权力。

1．查账权

税务机关有权检查纳税人的账簿、记账凭证、报表和有关资料；有权检查代扣代缴义务人代扣代缴、代收代缴税款账簿、记账凭证、报表和有关资料。

2．场地检查权

税务机关有权到纳税人的生产、经营场所和货物存放地检查纳税人应税的商品、货物或其他财产，检查扣缴义务人与代扣代缴、代收代缴税款有关的经营情况。

3．责令提供资料权

税务机关在检查时，有权责令纳税人、扣缴义务人提供与纳税有关的文件、证明材料或其他有关资料。

4．询问权

税务机关和税务人员在税务检查中，有权询问纳税人或扣缴义务人与纳税或者代扣代缴、代收代缴税款有关的问题和情况。

5．在交通要道和邮政企业的查证权

税务机关有权到车站、码头、机场、邮政企业及其分支机构检查纳税人托运、邮寄应纳税商品、货物或其他财产的有关单据、凭证和有关资料。

6．查核存款账户权

经县以上税务局（分局）局长批准，凭全国统一格式的检查存款账户许可证明，税务机关有权查询从事生产、经营的纳税人、扣缴义务人在银行或者其他金融机构的存款账户。税务机关在调查税收违法案件时，经设区的市、自治州以上税务局（分局）局长批准，可以查询案件涉嫌人员的储蓄存款。税务机关查询所获得的资料，不得用于税收以外的用途。

上述所称的“经设区的市、自治州以上税务局局长”包括地（市）一级（含直辖市下设区）的税务局局长。

税务机关查询的内容，包括纳税人存款账户余额和资金往来情况。查询时应当指定专人负责，凭全国统一格式的检查存款账户许可证明进行，并有责任为被检查人保守秘密。

税务机关对纳税人、扣缴义务人及其他当事人处以罚款或者没收违法所得时，应当开付罚没凭证；未开付罚没凭证的，纳税人、扣缴义务人及其他当事人有权拒绝给付。

对采用电算化会计系统的纳税人，税务机关有权对其会计电算化系统进行检查，并可复制与纳税有关的电子数据作为证据。

税务机关进入纳税人电算化系统进行检查时，有责任保证纳税人会计电算化系统的安全性，并保守纳税人的商业秘密。

二、税务检查的形式和方法

（一）税务检查的形式

（1）重点检查。重点检查，是指对公民举报、上级机关交办或有关部门转来的有偷税行为或偷税嫌疑的，纳税申报与实际生产经营情况有明显不符的纳税人及有普遍逃税行为的行业的检查。

（2）分类计划检查。分类计划检查，是指根据纳税人历来纳税情况、纳税人的纳税规模及税务检查间隔时间的长短等综合因素，按事先确定的纳税人分类、计划检查时间及检查频率而进行的检查。

（3）集中性检查。集中性检查是指税务机关在一定时间、一定范围内，统一安排、统一组织的税务检查，这种检查一般规模比较大，如以前年度的全国范围内的税收、财务大检查就属于这类检查。

（4）临时性检查。临时性检查是指由各级税务机关根据不同的经济形势、偷逃税趋势、税收任务完成情况等综合因素，在正常的检查计划之外安排的检查。如行业性解剖、典型调查性的检查等。

（5）专项检查。专项检查是指税务机关根据税收工作实际，对某一税种或税收征收管理某一环节进行的检查。如增值税一般纳税专项检查、漏征漏管户专项检查等。

（二）税务检查的方法

（1）全查法。全查法是对被查纳税人一定时期内所有会计凭证、账簿、报表及各种存货进行全面、系统检查的一种方法。

（2）抽查法。抽查法是对被查纳税人一定时期内的会计凭证、账簿、报表及各种存货，抽取一部分进行检查的一种方法。

（3）顺查法。顺查法与逆查法对称，是对被查纳税人按照其会计核算的顺序，依次检查会计凭证、账簿、报表，并将其相互核对的一种检查方法。

（4）逆查法。逆查法与顺查法对称，指逆会计核算的顺序，依次检查会计报表、账簿及凭证，并将其相互核对的一种稽查方法。

（5）现场检查法。现场检查法与调账检查法对称，指税务机关派人员到被查纳税人的机构办公地点对其账务资料进行检查的一种方法。

（6）调账检查法。调账检查法与现场检查法对称，指将被查纳税人的账务资料调到税务机关进行检查的一种方法。

（7）比较分析法。比较分析法是将被查纳税人检查期有关财务指标的实际完成数进行纵向或横向比较，分析其异常变化情况，从中发现纳税问题线索的一种方法。

（8）控制计算法。控制计算法也称逻辑推算法，指根据被查纳税人财务数据的相互关系，用可靠或科学测定的数据，验证其检查期账面记录或申报的资料是否正确的一种检查方法。

（9）审阅法。审阅法是指对被查纳税人的会计账簿、凭证等账务资料，通过直观地审查阅览，发现在纳税方面存在问题的一种检查方法。

（10）核对法。核对法是指通过对被查纳税人的各种相关联的会计凭证、账簿、报表及实物进行相互核对，验证其在纳税方面存在问题的一种检查方法。

（11）观察法。观察法是指通过对被查纳税人的生产经营场所、仓库、工地等现场，实地观察看其生产经营及存货等情况，以发现纳税问题或验证账中可疑问题的一种检查方法。

（12）外调法。外调法是指对被查纳税人有怀疑或已经掌握一定线索的经济事项，通过向与其有经济联系的单位或个人进行调查，予以查证核实的一种方法。

（13）盘存法。盘存法是指通过对被查纳税人的货币资金、存货及固定资产等实物进行盘点清查，核实其账实是否相符，进而发现纳税问题的一种检查方法。

（14）交叉稽核法。国家为了加强增值税专用发票管理，应用计算机将开出的增值税专用发票抵扣联与存根联进行交叉稽核，以查出虚开及假开发票行为，避免国家税款流失。

第五节　违反税收征收管理法的法律责任

一、违反税务管理基本规定行为的处罚

（1）纳税人有下列行为之一的，由税务机关责令限期改正，可以处 2 000 元以下的罚款；情节严重的，处 2 000 元以上 1 万元以下的罚款。

1）未按照规定的期限申报办理税务登记、变更或者注销登记的。

2）未按照规定设置、保管账簿或者保管记账凭证和有关资料的。

3）未按照规定将财务、会计制度或者财务、会计处理办法和会计核算软件报送税务机关备查的。

4）未按照规定将其全部银行账号向税务机关报告的。

5）未按照规定安装、使用税控装置，或者损毁或擅自改动税控装置的。

6）纳税人未按照规定办理税务登记证件验证或者换证手续的。

（2）纳税人不办理税务登记的，由税务机关责令限期改正；逾期不改正的，由工商行政管理机关吊销其营业执照。

（3）纳税人未按照规定使用税务登记证件，或者转借、涂改、损毁、买卖、伪造税务登记证件的，处 2 000 元以上 1 万元以下的罚款；情节严重的，处 1 万元以上 5 万元以下的罚款。

二、扣缴义务人违反账簿、凭证管理的处罚

扣缴义务人未按照规定设置、保管代扣代缴、代收代缴税款账簿或者保管代扣代缴、代收代缴税款记账凭证及有关资料的，由税务机关责令限期改正，可以处 2 000 元以下的罚款；情节严重的，处 2 000 元以上 5 000 元以下的罚款。

三、纳税人、扣缴义务人未按规定进行纳税申报的法律责任

纳税人未按照规定的期限办理纳税申报和报送纳税资料的，或者扣缴义务人未按照规定的期限向税务机关报送代扣代缴、代收代缴税款报告表和有关资料的，由税务机关责令限期改正，可以处 2 000 元以下的罚款；情节严重的，可以处 2 000 元以上 1 万元以下的罚款。

四、对偷税的认定及其法律责任

（1）纳税人伪造、变造、隐匿、擅自销毁账簿、记账凭证，或者在账簿上多列支出或者不

列、少列收入，或者经税务机关通知申报而拒不申报或者进行虚假的纳税申报，不缴或者少缴应纳税款的，是偷税。对纳税人偷税的，由税务机关追缴其不缴或者少缴的税款、滞纳金，并处不缴或者少缴的税款50%以上5倍以下的罚款；构成犯罪的，依法追究刑事责任。

扣缴义务人采取前款所列手段，不缴或者少缴已扣、已收税款，由税务机关追缴其不缴或者少缴的税款、滞纳金，并处不缴或者少缴的税款50%以上5倍以下的罚款；构成犯罪的，依法追究刑事责任。

（2）纳税人采取欺骗、隐瞒手段进行虚假的纳税申报或者不申报，逃避应纳税款数额较大并且占应纳税额的10%以上的，处3年以下有期徒刑或者拘役，并处罚金；数额巨大并且占应纳税额30%以上的，处3年以上7年以下有期徒刑，并处罚金。

扣缴义务人采取前款所列手段，不缴或者少缴已扣、已收税款，数额较大的，依照前款的规定处罚。

对多次实施前述两款行为，未经处理的，按照累计数额计算。

有第一款行为，经税务机关依法下达追缴通知后，补缴应纳税款，缴纳滞纳金，已经受行政处罚的，不予追究刑事责任；但是，5 年内因逃避缴纳税款受过刑事处罚或者被税务机关给予两次以上行政处罚的除外。

五、进行虚假申报或不进行申报行为的法律责任

纳税人、扣缴义务人编造虚假计税依据的，由税务机关责令限期改正，并处5万元以下的罚款。

纳税人不进行纳税申报，不缴或者少缴应纳税款的，由税务机关追缴其不缴或者少缴的税款、滞纳金，并处不缴或者少缴税款50%以上5倍以下的罚款。

六、逃避追缴欠税的法律责任

纳税人欠缴应纳税款，采取转移或者隐匿财产的手段，妨碍税务机关追缴欠缴的税款的，由税务机关追缴欠缴的税款、滞纳金，并处欠缴税款50%以上5倍以下的罚款；构成犯罪的，依法追究刑事责任。

纳税人欠缴应纳税款，采取转移或者隐匿财产的手段，致使税务机关无法追缴欠缴的税款，数额在1万元在以上不满10万元的，处3年以下有期徒刑或者拘役，并处或者单处欠缴税款1倍以上5倍以下罚金；数额在10万元以上的，处3年以上7年以下有期徒刑，并处欠缴税款1倍以上5倍以下罚金。

七、骗取出口退税的法律责任

以假报出口或者其他欺骗手段，骗取国家出口退税款的，由税务机关追缴其骗取的退税款，并处骗取税款 1 倍以上 5 倍以下的罚款；构成犯罪的，依法追究刑事责任。

对骗取国家出口退税款的，税务机关可以在规定期间内停止为其办理出口退税。

以假报出口或者其他欺骗手段，骗取国家出口退税款，数额较大的，处 5 年以下有期徒刑或者拘役，并处骗取税款 1 倍以上 5 倍以下罚金；数额巨大或者有其他严重情节的，处 5 年以上 10 年以下有期徒刑，并处骗取税款 1 倍以上 5 倍以下罚金；数额特别巨大或者有其他特别严重情节的，处 10 年以上有期徒刑或者无期徒刑，并处骗取税款 1 倍以上 5 倍以下罚金或者没收财产。

八、抗税的法律责任

以暴力、威胁方法拒不缴纳税款的，是抗税，除由税务机关追缴其拒缴的税款、滞纳金外，可依法追究刑事责任。情节轻微，未构成犯罪的，由税务机关追缴其拒缴的税款、滞纳金，并处拒缴税款 1 倍以上 5 倍以下的罚款。以暴力、威胁方法拒不缴纳税款的，处 3 年以下有期徒刑或者拘役，并处拒缴税款 1 倍以上 5 倍以下罚金；情节严重的，处 3 年以上 7 年以下有期徒刑，并处拒缴税款 1 倍以上 5 倍以下罚金。

九、在规定期限内不缴或者少缴税款的法律责任

纳税人、扣缴义务人在规定期限内不缴或者少缴应纳或者应解缴的税款，经税务机关责令限期缴纳，逾期仍未缴纳的，税务机关除依照《征管法》第四十条规定采取强制执行措施追缴其不缴或者少缴的税款外，可以处不缴或者少缴税款 50%以上 5 倍以下的罚款。

十、扣缴义务人不履行扣缴义务的法律责任

扣缴义务人应扣未扣、应收而不收税款的，由税务机关向纳税人追缴税款，对扣缴义务人处应扣未扣、应收未收税款 50%以上 3 倍以下的罚款。

十一、不配合税务机关依法检查的法律责任

（1）纳税人、扣缴义务人逃避、拒绝或者以其他方式阻挠税务机关检查的，由税务机关责令改正，可以处 1 万元以下的罚款；情节严重的，处 1 万元以上 5 万元以下的罚款。

逃避、拒绝或者以其他方式阻挠税务机关检查的情形包括：① 提供虚假资料，不如实反映情况，或者拒绝提供有关资料的。② 拒绝或者阻止税务机关记录、录音、录像、照相和复制与

案件有关的情况和资料的。③ 在检查期间，纳税人、扣缴义务人转移、隐匿、销毁有关资料的。④ 有不依法接受税务检查的其他情形的。

（2）税务机关依照《征管法》的规定，到车站、码头、机场、邮政企业及其分支机构检查纳税人有关情况时，有关单位拒绝的，由税务机关责令改正，可以处 1 万元以下的罚款；情节严重的，处 1 万元以上 5 万元以下的罚款。

十二、非法印制发票的法律责任

（1）《征管法》第七十一条规定："违反本法第二十二条规定，非法印制发票的，由税务机关销毁非法印制的发票，没收违法所得和作案工具，并处 1 万元以上 5 万元以下的罚款；构成犯罪的，依法追究刑事责任。"

（2）《刑法》第二百零六条规定："伪造或者出售伪造的增值税专用发票的，处 3 年以下有期徒刑、拘役或者管制，并处 2 万元以上 20 万元以下罚金；数量较大或者有其他严重情节的，处 3 年以上 10 年以下有期徒刑，并处 5 万元以上 50 万元以下罚金；数量巨大或者有其他特别严重情节的，处 10 年以上有期徒刑或者无期徒刑，并处 5 万元以上 50 万元以下罚金或者没收财产；伪造并出售伪造的增值税专用发票，数量特别巨大，情节特别严重，严重破坏经济秩序的，处无期徒刑或者死刑，并处没收财产。单位犯本条规定之罪的，对单位判处罚金，并对其直接负责的主管人员和其他直接责任人员，处 3 年以下有期徒刑、拘役或者管制；数量较大或者有其他严重情节的，处 3 年以上 10 年以下有期徒刑；数量巨大或者有其他特别严重情节的，处 10 年以上有期徒刑或者无期徒刑。"

（3）《刑法》第二百零九条规定："伪造、擅自制造或者出售伪造、擅自制造的可以用于骗取出口退税、抵扣税款的其他发票的，处 3 年以下有期徒刑、拘役或者管制，并处 2 万元以上 20 万元以下罚金；数量巨大的，处 3 年以上 7 年以下有期徒刑，并处 5 万元以上 50 万元以下罚金；数量特别巨大的，处 7 年以上有期徒刑，并处 5 万元以上 50 万元以下罚金或者没收财产。伪造、擅自制造或者出售伪造、擅自制造的前款规定以外的其他发票的，处 2 年以下有期徒刑、拘役或者管制，并处或者单处 1 万元以上 5 万元以下罚金；情节严重的，处 2 年以上 7 年以下有期徒刑，并处 5 万元以上 50 万元以下罚金。"

（4）非法印制、转借、倒卖、变造或者伪造完税凭证的，由税务机关责令改正，处 2 000 元以上 1 万元以下的罚款；情节严重的，处 1 万元以上 5 万元以下的罚款；构成犯罪的，依法追究刑事责任。

十三、有税收违法行为而拒不接受税务机关处理的法律责任

从事生产、经营的纳税人、扣缴义务人有《征管法》规定的税收违法行为，拒不接受税务机关处理的，税务机关可以收缴其发票或者停止向其发售发票。

十四、银行及其他金融机构拒绝配合税务机关依法执行职务的法律责任

（1）银行和其他金融机构未依照《征管法》的规定在从事生产、经营的纳税人的账户中登录税务登记证件号码，或者未按规定在税务登记证件中登录从事生产、经营的纳税人的账户账号的，由税务机关责令其限期改正，处 2 000 元以上 2 万元以下的罚款；情节严重的，处 2 万元以上 5 万元以下的罚款。

（2）为纳税人、扣缴义务人非法提供银行账户、发票、证明或者其他方便，导致未缴、少缴税款或者骗取国家出口退税款的，税务机关除没收其违法所得外，可以处未缴、少缴或者骗取的税款 1 倍以下的罚款。

（3）纳税人、扣缴义务人的开户银行或者其他金融机构拒绝接受税务机关依法检查纳税人、扣缴义务人存款账户，或者拒绝执行税务机关做出的冻结存款或者扣缴税款的决定，或者在接到税务机关的书面通知后帮助纳税人、扣缴义务人转移存款，造成税款流失的，由税务机关处 10 万元以上 50 万元以下的罚款，对直接负责的主管人员和其他直接责任人员处 1 000 元以上 1 万元以下的罚款。

十五、税务机关及其税务人员不依法行政的法律责任

（1）税务机关违反规定擅自改变税收征收管理范围和税款入库预算级次的，责令限期改正，对直接负责的主管人员和其他直接责任人员依法给予降级或者撤职的行政处分。

（2）税务人员与纳税人、扣缴义务人勾结，唆使或者协助纳税人、扣缴义务人有《征管法》第六十三条、第六十五条、第六十六条规定的行为，构成犯罪的，按照《刑法》关于共同犯罪的规定处罚；尚不构成犯罪的，依法给予行政处分。

（3）税务人员私分扣押、查封的商品、货物或者其他财产，情节严重，构成犯罪的，依法追究刑事责任；尚不构成犯罪的，依法给予行政处分。

（4）税务人员利用职务上的便利，收受或者索取纳税人、扣缴义务人财物或者谋取其他不正当利益，构成犯罪的，依法追究刑事责任；尚不构成犯罪的，依法给予行政处分。

（5）税务人员徇私舞弊或者玩忽职守，不征收或者少征收应征税款，致使国家税收遭受重大损失，构成犯罪的，依法追究刑事责任；尚不构成犯罪的，依法给予行政处分。

（6）税务人员滥用职权，故意刁难纳税人、扣缴义务人的，调离税收工作岗位，并依法给予行政处分。

（7）税务人员对控告、检举税收违法违纪行为的纳税人、扣缴义务人及其他检举人进行打击报复的，依法给予行政处分；构成犯罪的，依法追究刑事责任。

（8）《刑法》规定，税务机关的工作人员徇私舞弊，不征或者少征应征税款，致使国家税收遭受重大损失的，处 5 年以下有期徒刑或者拘役；造成特别重大损失的，处 5 年以上有期徒刑。

（9）《刑法》规定，税务机关的工作人员违反法律、行政法规的规定，在办理发售发票、抵

扣税款、出口退税工作中，徇私舞弊，致使国家利益遭受重大损失的，处5年以下有期徒刑或者拘役；致使国家利益遭受特别重大损失的，处5年以上有期徒刑。

（10）税务机关的工作人员违反法律、行政法规的规定提前征收、延缓征收或者摊派税款的，由其上级机关或者行政监察机关责令改正，对直接负责的主管人员和其他直接责任人员依法给予行政处分。

（11）违反法律、行政法规的规定，擅自做出税收的开征、停征或者减税、免税、退税、补税及其他同税收法律、行政法规相抵触的决定的，除依照《征管法》规定撤销其擅自做出的决定外，还应补征应征未征税款，退还不用征收而征收的税款，并由上级机关追究直接负责的主管人员和其他直接责任人员的行政责任；构成犯罪的，依法追究刑事责任。

思考题

1. 税款征收方式有哪些？
2. 简述税务登记包括的内容。
3. 简述纳税申报需要报送哪些资料？
4. 简述核定税额征收方式在什么情形下适用？
5. 简述税收保全措施的主要内容。
6. 简述税收强制执行措施的主要内容。
7. 简述税务检查的对象和范围。
8. 简述税款征收过程中的措施。
9. 简述偷税行为处罚的主要方法。

案例分析与计算题

某企业2011年按规定的时间向税务机关进行了纳税申报，并缴纳了当年的营业税和所得税。该企业纳税申报有关资料如下：该企业2011年营业收入为1 458 000元。营业支出为1 272 000元，缴纳的营业税为72 900元，缴纳的所得税为37 323元。2012年，税务机关在检查中发现该企业通过虚假发票等手段，隐瞒实际收入和支出的情况。经查实该企业2011年实际收入为1 648 000元，营业支出为135 500元。该企业适用的营业税税率为5%，所得税税率为33%。

要求：根据《征管法》分析该企业在税收上属于何种行为？应如何进行处理？

第十二章　税务行政法制

📖本章学习目的和任务

通过本章的学习，学生应掌握税务行政处罚、税务行政复议、税务行政诉讼的概念、税务行政处罚的种类、税务行政复议和税务行政诉讼的范围；理解税务行政处罚的原则、主体与管辖、程序与执行，税务行政复议的管辖、申请、受理、审理与决定，税务行政诉讼的起诉、受理、审理和判决。

第一节　税务行政处罚

一、税务行政处罚的概念和特点

（一）税务行政处罚的概念

税务行政处罚是指公民、法人或者其他组织有违反税收征收管理秩序的违法行为，尚未构成犯罪，依法应当承担行政责任的，由税务机关给予行政处罚。

（二）税务行政处罚的特点

（1）当事人行为违反了税收法律规范，侵犯的客体是税收征收管理秩序，应当承担税务行政责任。

（2）从当事人主观方面讲，并不区分当事人是否具有主观故意或者过失，只要有税务违法行为存在，并且有法可依，就要承担行政责任，依法给予税务行政处罚。

（3）当事人行为尚未构成犯罪，依法应当给予行政处罚。

（4）给予行政处罚的主体是税务机关。

二、税务行政处罚的原则

1．法定原则

税务行政处罚法定原则的基本内涵就是主体法定、职责法定、依据法定、程序法定、形式法定，即税务行政处罚要由法定的税务机关在法定的职权范围内，根据法定依据，按照法定程序，以法定的形式实施。法定原则主要包括以下内容。

（1）实施税务行政处罚必须有法定依据，法无明文规定不得处罚。

（2）税务行政处罚必须由法定的国家机关，即全国人大及其常务委员会、国务院、国家税务总局在其职权范围内设定。

（3）税务行政处罚必须由法定的税务机关在其职权范围内实施。

（4）税务行政处罚必须由税务机关按照法定程序实施。

2．公正、公开原则

公正，一是要防止偏听偏信；二是要使当事人了解其违法行为的性质，并给其申辩的机会；三是要防止自查自断，实行查处分开制度。公开，一是指税务行政处罚的规定要公开，凡是需要公民遵守的法律规范都要事先公布；二是指处罚程序要公开，如依法举行听证会。

3．以事实为根据原则

以事实为根据是指设定和实施税务行政处罚必须以事实为依据。

4．过罚相当原则

过罚相当是指在税务行政处罚的设定和实施方面，都要根据税务违法行为的性质、情节、社会危害性的大小而定，防止畸轻畸重或者“一刀切”的行政处罚现象。

5．处罚和教育相结合原则

税务行政处罚的目的是纠正违法行为，教育公民自觉守法，处罚只是手段，不是目的。因此，税务机关在实施处罚时，要责令当事人改正或者限期改正违法行为，对情节轻微的违法行为也不一定都要实施处罚。

6．监督、制约原则

对税务机关实施行政处罚实行两方面的监督制约。一是税务机关内部的，如对违法行为的调查与处罚决定的分开，决定罚款的机关与收缴的机构分离，当场做出的处罚决定向所属行政机关备案等。二是税务机关外部的，包括税务机关系统上下级之间的监督制约和司法监督，具体体现主要是税务行政复议和行政诉讼。

三、税务行政处罚的设定和种类

（一）税务行政处罚的设定

税务行政处罚的设定是指由特定的国家机关通过一定形式首次独立规定公民、法人或者其他组织的行为规范，并规定违反该行为规范的行政制裁措施。现行我国税收法制的原则是税权集中、税法统一。税收的立法权主要集中在中央，地方没有税收立法权，因而地方性法规和地方性规章均不得设定税务行政处罚。

（1）全国人民代表大会及其常务委员会可以通过法律的形式设定各种税务行政处罚。

（2）国务院可以通过行政法规的形式设定除限制人身自由以外的税务行政处罚。

（3）国家税务总局可以通过规章的形式设定警告和罚款。

税务行政规章对非经营活动中的违法行为设定罚款不得超过1 000元；对经营活动中的违法行为，有违法所得的，设定罚款不得超过违法所得的3倍，且最高不得超过30 000元，没有违法所得的，设定罚款不得超过10 000元；超过限额的，应当报国务院批准。

省、自治区、直辖市和计划单列市国家税务局、地方税务局及其以下各级税务机关制定的税收法律、法规、规章以外的规范性文件，在税收法律、法规、规章规定给予行政处罚的行为、种类和幅度的范围内做出具体规定，是一种执行税收法律、法规、规章的行为，不是对税务行政处罚的设定。因此，这类规范性文件与行政处罚法规定的处罚设定原则并不矛盾，是有效的，是可以执行的。

（二）税务行政处罚的种类

根据税务行政处罚的设定原则，现行执行的税务行政处罚种类主要有四种：① 罚款。② 没收非法所得。③ 停止出口退税权。④ 收缴发票和暂停供应发票。

四、税务行政处罚的主体与管辖

（一）税务行政处罚的主体

税务行政处罚的实施主体主要是县以上的税务机关。我国税务机关的组织构成包括国家税务总局，省、自治区、直辖市国家税务局、地方税务局，地（市、州、盟）国家税务局、地方税务局，县（市、旗）国家税务局、地方税务局四级。

各级税务机关的内设机构、派出机构不具处罚主体资格，不能以自己的名义实施税务行政处罚。但是税务所可以实施罚款额在2 000元以下的税务行政处罚。

（二）税务行政处罚的管辖

税务行政处罚由当事人税收违法行为发生地的县（市、旗）以上税务机关管辖。具体含义如下。

（1）从税务行政处罚的地域管辖来看，税务行政处罚实行行为发生地原则。

（2）从税务行政处罚的级别管辖来看，必须是县（市、旗）以上的税务机关，法律特别授权的税务所除外。

（3）从税务行政处罚的管辖主体的要求来看，必须有税务行政处罚权。

五、税务行政处罚的简易程序

税务行政处罚的简易程序是指税务机关及其执法人员对于公民、法人或者其他组织违反税收征收管理秩序的行为，当场做出税务行政处罚决定的行政处罚程序。

（1）简易程序的适用条件：① 案情简单、事实清楚、违法后果比较轻微且有法定依据，应当给予处罚的违法行为。② 给予的处罚较轻，仅适用于对公民处以 50 元以下和对法人或者其他组织处以 1 000 元以下罚款的违法案件。

（2）对符合简易程序条件的，税务行政执法人员当场做出税务行政处罚决定应当按照下列程序进行：① 向当事人出示税务行政执法身份证件。② 告知当事人受到税务行政处罚的违法事实、依据和陈述申辩权。③ 听取当事人陈述申辩意见。④ 填写具有预定格式、编有号码的税务行政处罚决定书，并当场交付当事人。

（3）税务行政处罚决定书应当包括下列事项：① 税务机关名称。② 编码。③ 当事人姓名（名称）、住址等。④ 税务违法行为事实、依据。⑤ 税务行政处罚种类、罚款数额。⑥ 做出税务行政处罚决定的时间、地点。⑦ 罚款代收机构名称、地址。⑧ 缴纳罚款期限。⑨ 当事人逾期缴纳罚款是否加处罚款。⑩ 当事人不服税务行政处罚的复议权和起诉权。⑪ 税务行政执法人员签字或者盖章。

六、税务行政处罚的一般程序

除了适用简易程序的税务违法案件外，对于其他违法案件，税务机关在做出处罚决定之前都要经过立案和调查与审查（有的案件还要举行听证）。适用一般程序的案件一般是情节比较复杂、处罚比较重的案件。

（一）调查与审查

对税务违法案件的调查取证由税务机关内部设立的调查机构（如管理、检查机构）负责。税务违法案件的调查机构应对案件下列事项进行审查。

（1）调查机构进行调查取证后，对依法应当给予行政处罚的，应及时提出处罚建议，以税务机关的名义制作《税务行政处罚事项告知书》并送达当事人，告知当事人做出处罚建议的事实、理由和依据，以及当事人依法享有的陈述申辩或要求听证的权利。

（2）调查终结，调查机构应当制作调查报告，并及时将调查报告连同所有案卷材料移交审查机构审查。

对税务违法案件的审查由税务机关内部设立的专门机构（如法制机构）负责。审查机构应对案件下列事项进行审查：① 调查机构认定的事实、证据和处罚建议适用的处罚种类、依据是否正确。② 调查取证是否符合法定程序。③ 当事人陈述申辩的事实、证据是否成立。④ 听证人、当事人听证申辩的事实、证据是否成立。

审查机构应在自收到调查机构移交案卷之日起 10 日内审查终结，制作审查报告，并连同案卷材料报送税务机关负责人审批。

（二）听证

听证，是指税务机关在对当事人某些违法行为做出处罚决定之前，按照一定形式听取调查人员和当事人意见的程序。税务行政处罚听证的范围是对公民做出 2 000 元以上或者对法人或者其他组织做出 10 000 元以上罚款的案件。凡属听证范围的案件，在做出处罚决定之前，应当首先向当事人送达《税务行政处罚事项告知书》，并告知当事人已经查明的违法事实、证据、处罚的法律依据和拟给予的处罚，并告知当事人有要求举行听证的权利。要求听证的当事人，应当在收到《税务行政处罚事项告知书》后 3 日内向税务机关书面提出听证要求，逾期不提出的，视为放弃听证权利。税务机关应当在当事人提出听证要求后的 15 日内举行听证，并在举行听证的 7 日前将《税务行政处罚听证通知书》送达当事人。除涉及国家秘密、商业秘密或者个人隐私的案件不公开听证外，对于公开听证的案件，应当先期公告案情和听证的时间、地点，并允许公众旁听。

（三）决定

审查机构做出审查意见并报送税务机关负责人审批后，应当在收到审批意见之日起 3 日内，根据不同情况分别制作以下处理决定书，再报税务机关负责人签发。

（1）有应受行政处罚的违法行为的，根据情节轻重及具体情况予以处罚。

（2）违法行为轻微，依法可以不予行政处罚的不予行政处罚。

（3）违法事实不能成立的，不得予以行政处罚。

（4）违法行为已构成犯罪的，移送公安机关。

七、税务行政处罚的执行

税务机关依法做出行政处罚决定后，应当依法送达当事人执行。当事人应当在行政处罚决定规定的期限内，予以履行。当事人在法定期限内不申请复议又不起诉，并且在规定期限内又不履行的，税务机关可以申请法院强制执行。税务机关对当事人做出罚款行政处罚决定的，当事人应当在收到行政处罚决定书之日起 15 日内缴纳罚款，到期不缴纳的，税务机关可以对当事人每日按罚款数额的 3%加处罚款。

税务行政处罚的要点归纳如表 12-1 所示。

表 12-1 税务行政处罚的要点

要 点	内 容
税务行政处罚的设定和种类	设定：地方性法规和地方性规章均不得设定税务行政处罚 种类：罚款，没收非法所得，停止出口退税权，收缴发票和暂停供应发票

续表

要　点	内　容
税务行政处罚的主体	县以上税务机关。各级税务机关的内设机构、派出机构不具处罚主体资格，但是税务所可以实施罚款额在 2 000 元以下的税务行政处罚
税务行政处罚的简易程序	适用条件：① 案情简单、事实清楚、违法后果比较轻微且有法定依据，应当给予处罚的违法行为；② 给予的处罚较轻，仅适用于对公民处以 50 元以下和对法人或者其他组织处以 1 000 元以下罚款的违法案件
税务行政处罚的一般程序	适用条件：情节比较复杂、处罚比较重的案件 程序：① 调查与审查；② 听证，范围是对公民做出 2 000 元以上或者对法人或者其他组织做出 10 000 元以上罚款的案件；③ 决定
税务行政处罚的执行	税务机关对当事人做出罚款行政处罚决定的，当事人应当在收到行政处罚决定书之日起 15 日内缴纳罚款，到期不缴纳的，税务机关可以对当事人每日按罚款数额的 3%加处罚款

第二节　税务行政复议

一、税务行政复议的概念和特点

（一）税务行政复议的概念

税务行政复议是指当事人（纳税人、扣缴义务人、纳税担保人）不服税务机关及其工作人员做出的税务具体行政行为，依法向上一级税务机关（复议机关）提出申请，复议机关经审理对原税务机关具体行政行为依法做出维持、变更、撤销等决定的活动。

（二）税务行政复议的特点

（1）税务行政复议以当事人不服税务机关及其工作人员做出的税务具体行政行为为前提。

（2）税务行政复议因当事人的申请而产生。

（3）税务行政复议案件的审理一般由原处理税务机关的上一级税务机关进行。

（4）税务行政复议与行政诉讼相衔接。

根据《中华人民共和国行政诉讼法》（以下简称《行政诉讼法》）和《中华人民共和国行政复议法》（以下简称《行政复议法》）的规定，对大多行政案件来说，当事人都可以选择行政复议或者行政诉讼程序解决，当事人对行政复议决定不服的，还可以向法院提起行政诉讼。对于因征税问题引起的争议，税务行政复议是税务行政诉讼的必经前置程序，未经复议不能向法院起诉，经复议仍不服的，才能起诉；对于因罚款、保全措施及强制执行措施引起的争议，当事人可以选择适用复议或诉讼程序，如选择复议程序，对复议决定不服的，可以向法院起诉。

二、税务行政复议受案范围

税务行政复议的受案范围仅限于税务机关做出的税务具体行政行为。税务具体行政行为是指税务机关及其工作人员在税务行政管理活动中行使行政职权，针对特定的公民、法人或者其他组织，就特定的具体事项，做出的有关该公民、法人或者其他组织权利义务的单方行为。税务具体行政行为主要包括以下内容。

（1）税务机关做出的征税行为。税务机关做出的征税行为，包括确认纳税主体、征税对象、征税范围、减税、免税及退税、适用税率、计税依据、纳税环节、纳税期限、纳税地点以及税款征收方式等具体行政行为，征收税款、加收滞纳金，扣缴义务人、受税务机关委托征收的单位做出的代扣代缴、代收代缴等行为。

（2）行政许可、行政审批行为。

（3）发票管理行为，包括发售、收缴、代开发票等。

（4）税收保全措施、强制执行措施。

（5）行政处罚行为：① 罚款。② 没收非法所得。③ 停止出口退税权。

（6）不依法履行下列职责行为：① 颁发税务登记证件。② 开具、出具完税凭证、外出经营活动税收管理证明。③ 行政赔偿。④ 行政奖励。 ⑤ 其他不依法履行职责的行为。

（7）资格认定行为。

（8）不依法确认纳税担保的行为。

（9）政府信息公开工作中的具体行政行为。

（10）纳税信用等级评定行为。

（11）通知出入境管理机关阻止出境的行为。

（12）其他具体行政行为。

三、税务行政复议的管辖

税务行政复议的管辖是指税务行政复议机关之间受理税务行政复议案件的分工和权限。我国税务行政复议管辖的基本制度是由上一级税务机关管辖的一级复议制度。

（1）对各级税务机关做出的具体行政行为不服的，向其上一级税务机关申请行政复议。

对省、自治区、直辖市地方税务局做出的具体行政行为不服的，可以向国家税务总局或者省、自治区、直辖市人民政府申请行政复议。

（2）对国家税务总局做出的具体行政行为不服的，向国家税务总局申请行政复议。对行政复议决定不服，申请人可以向人民法院提起行政诉讼，也可以向国务院申请裁决，国务院的裁决为终局裁决。

（3）对上述两条规定以外的其他税务机关、组织等做出的具体行政行为不服的，按照下列规定申请行政复议。

1）对计划单列市税务局做出的具体行政行为不服的，向省税务局申请行政复议。

2）对税务所、各级税务局的稽查局做出的具体行政行为不服的，向其主管税务局申请行政复议。

3）对扣缴义务人做出的扣缴税款行为不服的，向主管该扣缴义务人的税务机关的上一级税务机关申请行政复议；对受税务机关委托的单位做出的代征税款行为不服的，向委托税务机关的上一级税务机关申请行政复议。

4）国税局（稽查局、税务所）与地税局（稽查局、税务所）、税务机关与其他行政机关联合调查的涉税案件，应当根据各自的法定职权，经协商分别做出具体行政行为，不得共同做出具体行政行为。

对国税局（稽查局、税务所）与地税局（稽查局、税务所）共同做出的具体行政行为不服的，向国家税务总局申请行政复议；对税务机关与其他行政机关共同做出的具体行政行为不服的，向其共同上一级行政机关申请行政复议。

5）对被撤销的税务机关在撤销前所做出的具体行政行为不服的，向继续行使其职权的税务机关的上一级税务机关申请行政复议。

有前款 2）、3）、4）、5）项所列情形之一的，申请人也可以向具体行政行为发生地的县级地方人民政府提出行政复议申请，由接受申请的县级地方人民政府依法进行转送。

四、税务行政复议的程序

（一）税务行政复议的申请

纳税人有权依法行使税务行政复议。我国现行的税务行政复议具体规定如下。

（1）纳税人及其他税务当事人对税务机关做出的征税行为不服，应当先向复议机关申请行政复议，对复议决定不服，再向人民法院起诉。

（2）申请人对税务机关做出的征税以外的其他税务具体行政行为不服，可以申请行政复议，也可以直接向人民法院提起行政诉讼。

（3）申请人可以在得知税务机关做出具体行政行为之日起的 60 日内提出行政复议申请。因不可抗力或者被申请人设置障碍等其他正当理由耽误法定申请期限的，申请期限自障碍消除之日起继续计算。

（4）申请人申请行政复议，可以书面申请也可以口头申请。对于口头申请的，复议机关应当场记录申请人的基本情况、行政复议请求、申请行政复议的主要事实、理由和时间。

（5）税务行政复议申请人，是依法提起行政复议的纳税人或其他税务当事人。具体指纳税人、扣缴义务人、纳税担保人和其他税务当事人。

（6）纳税人或其他税务当事人对税务机关的具体行政行为不服申请行政复议的，做出具体行政行为的税务机关是被申请人。

（7）申请人向复议机关申请行政复议，复议机关已经受理的，在法定行政复议期限内申请人不得再向人民法院起诉；申请人向人民法院提起行政诉讼，人民法院已经依法受理的，不得申请行政复议。

（二）税务行政复议的受理

（1）复议机关在收到行政复议申请后，应在5日内进行审查，对不符合规定的复议申请，决定不予受理，并书面告知申请人；对符合规定，但是不属于本机关受理的复议申请，应告知申请人向有关行政复议机关提出申请。

（2）对符合规定的复议申请，自复议机关法制工作机构收到之日起即为受理；受理复议申请，应书面告知申请人。

（3）对应先向复议机关申请行政复议，对行政复议决定不服再向人民法院提起行政诉讼的具体行政行为，复议机关决定不予受理或者受理后超过复议期限不作答复的，纳税人和其他税务当事人可以自收到不予受理决定书之日起或者行政复议期届满之日起15日内，依法向人民法院提起行政诉讼。

（4）纳税人及其他税务当事人依法提出复议申请，复议机关无正当理由不予受理且申请人没有向人民法院提起行政诉讼的，上级税务机关应责令其受理；必要时，上级税务机关也可以直接受理。

（5）行政复议期间税务具体行政行为不停止执行，但有下列情形之一的，可以停止执行：① 被申请人认为需要停止执行的。② 复议机关认为需要停止执行的。③ 申请人申请停止执行，复议机关认为其要求合理，决定停止执行的。④法律、法规规定停止执行的。

（三）税务行政复议的审理与决定

（1）行政复议原则上采用书面审查的办法，但若申请人提出要求或税务机关内部负责行政复议的机构认为有必要时，应听取申请人、被申请人和第三人的意见，并可以向有关组织和人员调查了解情况。

（2）负责复议的机关应自受理行政复议申请之日起7日内，将行政复议申请书副本或行政复议申请笔录复印件发送被申请人。被申请人应自收到申请书副本或申请笔录复印件之日起10日内，提出书面答复，并提交当初做出具体行政行为的证据、依据和其他有关材料。

（3）申请人和第三人可以查阅被申请人提出的书面答复。对于做出具体行政行为的证据、依据及其他材料，除涉及国家秘密、商业秘密或者个人隐私外，复议机关不得拒绝。

（4）在行政复议过程中，被申请人不得自行向申请人和其他有关组织或个人收集证据。

（5）行政复议决定做出前，申请人要求撤回行政复议申请的，经说明理由，可以撤回；撤回行政复议申请的，行政复议终止。

（6）申请人在申请行政复议时，依据《行政复议规则》第十五条规定一并提出对有关规定的审查申请，复议机关对该规定有权处理的，应在 30 日内依法处理；无权处理的，应在 7 日内按法定程序转送有权处理的行政机关依法处理，有权处理的行政机关应在 60 日内依法处理。处理期间，中止对具体行政行为的审查。

（7）复议机关在对被申请人做出的具体行政行为进行审查时，认为其依据不合法，本机关有权处理的，应在 30 日内依法处理。无权处理的，应在 7 日内按法定程序转送有权处理的行政机关依法处理。处理期间，中止对具体行政行为的审查。

（8）复议机关内部有关工作机构应对被申请人做出的具体行政行为进行合法性与适当性审查，并提出意见，经复议机关负责人同意，按下列规定做出复议决定。

1）具体行政行为认定事实清楚，证据确凿，适用依据正确，程序合法，内容适当的，决定维持。

2）被申请人不履行法定职责的，决定其在一定期限内履行。

3）具体行政行为有下列情形之一的，决定撤销、变更或者确认该具体行政行为违法；决定撤销或者确认该具体行政行为违法的，可以责令被申请人在一定期限内重新做出具体行政行为：一是事实不清、证据不足的；二是适用依据错误的；三是违反法定程序的；四是超越或者滥用职权的；五是具体行政行为明显不当的。

复议机关责令被申请人重新做出具体行政行为的，被申请人不得以同一事实和理由做出与原具体行政行为相同或者基本相同的具体行政行为。

4）被申请人不按照规定提出书面答复，提交当初做出具体行政行为的证据、依据的，应决定撤销该具体行政行为。

（9）在申请行政复议的同时，申请人也可以提出行政赔偿请求，对符合国家赔偿法的规定应予赔偿的，复议机关应在决定撤销、变更具体行政行为或者确认具体行政行为违法时，同时决定依法给予赔偿。对于申请人没有提出行政赔偿请求的，复议机关在依法决定撤销或者变更原具体行政行为确定的税款、滞纳金、罚款以及对财产的扣押、查封等强制措施时，应同时责令被申请人退还税款、滞纳金和罚款，解除对财产的扣押、查封等强制措施，或者赔偿相应的价款。

（10）复议机关应当自受理申请之日起 60 日内做出行政复议决定。情况复杂，不能在规定期限内做出行政复议决定的，经复议机关负责人批准，可以适当延长，但延长期限最多不超过 30 日，同时告知申请人和被申请人。行政复议决定书一经送达，即发生法律效力。

（11）被申请人应履行行政复议决定。

（12）申请人逾期不起诉又不履行行政复议决定的，或者不履行最终裁决的行政复议决定的，应按下列规定处理：① 维持具体行政行为的行政复议决定，由做出具体行政行为的行政机关依法强制执行，或者申请人民法院强制执行。② 变更具体行政行为的行政复议决定，由复议机关依法强制执行，或者申请人民法院强制执行。

第三节　税务行政诉讼

一、税务行政诉讼的概念和特点

（一）税务行政诉讼的概念

税务行政诉讼是指公民、法人和其他组织认为税务机关及其工作人员的具体税务行政行为违法或者不当，侵犯了其合法权益，依法向人民法院提起行政诉讼，由人民法院对具体税务行政行为的合法性和适当性进行审理并做出裁决的司法活动。

（二）税务行政诉讼的特点

税务行政诉讼与其他行政诉讼及税务行政复议相比，有以下特点。

（1）税务行政诉讼是由人民法院进行审理并做出裁决的一种诉讼活动，这是税务行政诉讼与税务行政复议的根本区别。

（2）税务行政诉讼以解决税务行政争议为前提，这是税务行政诉讼与其他行政诉讼活动的根本区别。

（3）税务行政诉讼是一种司法监督手段，这与作为行政监督手段的税务行政复议相区别。

二、税务行政诉讼的原则

（一）税务行政诉讼的一般原则

税务行政诉讼的一般原则，是指宪法和法律规定的，开展行政诉讼、民事诉讼、刑事诉讼均须遵循的共同性行为准则。一般原则，包括人民法院独立行使审判权原则；以事实为根据、以法律为准绳原则；当事人诉讼地位平等原则；合议、回避、公开审判、两审终审原则；使用本民族语言文字原则；辩论原则；检察监督原则。

（二）税务行政诉讼的特有原则

税务行政诉讼的特有原则，也即任何行政诉讼的特有原则，是指由法律规定的开展行政诉讼活动所必须遵循的，不同于民事诉讼、刑事诉讼的特殊准则，主要包括以下内容。

1. 人民法院特定主管原则

根据《中华人民共和国行政诉讼法》（以下简称《行政诉讼法》）第十一条规定，人民法院只能受理因具体行政行为引起的行政纠纷案件。因此，人民法院对税务行政案件只有部分管辖权。

2. 合法性审查原则

人民法院除审查税务机关是否滥用权力、税务行政处罚是否显失公正外，只对税务具体行政行为是否合法予以审查。

3. 不适用调解原则

税务行政管理权是国家权力的重要组成部分，税务机关无权依自己意愿进行处置，因此，人民法院也不能对税务行政诉讼法律关系的双方当事人进行调解。

4. 起诉不停止执行原则

当事人不能以起诉为理由而停止执行税务机关所做出的具体行政行为，如税收保全措施、税收强制执行措施等。

5. 税务机关负举证责任原则

由于税务行政行为是税务机关单方依一定事实和法律做出的，只有税务机关最了解做出该行为的证据。如果税务机关不提供或不能提供证据，就可能败诉。

6. 由税务机关负责赔偿的原则

依据《中华人民共和国国家赔偿法》的有关规定，税务机关及其工作人员因执行职务不当，给当事人造成人身及财产损害的，应负担赔偿责任。

三、税务行政诉讼的管辖

税务行政诉讼的管辖，是指人民法院之间受理第一审税务行政案件的分工和权限，包括级别管辖、地域管辖和裁定管辖。

（一）级别管辖

级别管辖是划分上下级人民法院之间受理第一审税务行政案件的分工和权限。根据《行政诉讼法》的规定，基层人民法院管辖一般的税务行政诉讼案件；中高级人民法院管辖本辖区内重大、复杂的税务行政诉讼案件；最高人民法院管辖全国范围内重大、复杂的税务行政诉讼案件。

（二）地域管辖

地域管辖是确定同级人民法院之间受理第一审税务行政案件的分工和权限，包括一般地域管辖、特殊地域管辖两种。

1. 一般地域管辖

一般地域管辖，是指按照最初做出具体行政行为的税务机关所在地来确定管辖法院。凡是未经复议直接向人民法院提起诉讼的，或者经复议，复议裁决维持原具体行政行为，当事人不服而向人民法院提起诉讼的，均由最初做出具体税务行政行为的税务机关所在地人民法院管辖。

2．特殊地域管辖

特殊地域管辖，是指根据特殊行政法律关系或者特殊行政法律关系所指的对象来确定管辖法院。税务行政案件的特殊地域管辖主要是指，经过复议的案件，复议机关改变原具体行政行为的，由原告选择最初做出具体行政行为的税务机关所在地人民法院，或者复议机关所在地人民法院管辖。原告可以向任何一个有管辖权的人民法院提起诉讼，最先收到起诉状的人民法院为第一审法院。

（三）裁定管辖

裁定管辖，是指人民法院依法自行裁定的管辖，包括移送管辖、指定管辖及管辖权的转移三种情况。

1．移送管辖

移送管辖指人民法院将已受理但不属于自己管辖的案件，移送给有管辖权的人民法院。

2．指定管辖

指定管辖，是指上级人民法院以裁定的方式，指定某下一级人民法院审理。根据《行政诉讼法》的规定，有管辖权的人民法院由于特殊原因，不能行使对税务行政诉讼的管辖权的，由其上级人民法院指定管辖；人民法院对管辖权发生争议，由争议双方协商解决。协商不成，由它们共同的上级人民法院指定管辖。

3．管辖权的转移

管辖权的转移，是指有管辖权的法院根据具体需要将所管辖的案件移转给有关法院。根据《行政诉讼法》的规定，上级人民法院有权审判下级人民法院管辖的第一审税务行政案件，也可以把自己管辖的第一审税务行政案件移交下级人民法院审判；下级人民法院对其管辖的第一审税务行政案件，认为需要由上级人民法院审判的，可以报请上级人民法院决定。

四、税务行政诉讼的受案范围

税务行政诉讼的受案范围，是指公民、法人或者其他组织对税务机关的哪些行为不服可以向人民法院提起税务行政诉讼。根据《行政诉讼法》和有关税收法律、法规的规定，税务行政诉讼的受案范围与税务行政复议的受案范围基本一致，包括以下各项。

（1）税务机关做出的征税行为：① 征收税款。② 加收滞纳金。③ 审批减免税和出口退税。④ 税务机关委托扣缴义务人做出的代扣代缴、代收代缴行为及代征行为。

（2）税务机关做出的责令纳税人提缴纳税保证金或者纳税担保的行为。

（3）税务机关做出的行政处罚行为：① 罚款。② 没收违法所得。③ 停止出口退税权。④ 收缴发票和暂停供应发票。

（4）税务机关做出的通知出境管理机关阻止出境的行为。

（5）税务机关做出的税收保全措施：① 书面通知银行或者其他金融机构冻结存款；② 扣押、查封商品、货物或者其他财产。

（6）税务机关做出的税收强制执行措施：① 书面通知银行或者其他金融机构扣缴税款；② 拍卖所扣押、查封的商品、货物或者其他财产抵缴税款。

（7）认为符合法定条件申请税务机关颁发税务登记证和发售发票，税务机关拒绝颁发、发售或者不予答复的行为。

（8）税务机关的复议行为：① 复议机关改变了原具体行政行为。② 期限届满，税务机关不予答复。

五、税务行政诉讼的程序

（一）税务行政诉讼的起诉

税务行政诉讼的起诉，是指公民、法人或者其他组织认为税务具体行政行为侵犯了自己的合法权益，依法向人民法院提出诉讼请求，要求人民法院行使国家审判权，依法予以保护的诉讼行为。税务管理相对人在提起税务行政诉讼时，必须符合下列条件。

（1）原告是认为具体税务行为侵犯其合法权益的公民、法人或者其他组织。

（2）有明确的被告。

（3）有具体的诉讼请求和事实、法律根据。

（4）属于人民法院的受案范围和受诉人民法院管辖范围。

此外，提起税务行政诉讼还必须符合法定的期限和必经的程序。根据《征管法》及其他相关规定，对税务机关的征税行为提起诉讼，必须先经过复议；对复议决定不服的，可以在接到复议决定书之日起 15 日内向人民法院起诉。对其他具体行政行为不服的，当事人可以在接到通知或者知道之日起 15 日内直接向人民法院起诉。

税务机关做出具体行政行为时，未告知当事人诉权和起诉期限，致使当事人逾期向人民法院起诉的，其起诉期限从当事人实际知道诉权或者起诉期限时计算，但最长不得超过 2 年。

（二）税务行政诉讼的受理

税务行政诉讼的受理，是指人民法院接到诉讼请求后，经审查认为符合法定起诉条件，决定予以立案审理的行为。人民法院一般从以下几个方面进行审查，以决定是否受理：一是审查是否属于法定的诉讼受案范围；二是审查是否具备法定的起诉条件；三是审查是否已经受理或者正在受理；四是审查是否有管辖权；五是审查是否符合法定的期限；六是审查是否经过必经复议程序。

根据法律规定，人民法院接到诉状，经过审查，应当在 7 日内立案或者做出裁定不予受理。原告对不予受理的裁定不服的，可以提起上诉。

（三）税务行政诉讼的审理和判决

1. 税务行政诉讼的审理

人民法院审理行政案件实行合议、回避、公开审判和两审终审的审判制度。审理的核心是审查被诉具体行政行为是否合法，即做出该行为的税务机关是否依法享有该税务行政管理权；该行为是否是依据一定的事实和法律做出的；税务机关做出该行为是否遵照必备的程序等。

2. 税务行政诉讼的判决

人民法院对受理的税务行政案件，经过调查、收集证据、开庭审理之后，分别做出如下判决。

（1）维持判决，即税务机关具体行政行为证据确凿，适用法律、法规正确，符合法定程序。

（2）撤销判决，即税务机关具体行政行为的主要证据不足或者适用法律、法规错误，或者违反法定程序、超越职权、滥用职权的，判决撤销或者部分撤销，并可以判决税务机关重新做出具体行政行为。

（3）履行判决，即税务机关不履行或者拖延履行法定职责的，判决其在一定期限内履行。

（4）变更判决，即税务行政处罚显失公正的，可以判决变更。

对一审人民法院的判决不服，当事人可以上诉。对发生法律效力的判决，当事人必须执行，否则人民法院有权依对方当事人的申请予以强制执行。

思考题

税务行政复议受案的范围有哪些？

期末模拟试题（一）

一、填空题（共 10 分，每题 1 分）

1．税率是__________与征税对象之间的比例，它体现征税的深度，反映国家有关的经济政策，是税收制度的中心环节。

2．一项销售行为既涉及货物，又涉及非应税劳务，并且二者之间存在着从属关系的行为称为__________行为。

3．纳税人兼营不同税目应税劳务，未分别核算营业额的，应从_______适用税率。

4．纳税人因销售退回或折让退还给买方的销售额，应从________的销售额中扣减。

5．根据企业所得税法律制度规定，对小型微利企业，按________税率征收所得税。

6．企业所得税纳税人按月或季预缴所得税时，应当在月份或季度终了后_____天内，向其机构所在地主管税务机关报送会计报表和预缴所得税申报表，并按期纳税。

7．印花税与其他税种不同，实行_________纳税办法。

8．城市维护建设税依据纳税人_________不同，分别规定不同的比例税率。

9．纳税人应自领取工商营业执照之日起________内办理税务开业登记。

10．纳税人未按照规定期限缴纳税款的，税务机关除令其限期缴纳外，从滞纳之日起，按日加收________的滞纳金。

二、单项选择题（共 10 分，每题 1 分）

1．我国目前下列税种中属于价外税的是（　　）。

A．增值税　　B．营业税　　C．消费税　　D．关税

2．下列各项中属于视同销售行为应当计算销项税额的有（　　）。

A．将购买的货物用于非应税项目　　B．将购买的货物用于委托外单位加工

C．将购买的货物无偿赠送他人　　D．将购买的货物用于集体福利

3．某一般纳税人企业 2011 年 12 月销售自己使用过的应纳消费税的小汽车一辆，收入 12 万元，该汽车原值 10 万元，该企业应纳增值税为（　　）万元。

A．0.23　　B．0.68　　C．0.04　　D．0.46

4．增值税价外税性质是指其计税销售额中不含（　　）。

A．消费税额　　B．营业税额　　C．城建税额　　D．增值税额

5．纳税人计算应纳税所得额时，允许作为税金项目，从收入总额中扣除的流转税金是（　　）。

A．增值税　　B．消费税　　C．屠宰税　　D．进口增值税

6．下列各项所得，不属于免纳个人所得税项目的有（　　）。

A．国债和国家发行的金融债券利息　　B．保险赔费

C．福利费、抚恤金　　D．残疾、孤老人员和烈属所得

7．土地增值税的税率形式为（　　）。

A．地区差别比例税率　　B．幅度差别税率

C．四级超额累进税率　　D．四级超率累进税率

8．甲乙双方发生房屋交换行为，当交换价格相等时契税（　　）。

A．由甲方缴纳　　B．由乙方缴纳

C．由甲、乙各缴纳一半　　D．甲、乙都不缴纳

9．从事生产经营的纳税人的财务、会计制度或者财务、会计处理办法与国务院或者国务院财政、税务主管部门有关税收的规定抵触的，应（　　）。

A．按纳税人的财务、会计制度或者财务、会计处理办法计算纳税

B．请示上级主管部门

C．按纳税人与税务机关协商一致的意见计算纳税

D．按国务院或者国务院财政、税务主管部门有关税收的规定计算纳税

10．纳税人超过应纳税额缴纳的税款，税务机关发现后应当立即退还；纳税人自结算缴纳税款之日起（　　）内发现的，可以向税务机关要求退还，并加算同期银行存款利息。

A．1年　　B．2年　　C．3年　　D．5年

三、多项选择题（共20分，每题2分）

1．税收制度的三个最基本构成要素是（　　）。

A．纳税人　　B．征税对象　　C．纳税环节　　D．税率

2．某化妆品公司将一批自产化妆品用做职工福利，其成本为8万元，消费税税率为8%，成本利润率为5%，则其计税销售额为（　　）。

A．消费税组成计税价9.13万元　　B．消费税组成计税价7.78万元

C．增值税组成计税价9.13万元　　D．增值税组成计税价8.8万元

3．下列应税消费品中，采用复合计税方法计算消费税的有（　　）。

A．烟丝　　B．卷烟　　C．白酒　　D．酒精

4．下列支出中，可以从应纳税所得额中据实扣除的有（　　）。

A．新产品、新工艺研究开发费　　B．通过减灾委员会向灾区捐赠

C．差旅费　　D．广告费

5．计算企业应纳税所得额时，需做纳税调整增加处理的项目有（　　）。

A．未超标准的广告宣传费　　B．资助非关联高校的研究开发经费

C．超标准计提的折旧费　　D．违法经营被没收财物损失

6．某企业生产销售化妆品，在销售环节应纳的税金有（　　）。

A．增值税　　B．消费税　　C．营业税　　D．城市维护建设税

7．城镇土地使用税的开征范围，包括（　　）。

A．城市　　B．县城

C．建制镇和工矿区　　D．农村

8．纳税人遇有特殊困难，需要延期纳税时，下列做法中正确的有（　　）。

A．必须书面申请

B．经县以上税务局（分局）局长批准

C．最长不得超过 3 个月

D．批准期限不加收滞纳金，但要按月支付 10%的利息

9．按照企业所得税条例规定，下列固定资产中，不得计提折旧的有（　　）。

A．以融资租赁方式租入的固定资产　　B．以经营租赁方式租出的固定资产

C．未提足折旧提前报废的固定资产　　D．破产、关停企业的固定资产

10．下列需要缴纳印花税的证照有（　　）。

A．房产证　　B．土地使用证　　C．卫生许可证　　D．商标注册证

四、名词解释（共 12 分，每题 3 分）

1．起征点

2．销项税额

3．偷税

4．土地增值税

五、简答题　（共 13 分，其中第一题 5 分，第二题 8 分）

1．准予从销项税额中抵扣的进项税额有哪些？

2．简述税款征收过程中的措施。

六、计算题（共 35 分，其中第一题 12 分，第二题 15 分，第三题 8 分，计算结果保留两位小数）

1．某化妆品生产企业为增值税一般纳税人，2012 年 1 月上旬从国外进口一批散装化妆品，关税完税价格为 150 万元。进口机器设备一套，关税完税价格为 40 万元。散装化妆品和机器设备均验收入库。本月内企业将进口的散装化妆品的 80%生产加工为成套化妆品 7 800 件，对外批发销售 6 000 件，取得不含税销售额 290 万元；向消费者零售 800 件，取得含税销售额 51.48 万元。（化妆品的进口关税税率为 40%、消费税税率为 30%；机器设备的进口关税税率为 20%）

要求：（1）计算该企业在进口环节应缴纳的消费税、增值税。

（2）计算该企业国内生产销售环节应缴纳的消费税、增值税。

2．某国有工业企业，2011 年度生产经营情况如下：

（1）产品销售收入 4 500 万元；其他业务收入 500 万元。

（2）产品销售成本 3 790 万元；应缴纳增值税 61 万元，营业税 14 万元，城市维护建设税和教育费附加 6 万元。

（3）营业费用 122 万元；财务费用 28 万元；管理费用 240 万元，其中业务招待费 50 万元。

（4）营业外支出 100 万元。其中，向主管部门捐款 70 万元，向技术监督部门缴纳罚款 12 万元。

（5）从联营企业分回税后利润 17 万元，联营企业适用 15%的所得税税率。

（6）该企业全年实际发放的职工工资总额为 320 万元，发生职工工会经费 6 万元、职工福利费 40 万元、职工教育经费 8 万元。

（7）截至年底，本年已预缴所得税 205 万元。

（8）该企业适用 25%的企业所得税税率。

要求：调整计算该企业 2011 年度应缴纳的所得税额，汇算清缴应补缴或退回的税款。

3．张某是某单位职工（不享受附加减除费用待遇），于 2012 年 3 月取得如下收入：

（1）月工资 2 200 元，奖金 1 000 元。

（2）为某单位进行工程设计，收入 20 000 元；同时拿出 8 000 元通过希望工程基金会捐赠给某希望小学。

（3）在 A 国取得特许权使用费收入 8 000 元（人民币，下同），已在 A 国缴纳个人所得税 1 273 元；在 B 国取得稿酬收入 3 000 元，已在 B 国缴纳个人所得税 378 元。

要求：计算张某 3 月应纳的个人所得税。

期末模拟试题（二）

一、填空题（共 10 分，每题 1 分）

1．按_________分类，税收可分为流转税、所得税、资源税、财产税和行为税。

2．纳税人购进免税农业产品，准予按照买价和________的扣除率计算抵扣进项税额。

3．增值税纳税人以 1 个月为一期纳税的，自期满之日起_______日内缴纳税款。

4．进口货物以海关审定的成交价为基础的___________作为完税价格。

5．根据企业所得税法律制度规定，对小型微利企业，按___________税率征收所得税。

6．企业所得税，应在年度终了后__________内办理汇算清缴，多退少补。

7．如果一份合同由两方或两方以上当事人共同签订，印花税纳税人为签订合同的__________。

8．城镇土地使用税的计税依据是纳税人实际___________。

9. 欠缴税款纳税人在离境时，税务机关应责令其向税务机关缴纳欠税或________________，否则可通知有关部门阻止其出境。

10．对纳税人偷税未构成犯罪的，由税务机关追缴其不缴或少缴税款，并处______________的罚款。

二、单项选择题（共 10 分，每题 1 分）

1．我国目前下列税种中属于共享税的是（　　）。

A．增值税　　B．消费税　　C．关税　　D．土地增值税

2．下列项目中，属于营业税计税依据的是（　　）。

A．保险业利息收入　　B．联运业务总收入

C．歌舞厅的烟酒饮料收入　　D．非金融机构买卖有价证券的价差

3．下列货物征收消费税的有（　　）

A．摩托车　　B．冰箱　　C．彩电　　D．空调

4．某公司销售高档化妆品一批，价款 230 000 元（含税），另收取包装费 4 000 元，该公司应纳消费税（　　）元。（消费税税率为 30%）

A．70 200　　B．60 000　　C．58 974　　D．18 000

5．国家需要重点扶持的高新技术企业，减按（　　）的税率征收企业所得税。

A．15%　　B．18%　　C．27%　　D．33%

6．某制药厂 2011 年销售收入 2 500 万元，广告费支出 400 万元，则 2011 年计算所得税时广告费纳税调整为（　　）。

A．调增 25 万元　　B．调增 150 万元

C．调增 200 万元　　D．调增 300 万元

7．下列不属于房产税纳税人的项目有（　　）。

A．房屋承租人　　B．房屋产权所有人

C．房屋承典人　　D．房屋代管/使用人

8．下列油类产品中，应征收资源税的为（　　）。

A．人造石油　　B．天然原油　　C．汽油　　D．柴油

9．按照《征管法》规定，从事生产经营的纳税人应当自领取（　　）或发生纳税义务之日起 15 日内设置账簿。

A．营业执照　　B．税务登记证　　C．法人代码证　　D．银行开户许可证

10．如果纳税人不能提供纳税担保，经（　　）批准，税务机关可以采取税收保全措施。

A．国家税务局局长　　B．省级、自治区、直辖市税务局长

C．县以上税务局（分局）局长　　D．税务所所长

三、多项选择题（共 20 分，每题 2 分）

1．我国下列税种中属于从量税的是（　　）。

A．增值税　　B．资源税　　C．车船税　　D．营业税

2．生产单位外购（　　）货物，可以从销项税额中抵扣其发生的进项税额。

A．原料及主要材料

B．固定资产

C．从废旧物资回收站购入的废旧物资（普通发票）

D．非正常损失

3．从价定率计征消费税时，销售额中应包括（　　）。

A．价款　　B．价外费用　　C．消费税金　　D．增值税金

4．下列项目中，应计入收入总额予以征收企业所得税的有（　　）。

A．固定资产的盘盈收入　　B．取得的罚款收入

C．因债权人缘故确实无法支付的应付款项　　D．在建工程的试运行收入

5．下列各项中，在计算企业应纳税所得额时，准予从收入总额中扣除的有（　　）。

A．对外投资支出　　B．劳动保护支出

C．违反经济合同违约金　　D．广告性质赞助支出

6．城建税纳税人下列项目中，可作为城建税计税依据的有（　　）。

A．增值税税金　B．消费税滞纳金　C．营业税罚款　D．补纳的营业税

7．纳税人转让国有土地使用权及地上建筑物、附着物，应缴纳的税金有（　　）。

A．契税　B．印花税　C．营业税　D．城市维护建设税

8．纳税申报的方式包括（　　）。

A．直接申报　B．间接申报　C．邮寄申报　D．数据电文

9．按增值税规定，应计入销售额计算增值税的价外费用有（　　）。

A．手续费　B．运输装卸费

C．包装物租金　D．违约金

10．下列各项中，应缴纳营业税的有（　　）。

A．邮电通信业　B．服务业　C．文化体育业　D．娱乐业

四、名词解释（共 12 分，每题 3 分）

1．税率

2．进项税额

3．印花税

4．税收强制执行措施

五、简答题（共 15 分，其中第一题 9 分，第二题 6 分）

1．在计算应纳税所得额时，哪些支出项目不得在税前直接扣除？

2．税款征收方式有哪些？

六、计算题（共 33 分，其中第一题 13 分，第二题 10 分，第三题 10 分，计算结果保留两位小数）

1．某卷烟厂为增值税一般纳税人，2011 年 12 月有关生产经营情况如下：

（1）从某烟丝厂购进已税烟丝 200 吨，每吨不含税单价 2 万元，取得烟丝厂开具的增值税专用发票，注明货款 400 万元、增值税 68 万元，烟丝已验收入库。

（2）向农业生产者收购烟叶 30 吨，收购凭证上注明支付收购货款 42 万元，另支付运费 3 万元，取得运输公司开具的普通发票；烟叶验收入库后，又将其运往烟丝厂加工成烟丝，取得烟丝厂开具的增值税专用发票，注明支付加工费 8 万元、增值税 1.36 万元，卷烟厂收回烟丝时烟丝厂未代收代缴消费税。

（3）卷烟厂生产领用外购已税烟丝 150 吨，生产卷烟 20 000 标准箱（每箱 50 000 支，每条

200 支，每条调拨价 70 元以上），当月销售给卷烟专卖商 18 000 箱，取得不含税销售额 36 000 万元。（烟丝消费税税率为 30%；卷烟消费税比例税率为 56%，定额税率为 150 元/箱）。

要求：（1）计算卷烟厂 12 月应纳的增值税。

（2）计算卷烟厂 12 月应纳的消费税。

2．某企业 2012 年实现利润总额 280 万元，经检查部分资料如下：

（1）向主管部门支付流动资产贷款利息 40 万元，利率为 8%，列财务费用，经查银行同类同期贷款利率为 7%。

（2）以经营租赁方式租入大型设备一台，当年支付租赁费 7 万元，提取折旧 3 万元，列管理费用。

（3）将已纳营业税 3 万元，增值税 45 万元，列销售税金账户。

（4）金融债券利息收入 10 万元，列投资收益转本年利润账户。

（5）经核准，上年度未分配利润科目借方余额 12 万元。

（6）闭置未用的存放半成品仓库一栋，设备两台，分别计提折旧 4 万元和 1.95 万元，列管理费用。

（7）其他业务利润 50 万元，含技术转让收益 20 万元。

（8）投资收益里包括从设在上海浦东的联营企业分回的股息 10 万元，联营企业税率 15%。

（9）该企业全年缴纳企业所得税 52 万元。

要求：计算该企业汇算清缴情况。

3．中国公民张某 2012 年共取得如下收入：

（1）工资收入 72 000 元。

（2）1～5 月，每月在国内参加文艺演出一次，每次收入 18 000 元。

（3）在 A 国出版图书取得稿酬 250 000 元（人民币，下同），已按收入来源国税法缴纳个人所得税 29 000 元。

（4）在 B 国参加演出取得收入 11 000 元，已按收入来源国税法缴纳个人所得税 1 500 元。

（5）取得中彩收入 50 000 元，当场通过社会团体向教育机构捐赠 25 000 元。

（6）取得国债利息收入 3 000 元。

（7）取得保险赔款 25 000 元。

（8）6 月取得一年期银行存款利息收入 6 000 元。

要求：计算张某 2012 年应纳的个人所得税。

期末模拟试题（一）答案

一、填空题（共 10 分，每题 1 分）

1．应纳税额	2．混合销售	3．高	4．发生当期	5．20%
6．15	7．三自	8．所在地	9．30 日	10．0.5‰

二、单项选择题（共 10 分，每题 1 分）

1．A	2．C	3．A	4．D	5．B
6．D	7．D	8．D	9．D	10．C

三、多项选择题（共 20 分，每题 2 分）

1．ABD	2．AC	3．BC	4．AC	5．BCD
6．ABD	7．ABC	8．AC	9．CD	10．ABD

四、名词解释（共 12 分，每题 3 分）

1．起征点：是征税的起点，征税对象未达到起征点的不征税，达到或超过起征点的，就其全部数额征税。

2．销项税额：是纳税人销售货物或提供应税劳务，按照销售额或应税劳务收入和规定的税率计算并向购买方收取的增值税额。

3．偷税：纳税人伪造、变造、隐匿、擅自销毁账簿、记账凭证，或者在账簿上多列支出或者不列、少列收入，或者经税务机关通知申报而拒不申报或者进行虚假的纳税申报，不缴或者少缴应纳税款的，是偷税。

4．土地增值税：是对转让国有土地使用权、地上建筑物及附着物并取得收入的单位和个人，就其转让房地产所取得的增值额征收的一种税。

五、简答题（共 13 分，其中第一题 5 分，第二题 8 分）

1．准予从销项税额中抵扣的进项税额有哪些？

答：（1）从销售方取得的增值税专用发票上注明的增值税额。（1.5分）

（2）从海关取得的完税凭证上注明的增值税额。（1.5分）

（3）一般纳税人向农业生产者购买的免税农业产品，准予按买价和13%的扣除率计算进项税额扣除。（1分）

（4）一般纳税人购销货物所支付的运费，准予按运费结算单据所列运费和建设基金之和依7%扣除率计算进项税额抵扣。（1分）

2．简述税款征收过程中的措施。

答：（1）纳税期限与延期纳税。（1分）

（2）加收滞纳金。（1分）

（3）减免税收制度。（1分）

（4）核定应纳税额。（1分）

（5）税收保全措施。（1分）

（6）税收强制执行措施。（1分）

（7）出境清税。（1分）

（8）税款的退还和追征。（1分）

六、计算题（共35分，其中第一题12分，第二题15分，第三题8分）

1．（1）进口散装化妆品消费税的组成计税价格：（150+150×40%）÷（1–30%）=300（万元）（2分）

进口散装化妆品应缴纳消费税=300×30%=90（万元）（2分）

进口散装化妆品应缴纳增值税=300×17%=51（万元）（2分）

进口机器设备应缴纳增值税=（40+40×20%）×17%=8.16（万元）（2分）

（2）生产销售化妆品应缴纳增值税额=［290+51.48÷（1+17%）］×17%–51=5.78（万元）（2分）

当月应抵扣的消费税额=90×80%=72（万元）

生产销售化妆品应缴纳的消费税额=［290+51.48÷（1+17%）］×30%–72=28.2（万元）（2分）

2．（1）应税收入=4 500+500=5 000（万元）（3分）

（2）准予扣除项目的金额=3 790+14+6+122+28+［240–（50–5 000×0.5%）］=4 175（万元）（3分）

（3）应纳税所得额=5 000–4 175=825（万元）（3分）

（4）应纳税额=825×25%=206.25（万元）（3分）

（5）应补税额=206.25–205=1.25（万元）（3分）

3.（1）月工资、薪金收入合计为 3 200 元，不足 3 500 元，不纳税。（1 分）

（2）工程设计费收入，属劳务报酬。

捐赠扣除限额=20 000×（1–20%）×30%=4 800（元）

实际捐赠 8 000 元，超出限额，只能扣除 4 800 元。

应纳税额=［20 000×（1–20%）–4 800］×20%=2 240（元）（2 分）

（3）境外所得应补税额为：

① A 国特许权使用费所得税款扣除限额

8 000×（1–20%）×20%=1 280（元），已实缴 1 273 元，应补税 7 元。（2 分）

② B 国稿酬收入税款扣除限额

（3 000–800）×20%×（1–30%）=308（元）

在 B 国实缴税 378 元，不补税，其余额 70 元在以后 5 个纳税年度内补扣。（2 分）

（4）张某个人所得税合计为：2 240 + 7=2 247（元）（1 分）

期末模拟试题（二）答案

一、填空题（共 10 分，每题 1 分）

1．征税对象　2．13%　3．15　4．到岸价格　5．20%　6．5 个月
7．各方　8．占用的土地面积　9．提供纳税担保　10．50%以上 5 倍以下

二、单项选择题（共 10 分，每题 1 分）

1．A	2．C	3．A	4．B	5．A
6．A	7．A	8．B	9．A	10．C

三、多项选择题（共 20 分，每题 2 分）

1．BC	2．AB	3．ABC	4．ABCD	5．BCD
6．AD	7．BCD	8．ACD	9．ABCD	10．ABCD

四、名词解释（共 12 分，每题 3 分）

1．税率：是应纳税额与征税对象之间的比例，它体现征税的深度，反映国家有关的经济政策，是税制的中心环节。

2．进项税额：是纳税人购进货物或接受应税劳务所支付或者负担的增值税额。

3．印花税：是对经济活动和经济交往中书立、使用、领受具有法律效力的凭证的单位和个人征收的一种税。

4．税收强制执行措施：是指当事人不履行法律、行政法规规定的义务，有关国家机关采用法定的强制手段，强迫当事人履行义务的行为。

五、简答题　（共 15 分，其中第一题 9 分，第二题 6 分）

1．计算应纳税所得额时，哪些支出项目不得在税前直接扣除？

答：（1）向投资者支付的股息、红利等权益性投资收益款项。（1 分）

（2）企业所得税税款。（1 分）

（3）税收滞纳金，即纳税人违反税收法规，被税务机关处以的滞纳金。（1分）

（4）罚金、罚款和被没收财物的损失，即纳税人违反国家有关法律、法规规定，被有关部门处以的罚款，以及被司法机关处以的罚金和被没收的财物。（1分）

（5）超过规定标准的捐赠支出。（1分）

（6）赞助支出，即企业发生的与生产经营活动无关的各种非广告性质的支出。（1分）

（7）未经核定的准备金支出，即不符合国务院财政、税务主管部门规定的各项资产减值准备、风险准备等准备金支出。（1分）

（8）企业之间支付的管理费、企业内营业机构之间支付的租金和特许权使用费，以及非银行企业内营业机构之间支付的利息。（1分）

（9）与取得收入无关的其他支出。（1分）

2．税款征收方式有哪些？

答：（1）查账征收。（1分）

（2）查定征收。（1分）

（3）查验征收。（1分）

（4）定期定额征收。（1分）

（5）委托代征税款。（1分）

（6）邮寄纳税。（1分）

六、计算题（共33分，其中第一题13分，第二题10分，第三题10分，计算题保留两位小数）

1．（1）应纳增值税为：

① 外购烟丝和加工烟丝的进项税额=68+1.36=69.36（万元）（1分）

② 外购烟叶进项税额=42×13%＋3×7%=5.67（万元）（2分）

③ 销售卷烟销项税额=36 000×17%=6 120（万元）（1分）

④ 应纳增值税=6 120−5.67−69.36=6 044.97（万元）（2分）

（2）应纳消费税为：

① 加工收回烟丝应纳消费税=［42×（1−13%）+3×（1−7%）+8］÷（1−30%）×30%=20.28（万元）（2分）

② 销售卷烟应纳消费税=36 000×56%＋18 000×0.015=20 430（万元）（2分）

③ 生产领用外购烟丝应抵扣消费税=150×2×30%=90（万元）（1分）

应纳消费税=20.28＋20 430−90=20 360.28（万元）（2分）

2．（1）调增应纳税所得：40−（40÷8%）×7%=5（元）（1分）

（2）调增应纳税所得：3万元（1分）

（3）调增应纳税所得：45万元（1分）

（4）不做调整（1分）

（5）调减应纳税所得：12万元（1分）

（6）调增应纳税所得：1.95万元（1分）

（7）调减应纳税所得：20万元（1分）

（8）调减应纳税所得：10万元（1分）

汇算清缴补税=（280+5+3+45–12+1.95–20–10）×25%–52=21.24（万元）（2分）

3.（1）工资应纳个人所得税=［（72 000/12–3 500）×10%–105］×12=1 740（元）（1分）

（2）劳务报酬应纳个人所得税=18 000×（1–20%）×20%×5=14 400（元）（1分）

（3）稿酬扣除额=250 000×（1–20%）×20%×（1–30%）=28 000（元），已在境外缴纳29 000元，在我国不用补税（1分）

（4）演出扣除额=11 000×（1–20%）×20%=1 760（元），已在境外缴纳1 500元，在我国应补税额260元（1分）

（5）捐赠扣除限额=50 000×30%=15 000（元）（1分）

中彩应纳税额=（50 000–15 000）×20%=7 000（元）（1分）

（6）国债利息免税（1分）

（7）保险赔款免税（1分）

（8）利息免税（1分）

张某2012年应纳个人所得税=1 740+14 400+260+7 000=23 400（元）（1分）

参考文献

[1] 中国注册会计师协会．税法［M］．北京：经济科学出版社，2012．
[2] 吴佩江．税法教程新编（第三版）［M］．北京：科学出版社，2009．
[3] 刘剑文．税法学（第四版）［M］．北京：北京大学出版社，2010．
[4] 张守文．税法学［M］．北京：法律出版社，2011．
[5] 王曙光，李兰．税法学（第三版）［M］．大连：东北财经大学出版社，2010．
[6] 李晓红．税法（第2版）［M］．北京：清华大学出版社，北京交通大学出版社，2012．
[7] 戴正华，宋柏良，张群丽．税法（第二版）［M］．上海：立信会计出版社，2010．
[8] 财政部会计资格评价中心．经济法［M］．北京：中国财政经济出版社，2012．
[9] 财政部注册会计师考试委员会办公室．经济法规汇编［M］．北京：经济科学出版社，2011．
[10] 段治平．新编税法教程［M］．北京：清华大学出版社，北京交通大学出版社，2009．
[11] 刘学华．税法［M］．上海：立信会计出版社，2011．
[12] 徐淑华．税法［M］．北京：高等教育出版社，2009．

反侵权盗版声明